2020年度教育部人文社会科学研究规划基金项目
“档案文化创意产品开发策略研究”（20YJA870020）研究成果

档案文化创意产品开发策略研究

薛　芳◎著

CO
CULTURAL
ORIGINALITY

安徽师范大学出版社
ANHUI NORMAL UNIVERSITY PRESS
·芜湖·

图书在版编目(CIP)数据

档案文化创意产品开发策略研究 / 薛芳著. -- 芜湖:
安徽师范大学出版社, 2022.10

ISBN 978-7-5676-5771-7

Ⅰ.①档… Ⅱ.①薛… Ⅲ.①档案—文化产业—产品
开发—研究—中国 Ⅳ.①G279.2

中国版本图书馆CIP数据核字(2022)第178225号

档案文化创意产品开发策略研究 薛 芳◎著

DANGAN WENHUA CHUANGYI CHANPIN KAIFA CELÜE YANJIU

责任编辑: 陈贻云 徐思嘉 责任校对: 夏珊珊

装帧设计: 张 玲 冯君君 责任印制: 桑国磊

出版发行: 安徽师范大学出版社

芜湖市北京中路2号安徽师范大学赭山校区 邮政编码:241000

网 址: http://www.ahnupress.com/

发 行 部: 0553-3883578 5910327 5910310(传真)

印 刷: 阳谷毕升印务有限公司

版 次: 2022年10月第1版

印 次: 2022年10月第1次印刷

规 格: 700 mm × 1000 mm 1/16

印 张: 15.5

字 数: 235千字

书 号: 978-7-5676-5771-7

定 价: 58.00元

前　言

当前，文化正以前所未有的影响力渗入整个经济社会的发展过程，文化产业较强的经济驱动力促进了经济和文化的互动与融合。文化创意产业作为文化产业的重要组成部分，越来越表现出蓬勃的发展势头，成为文化产业不可或缺的重要组成部分。

2014年10月，国际档案理事会举行了“档案与文化产业”年会，提出档案联合创意产业发展的策略，档案文化创意产品的开发引起多国关注。2016年，国务院常务会议就馆藏资源建设与开发利用，尤其是推动文化创意产品开发问题进行了专门研究，国务院办公厅转发《关于推动文化文物单位文化创意产品开发的若干意见》，鼓励文化文物单位用馆藏资源开发文化创意产品。2022年，中共中央办公厅、国务院办公厅印发《关于推进实施国家文化数字化战略的意见》，对实施文化产业数字化战略的决策进行部署，使档案文化创意产品的开发有了更加明确的方向。我国档案文化创意产品的研究与开发迎来了春天。

从狭义上来看，档案文化创意产品是人们通过挖掘档案资源文化元素，进行创意设计而开发出的产品形态。从广义上来看，档案资源的范围又是广泛的，大到中华优秀传统文化遗产，陈列于博物馆、纪念馆等文化资源馆的历史文化资源，小到个人收藏的历史资料均为档案资源，而通过从这些广泛的资源中提取文化元素并进行创意设计而开发出的产品均可看作档案文化创意产品。本书通过系列调研，分析档案文化创意产品开发的背景、理论依据、现状等，进一步探索档案文化创意产品开发策略。“他山之石，可以攻玉”，我国档案文化创意产品的开发虽有了一定的基础和起色，但整体不够理想，我们应借鉴国内外先进的文创设计理念，借鉴博物馆、图书馆等典型文创产品开发的经验，加快档案文化创意产品的开发步伐。

本书尝试丰富档案学科内容，使文化创意产品开发理论依托更具体、更全面：引入文化社会学、市场营销学、艺术设计学等学科内容；深化档案文化创意产品的理论依据，档案多元论、档案生命周期理论、公共文化服务理论、档案艺术开发理论、档案情感理论等不同学科理论交互影响进而融合，加强了档案学与其他学科的联系，加大了研究的理论解释力度；构建档案文化创意产品“价值链”，并试图构建档案文化创意产品可持续发展动态模型。

近年来，档案文化创意产品的开发与研究均取得了较大进展，学者们也从不同视角提出档案文化创意产品开发的思路和策略。然而，相对于我国文创事业快速发展的步伐，档案文化创意产品的开发还没有取得大的突破，品牌推广也尚未产生规模效应和影响。本书基于作者多年档案工作实践与对档案文化创意产品的关注，为档案文化创意产品开发提出针对性解决策略，系统梳理出档案文化创意产品在长足发展过程中需要解决的问题，争取政府和社会的大力支持。品牌性文化创意产品成功研发能够带动对档案文化资源的深度挖掘，使档案文化产品服务社会的形式更加丰富多样，从而实现档案文化资源的社会共享。

我国拥有悠久灿烂的历史文化，档案文化创意产品的开发正是要通过创意加工档案文化资源将我们的优秀传统文化不断地继承和发扬。我国的档案文化创意产品犹如一个刚出生的婴孩，虽然稚嫩却要面临重重考验，而一旦找到发展规律，争取多元主体的保护，创意设计多元用户需求品牌，搭建多样的发展传播平台，稳步走向可持续发展的道路，它必将大放异彩，成为文化产业不可或缺的部分。

档案文化创意产品的开发凝聚了多元主体的情感，是档案馆提升自身生命活力的重要抓手，是档案事业前进发展过程中实现华丽转身的出路，是促进中华优秀传统文化传承与繁荣的鲜活力量，是档案文化资源价值的生动体现。我们有责任促成档案文化创意产品的永久绽放，使它在文化创意产业的广阔市场中赢得一席之地。

目　录

第一章　开发档案文化创意产品的背景 ……1

第一节　文化创意产业成为新的经济增长点 ……1

第二节　我国文化创意产业的战略发展目标 ……6

第三节　大力发展我国的档案文化创意产业 ……11

第四节　提升我国档案文化创意产品开发与服务水平 ……15

第二章　档案文化创意产品开发的理论基础 ……21

第一节　档案多元论 ……21

第二节　文化社会学理论 ……25

第三节　档案情感理论 ……28

第四节　档案艺术开发理论 ……37

第五节　公共文化服务理论 ……39

第六节　档案事业的可持续发展 ……44

第三章　我国档案文化创意产品开发的现状、问题与原因 ……………47

第一节　我国档案文化创意产品开发的现状 ……………47
第二节　我国档案文化创意产品开发存在的问题 ……………49
第三节　我国档案文化创意产品开发存在问题的原因 ……………59

第四章　构建档案文化创意产品开发的多元化支持系统与合作平台 …65

第一节　构建档案文化创意产品开发的多元化支持系统 ……………65
第二节　建构跨界合作多元开发新模态 ……………71
第三节　增强团队合作，加强人才队伍建设 ……………79
第四节　多元化档案文化创意产品开发路径 ……………85

第五章　文化传承视角下的文本挖掘与文化服务 ……………89

第一节　文化资源的整理和文本挖掘 ……………89
第二节　提升档案馆文化职能水平 ……………96
第三节　提升公共文化服务水平 ……………100

第六章　档案文化创意产品的创意设计 ……………104

第一节　档案文化创意产品的创意表达 ……………104
第二节　文化创意产品设计的文化内涵 ……………109
第三节　文化创意产品的设计生产 ……………114
第四节　公众参与的体验设计 ……………119

第七章　建构档案文化创意产品可持续发展的“价值链” ……………127

第一节　档案文创产业的价值链 ……………127

第二节　档案文化创意服务的类型与模式 ……130
第三节　档案文化创意产品竞争的SWOT分析……135
第四节　档案文化创意产品服务理念创新 ……141
第五节　构建产品可持续发展的“价值链” ……145

第八章　设计中国档案文化创意产品的经典品牌……151

第一节　设计具有中国特色的档案文化创意产品品牌 ……151
第二节　提升LOGO影响力，打造IP集群 ……156
第三节　档案资源的文创转化与文化活化 ……161
第四节　经典文创产品的赏鉴与启示 ……165

第九章　文化数字化战略背景下档案文化创意产品的开发路径……178

第一节　文化创意产品的“数字升级” ……178
第二节　数字人文背景下档案资源的开发服务 ……181
第三节　新媒体背景下档案文化创意产品的宣传与推介 ……190
第四节　文化数字战略背景下档案文化创意产品“出圈”的实践路径 ……193

第十章　高校档案文化创意产品的兴起与发展……202

第一节　高校档案文化创意产品开发的价值和意义 ……202
第二节　文化传承视域下高校档案文化创意产品开发现状 ……206
第三节　高校档案文化创意产品开发策略 ……210

第十一章　我国红色档案文化创意产品的开发……219

第一节　红色档案是文化创意产品开发的不竭资源 ……220

第二节　创新红色档案资源开发服务理念——以人民为中心　………222
第三节　红色档案文化创意产品的开发　…………………………226

主要参考文献……………………………………………………234
后　记……………………………………………………………237

第一章　开发档案文化创意产品的背景

第一节　文化创意产业成为新的经济增长点

当前，全球文化创意产业主要集中在以美国为核心的北美地区，以西欧国家为核心的欧洲地区和以中国、日本、韩国为核心的亚洲地区。近年来，我国的文创产业获得了长足的发展，文化创意品牌不断涌现，文化创意产业经济呈快速增长趋势。文化创意产业是经济、文化、技术等相互融合的产物，具有高度的融合性、较强的渗透性和广泛的辐射力，不仅能带动关联产业发展，促进区域经济发展，还可以辐射到社会各个方面，提升人民群众的文化素质。文化创意产业具有高创新性和高附加值，已成为我国经济创新发展的重点领域，发展文化创意产业对实现中华民族的伟大复兴具有重要意义。

一、文化创意产业是经济转型的重要产物

全球经济的交融发展推动了全球多元文化的传播，一种以“创意创新”为核心理念的文化产业逐渐在20世纪90年代兴起，并不断推动经济的发展和转型。创意产业的概念最早出现在1998年的《英国创意产业路径文件》中，该文件明确提出，所谓创意产业，就是指那些从个人的创造力、技能和天分中获取发展动力的企业，以及那些通过对知识产权的

开发创造潜在财富和就业机会的活动。据此，文化创意产业可以概括为将抽象的文化通过人的创造，通过知识产权的开发和运用，转化为具有重要经济价值的“精致产业”。换言之，就是将知识的原创性与变化性融入具有丰富内涵的文化之中，使文化与经济结合起来，发挥产业的功能。

21世纪以来，社会生产力和科学技术水平显著提高，知识经济快速发展，人们的精神文化追求不断提高，以创新驱动为核心的文化创意产业迅速崛起。当前精神文化消费品的市场前景十分明朗，盈利空间也非常广阔。文化创意产业不仅是经济社会发展的重要支撑，而且是吸纳就业、保障民生的重要途径。文化创意产业因此受到很多国家的“礼遇”，各国都抓住文化创意产业迅速发展的大好时机，立足本国实际，大力发展文化创意产业。文化创意产业是发达国家经济转型过程中的重要产物，这些国家利用文化创意提升产品附加值、拓宽产业价值链的特性，成为经济转型升级的重要动力和国家软实力竞争的重要手段。1997年，时任英国首相布莱尔提出通过英国引以为豪的高度革命性、创造性和创意性来证明英国的实力，将英国从传统的“世界工厂”变成现代的“世界创意中心”，英国成为最早提出“创意产业”的国家。美国是全球文化创意产业最为发达的国家，文化创意产业已经成为其最大的出口产业之一，世界上较大的跨国文化创意产业集团如华纳时代、迪士尼等均为美国企业。日本政府在1995年就已经确立了21世纪文化立国方略。目前，日本文化创意产业部分领域在全球范围内居于领先地位，动漫游戏等产业给日本带来了巨大收益，日本2003年销往美国的动漫以及相关产品的总收入为43.59亿美元，是日本出口到美国的钢铁总收入的4倍[①]。

世界知识产权组织的数据显示，截至2013年，全球文化产业增加值占GDP的比重平均为5.26%，约3/4的经济体在4.0%～6.5%。其中，美国最高，达11.3%，韩国、巴西、澳大利亚、中国、新加坡和俄罗斯均超过6%，加拿大、英国、南非则分别达到5.4%、5.2%、4.1%。同时根据韩国

① 蔡荣生，王勇．国内外发展文化创意产业的政策研究[J].中国软科学，2009(8)：77-84.

文化内容振兴院估算，2013年世界文化产业市场营业额达到2.337万亿美元。从区域看，北美市场份额最高，达到35.2%；欧洲、中东和非洲共占30.9%；亚太占27.4%；中南美洲占6.5%[①]。各国纷纷将发展文化创意产业作为提升国家经济硬实力与文化软实力的重要途径，文化创意产业已经超越理念层面，正在成为能够产生巨大经济效益与社会效益的现实产业。

随着全球经济文化的发展，文化创意产业不仅成为发达国家发展经济的重要产业，也变成一些发展中国家抓住机遇，立足本国文化资源与经济发展实际，在创意经济领域不断探索发展的路径。在信息化和全球化的背景下，随着社会生产力的发展和人们生活水平的提高，技术迅速扩散，消费者的内在需求层次不断提升，人们在心理、精神层面对文化的需求日益增加。而推动以满足人民精神文化需要为出发点和落脚点的文化建设，必须以文化创意产业为支撑。人民精神文化需要被满足的程度，很大程度上取决于文化创新能力。发展文化创意产业是进一步满足人们多样化、多层次的精神文化需求的主要途径。人们消费水平的升级会使文化创意产品市场需求不断增长，这就奠定了文化创意产业发展的基础。

得益于巨大的国内市场需求，我国文化创意产业起步晚但发展速度快，目前已初具规模。2019年，我国规模以上的文化及文化相关产业企业实现营收62187亿元，增长率为7%左右，成为国民经济的重要支柱产业[②]。伴随着互联网、5G、VR等的发展，数字人文的发展，数字文化的传播，文化创意产业将迎来新的发展契机。

① “世界主要经济体文化产业发展现状研究”课题组.世界主要经济体文化产业发展状况及特点[J].调研世界，2014(10)：3-6，49.

② 张晓瑾，谢熠.中国文化创意产业发展研究——评《文化创意产业发展研究：基于文化根植的视角》[J].广东财经大学学报，2022，37(3)：116-117.

二、文化创意产业是经济可持续发展的需要

文化创意产业是极富发展前途与发展潜力的新兴产业，是现代国民经济的重要组成部分，具有知识密集、附加值高、低成本、无污染、可重复开发等特点，对于调整产业结构、转变经济发展方式、提升经济发展质量、实现经济可持续发展有着重要作用。文化创意产业凭借其文化创意价值与经济价值的双重属性，逐渐成为世界范围内新的经济增长点和竞争点、国家经济发展和综合实力提升的新引擎。文化创意产业不仅是发达国家经济转型过程中的重要产物，还成为发展中国家利用本国资源迅速实现经济增长的重要产业。其增长速度远高于整体国民经济增长速度，已成为世界经济增长的新动力，引领着全球经济的发展。发展文化创意产业已成为当今世界经济发展的新潮流，也是众多国家的战略性选择。

文化创意产业是低能耗、高产出的新型绿色产业。我国发展文化创意产业无疑会大大减轻因发展经济而给资源储备带来的压力，同时也能极大地满足人们不断增长的精神文化需求。

传统产业通常以投入自然资源、物质资源等硬性要素为发展基础。与传统产业的物质生产不同，文化创意产业是以文化资源、创意人才和科技创新等软性因素的投入为基础的产业①。和第一、第二产业相比，文化产业对自然资源和能源的消耗低，并且易于与其他产业相结合，带动相关产业的转型发展。发展文化创意产业有利于转变经济发展方式，是推动经济结构调整、增强可持续发展能力的明智之举。

首先，文化资源是一种可再生资源，可以反复开发利用，可转化为取之不尽、用之不竭的文化创意资源。相比于传统产业中的土地资源、水资源、矿产资源等不可再生资源或再生周期较长的资源，文化创意资源的投入成本相对较低，资源利用率相对更高。其次，文化资源的开发

① 刘冠军.我国转型期文化创意产业与经济发展互动机理研究[D].成都:西南财经大学,2013.

利用是一个绿色、循环、可持续的过程。在开发过程中，传统文化资源得到有效利用，而文化产业自身的发展反过来又丰富了传统文化资源的内涵，形成一个良性循环。这样就能避免传统经济发展以消耗有限资源为代价的模式。低能耗、低污染是经济可持续发展的重要特征[①]。文化创意产品的开发相较于其他传统产业来说更便捷，门槛更低。其开发的不一定是经典产品，只要是有一定文化价值、有一定创意的产品便可以被加工成文化创意产品。例如，一些“小潮玩”看似简单，却能带给用户不一样的体验，成为畅销产品。

三、文化创意促进产业融合升级

文化创意产业提倡“创意为王”。以“创意”为核心建立竞争优势这一特征更是增加了创意产品的不可替代性，能给企业带来高额利润。随着人们生活水平的提高，需求层次的提升，消费者对产品满足个性化的要求越来越高。在市场中，我们可以看到同类商品在制作成本差异不大的情况下，因其文化创意附加值不同，价格却可能相差几倍甚至到几百倍。文化创意产业具有高附加值的特点，但这也要求企业找准文化资源，做好创意设计，并进一步打造品牌产品，才能真正实现产业的转型升级。

随着信息技术的不断发展，企业之间的界限被逐渐打破，呈现相互交叉发展的面貌。文化创意产业以知识与创意为核心，能够提高相关企业的文化科技含量，促进我国产业升级转型，促进区域内经济发展。同时，文化创意产业作为集群模式产业，相关企业需通过合作形成共生产业体系，共同进步，共同发展。通过文化创意产业集群带动其他产业升级，不仅可以节约资源，减少污染，保护环境，还能降低成本，实现当地企业经济的稳定与持续发展[②]。

当前，文化创意产业的融合发展，产业转型升级已成为新的产业发展

---

① 王玉珏. 档案文化创意服务的理论与实践[M]. 武汉：武汉大学出版社，2017：3-4.

② 袁幹. 中国文化创意产业贸易及高质量发展的策略分析[J]. 文化创新比较研究，2022，6(16)：97-100.

趋势。不同文化领域，不同行业类型，不同消费群体都有可能成为文化创意产业融合联结的客体，这也使得文化创意产业越来越成为灵活的、融合的产业类型，不断升级转型，成为对经济社会发展具有重要作用的产业。

第二节　我国文化创意产业的战略发展目标

一、我国文化创意产业的发展状况

文化源于生活，也融于生活。文化美化生活，生活创造文化。文化给人们带来情趣、快乐和美的艺术享受，而以追求好的体验感、休闲性和实用性为主的文创产品则让人们以另一种心境看待世界，以新的眼光发现日常生活中的乐趣。从我国经济发展现状看，文创产业已成为我国重要的支柱产业。

2021年全国规模以上文化及相关产业实现营业收入119064亿元。同时，具有新业态特征的16个文化创意产业行业小类实现营业收入39623亿元，最近两年平均增速高出文化产业企业平均增速11.6个百分点，营业收入占文化企业整体的33.3%，显示了文化创意产业巨大的市场潜力和充分的市场动能①。近年来，随着我国新型工业化、信息化、城镇化和农业现代化进程的加快，文化创意产业已贯穿经济社会各领域各行业，呈现出多向交互融合态势。推进文化创意和设计服务等新型、高端服务业发展，促进其与实体经济深度融合是培育国民经济新的增长点、提升国家文化软实力和产业竞争力的重大举措，是发展创新型经济、促进经济结构调整和发展方式转变，加快实现由“中国制造”向“中国创造”转变的内在要求，是促进产品和服务创新、催生新兴业态、带动就业、满足多样化消费需求、提高人民生活质量的重要途径。

随着人们消费水平的提高、产业鼓励政策的不断出台，文化创意产

① 庞茂强.文化创意产业高质量发展路径研究：以西安市为例[J].现代营销(下旬刊)，2022(7)：50-53.

业的市场投资活跃度逐步提升、市场规模不断扩大，整个行业的市场化水平也不断提高，吸引了大量新进入者，加剧了行业内竞争。国家也在不断优化对文化创意产业大力支持的宏观政策，文化创意产业将持续快速增长。

文化创意产业是提高国家竞争力的明智选择，是提升国民素质与智慧的启明星，是社会财富增长的新风向和新动力。文化创意产业的发展是实现文化自信的重要举措，可以串联起中华文明的昨天、今天和明天，推动中国文化走向世界。

虽然目前我国文化创意产业已经具备了一定的规模，但尚未出现享誉国际的知名品牌，也没有出现形成规模并具有集群效应的文化产业群。这要求我们应大力开发具有中国元素的文化创意产品，通过政府、企业等多方协同创新，以谋求文化创意产业的发展。文化创意产业的发展必须牢牢把握党和国家关于发展文化产业的宏观方向，准确把握国家制定的关于文化创意产业发展的法律法规和相关政策，深入把握关于文化创意产业方针政策的精神内涵，应时而起，顺势而为，推动文化创意产业的跨越式发展。

由于文化创意产业特点突出，且规模增长速度高于国民经济整体增长速度，文化创意产业这一新兴产业越来越为我国重视。中华民族创造了五千年灿烂的历史文化，积累了深厚的文化底蕴和丰富的文化资源，这是我国发展文化创意产业得天独厚的优势。2021年，中国文创专利申请主要地区广东省有1365件专利产品，占总申请量的19.54%；福建省文创专利申请1284件，占总申请量的18.38%[①]。

国内创意家居用品行业借欧美向发展中国家转移生产之际取得了迅速发展。近年来，国内有关创意产业利好政策相继出台，中国已成为全球最大的创意家居用品生产国和出口国。一批优秀企业通过学习、合作

① 市场分析.2021年中国文创行业企业数量、营业收入及发展前景分析[EB/OL].(2022-06-15)[2022-11-10].https://www.163.com/dy/article/H9T4RSBD055360RU.html&wd=&eqid=aaeb7e3800018e1a0000000464622f0f.

设计，具备了较强的自主设计和创新能力，提升了产品附加值和盈利能力。

近年来，随着数字技术的不断升级，文化创意产业在走向高质量发展的过程中，进行了产业内部的“洗牌”，实现了行业的升级换代。原先处于龙头位置的出版产业、旅游产业、演艺产业遇到了发展的瓶颈，而一直处于末端的中国互联网相关文化创意产业却成为中国文化产业的高端产业、核心产业、领军产业、先导产业。文化创意正与数字时代大数据、人工智能、云服务、区块链、移动网、物联网等融为一体，以跨越领域、行业的“边界作业”，建构了创意经济的融合新形态。这一新形态与全球创意经济的发展是一致的。

二、发展文化创意产业思想的提出

文化是一个民族的灵魂，民族的复兴离不开文化的复兴。2012年，党的十八大将文化建设作为“五位一体”总体布局的重要组成部分，强调文化建设是“全面建成小康社会和建设文化强国”的重要指标之一，并提出了“促进文化和科技融合，发展新型文化业态，提高文化产业规模化、集约化、专业化水平”的要求，这为我国现阶段文化改革发展提供了根本遵循。2013年，党的十八届三中全会提出“紧紧围绕建设社会主义核心价值体系、社会主义文化强国，深化文化体制改革，加快完善文化管理体制和文化生产经营机制，建立健全现代公共文化服务体系、现代文化市场体系，推动社会主义文化大发展大繁荣”，进一步明确要把文化产业培育成国民经济支柱性产业，提出了文化产业体制机制创新的要求，文化创意产业将成为新的经济引擎。

随后，习近平总书记多次在重要场合强调了文化建设的重要性，从制度层面、法律层面推动文化创意产业的发展。2014年实施的《国务院关于推进文化创意和设计服务与相关产业融合发展的若干意见》中，把文化创意产业定义为“新型、高端服务业”，指出文化创意产业的特征是高知识性、高增值性和低能耗、低污染等。2016年5月11日，文化部、国家发改委等部门发布的《关于推动文化文物单位文化创意产品开发的若干意见》中提出“发展文化创意产业，开发文化创意产品”“促进文化创意产品开发的跨界融合”等理念。2016年7月1日，在庆祝中国共产党成立95周年大会上，习近平总书记更明确提出要坚持“四个自信”，即“中国特色社会主义道路自信、理论自信、制度自信、文化自信”，并强调“文化自信，是更基础、更广泛、更深厚的自信”。这些重要文件和重要论述充分说明中国共产党在新形势下着力推进社会主义文化强国建设的信心和决心，彰显了加强和注重文化建设、文化创造、文化积累和文化提升的重要价值。2016年，我国文化产品出口额为786.7亿美元，文化体育和娱乐业对外直接投资39.2亿美元，较2012年增长18.6倍；图书版权输出1万种，输出和引进品种比例由2012年的1∶1.9提高到2016年的1∶1.6。2012—2016年，文化产业增加值由1.81万亿元增加到3.03万亿元，首次突破3万亿元；文化产业占GDP的比重由3.48%提高到4.07%，首次突破4%，文化产业展现出了蓬勃的生机与活力。从2017年第九届“文化企业30强”整体情况看，文化企业的规模实力、市场竞争力和盈利能力不断增强，主营收入3515亿元、净资产4318亿元、净利润381亿元，与2012年相比，分别增长了120%、155%、69%。截至2017年6月底，全国文化及相关产业企业数量超过322万户，同比增长22.4%，比全国企业数量平均增速高出3.1个百分点①。

自“十二五”规划以来，与文化产业整体增速持续下降相反，数字技术和互联网相关的文化产业出现爆发式增长。此外，数字文化产业已经开始推动文化产业与国民经济各个产业的“跨界融合”，并间接推动整个国民经济实现转型升级，国家发改委也将“数字创意产业”纳入五大战略性新兴产业之中。

文化体制改革全面深化，文化发展的基础和动力机制发生转变。党

① 新华网:激发文化创造活力 向着社会主义文化强国迈进——党的十八大以来文化体制改革成果述评[EB/OL].(2017-07-23)[2017-10-02]. https://www.xinhuanet.com/politics/2017-07/23/c_1121365692.htm.

的十八届三中全会提出了“建立健全现代文化市场体系”这一总方针，以“文化市场”取代“文化产业”，成为党和国家最高政策文件中有关文化政策部分的第一主题词，标志着我国文化发展的基础和动力机制的转换。文化产业在创新领域走在了世界的前列。

文化政策体系创新发展，“文化—科技—金融”三元动力结构基本成型。近年来，在建立健全现代文化市场体系这个总方针下，在逐步完善的文化市场环境中，我国已经形成了全新的文化政策系统。除了工商、税务等系统完善了市场体系、改善了营商环境的政策之外，我们还形成了适应供给侧结构性改革新形势和文化科技融合新发展要求的新型文化政策体系。文化科技融合是新时期国家推动数字文化产业发展的主要抓手，为文化产业重大创新领域的超常发展提供了强劲动力。

三、党的二十大明确了文化创意产业发展的新任务

党的二十大报告强调，全面建设社会主义现代化国家，必须坚持中国特色社会主义文化发展道路，增强文化自信，围绕举旗帜、聚民心、育新人、兴文化、展形象建设社会主义文化强国，发展面向现代化、面向世界、面向未来的，民族的科学的大众的社会主义文化，激发全民族文化创新创造活力，增强实现中华民族伟大复兴的精神力量。繁荣发展文化事业和文化产业，坚持以人民为中心的创作导向，推出更多增强人民精神力量的优秀作品，健全现代公共文化服务体系，实施重大文化产业项目带动战略。增强中华文明传播力、影响力，坚守中华文化立场，讲好中国故事、传播好中国声音，展现可信、可爱、可敬的中国形象，推动中华文化更好走向世界。

我国的文化创意产业正在向高质量、高层次、精细化发展模式转换，进一步将文化与科技融合，将传统文创与数字化融合，将公共文化服务与文化经济融合，将创意设计与装备制造业、消费品业、信息业、建筑业等多行业融合。可以确信，在“十四五”规划乃至2035年文化强国建设时期，文化创意产业在国民经济和社会发展中将处于更加重要和突出

的地位。

一个国家、一个民族的强盛，总是以文化兴盛为支撑的。伴随文化体制改革的不断深化，文化创意产业必将绽放更加绚烂的光彩，创造更加伟大的辉煌，为实现中华民族伟大复兴提供强大动力。以创意思想和科技创新为核心竞争力的文化创意产业在中国正处在蓬勃发展的重要时期。在党和国家的积极倡导和政策扶持之下，社会资源不断投入，文化创意企业日渐增多并不断发展壮大，文化创意产业必将迈入高速发展的黄金时期。

第三节　大力发展我国的档案文化创意产业

一、我国档案文化创意产业迎来发展的春天

党的十九大报告明确指出“要坚定文化自信，推动社会主义文化繁荣兴盛”。在产业转型升级、经济增速放缓、经济结构调整的大环境下，国家频繁出台支持文化产业和专业化设计服务细分行业发展的政策，以鼓励和促进文化产业与科技行业及上下游产业融合发展，为经济转型和社会发展注入文化活力。2019年12月，司法部公布了《中华人民共和国文化产业促进法（草案送审稿）》。作为我国首部文化法，《中华人民共和国文化产业促进法》将促进文化产业发展纳入国民经济和社会发展规划，明确地方政府在促进地方文化基础设施建设方面的义务，以确保民众可以享受更好的公共文化服务。文化和旅游部分别于2021年4月、5月发布《“十四五”文化和旅游科技创新规划》《“十四五”文化产业发展规划》，这些规划围绕实施文化产业数字化战略，坚持以创新驱动文化产业发展。上述产业扶持政策、法律制度保障、发展规划，为档案文化创意产业的长期、稳定、健康发展创造了良好的发展环境，使档案文化创意产业迎来了发展的春天。

二、发展档案文化创意产业是新时代档案工作的必然要求

（一）档案文化创意产业有利于满足广大人民群众日益增长的精神文化需求

文化创造美好，美好需要文化。随着国家的强盛和社会的发展，人民的物质生活需求已基本得到满足，精神文化需求日益增长。在这一时代背景下，文化创意产业应运而生，它以满足人们日趋多样化的文化需求为目标，在继承、发扬传统文化精髓的同时，结合时代元素，满足大众的文化需求。档案作为历史文化的载体，其丰富的文化内涵为文创产品的产生提供了肥沃的土壤，满足了档案文化创意产品的文化多元性要求。同时，档案文化创意产品在满足了大众的精神文化需求，助力社会转型的同时，带来的经济效益也符合供给侧结构性改革的需要。

（二）开发档案文化创意产品是档案服务的延伸与拓展

提取重要馆藏的标志性元素，生产出具有品牌效应的档案文化创意产品，是各大档案馆提升知名度的重要方式，也是进行文化输出的主要途径。然而，目前大多数档案馆主要开展的是收集保管、编修史志、档案利用等基础工作，并未将档案文化创意产品的开发工作提上工作日程。档案馆作为社会性、公益性的国家机构，承担着妥善保管档案与史料，维护历史真实面貌，发挥社会教育功能等责任。档案文化创意产品的开发属于档案服务的延伸与拓展，其通过展示精美的文创产品，让人们能不踏进档案馆就可以感受到档案文化的精妙之处。开发档案文化创意产品是提高档案馆服务质量的重要抓手，有助于档案馆影响力的扩大，吸引更多人了解档案馆和档案文化，更大范围地实现档案馆的教育职能，在潜移默化中改变大众心中对档案文化的刻板印象。

（三）开发档案文化创意产品是适应档案馆作为爱国主义教育基地的需要

爱国主义教育基地是提高全民族整体素质的基础性工程，是开展爱国主义教育行动的重要载体。进入新时代，党和国家对爱国主义教育基地工作提出了守正创新的要求，提出让红色资源活起来，要弘扬跨越时空、富有永恒魅力、具有当代价值的精神文化。档案馆、红色博物馆大多拥有丰富的红色档案资源，是重要的爱国主义教育基地。传统的爱国主义教育形式，比如参观展览、听报告等已经不能满足当前教育的需要，受教育者开始期待更加生动活泼的教育形式。此时，利用馆藏资源开发的档案文化创意产品开始吸引受教育者的注意力。档案馆应该审时度势，创新机制，积极开拓除展览之外的业务领域，开发具有红色基因和历史内涵的档案文化产品。

三、发展档案文化创意产业是档案工作创新的内在需求

党的十九届三中全会作出深化党和国家的机构改革的决定。改革后，各地档案机构设置有了很大变化，多数地方由“局馆合一”改为“局馆分设”。“局馆分设”后，局和馆的职责与定位更加明确，档案馆的业务职能得以进一步强化。从某种意义上看，档案馆的业务工作在广度和深度上有了更大、更自由的发展空间。档案工作人员应清醒地认识到目前形成了一个以科技创新为引领，大数据、云计算、区块链、人工智能等技术相互交织应用的多元化的开放式格局。档案部门应顺势而为，及时跟进，主动融入，立足档案信息的开发利用，打破固化思维，运用新媒体、新科技、新理念为档案文化的传播寻求新的思路和方式。

（一）档案资源的文化价值转化

很多人对档案认知有限，只有需要利用档案时才会主动去接触档案，更不要说去了解档案背后蕴含的文化内涵了，这阻碍了档案文化资源转

化的进程。在开发档案文化创意产品的过程中，要深刻挖掘档案背后的文化内涵，提取档案元素将其具象化、符号化，实现档案文化资源的价值转化，为后期文创产品的开发奠定基础。开发档案文化创意产品既有利于创新档案信息资源开发的形式，加强档案馆文化资源梳理与共享，拓展服务功能，又能够调动社会力量共同参与，实现文化资源共享。

（二）档案信息资源开发新突破

近年来，档案部门积极开展档案信息资源开发工作，为公众提供公益性服务。由档案部门组织工作人员以馆藏资源为基础，深入挖掘档案信息，开发并制作档案文化产品[①]。这些产品主要包括两大类：一是学术资料、音像制品等出版类，二是档案复制件和仿真件等复制类。随着创意经济的发展，加上与企业的联合，档案信息资源的开发有了新的途径，即从馆藏中提取创意元素，以转化文化符号的形式贴合现代人的心理和生活状态[②]，将大众感兴趣的档案信息资源提供给企业，联合开发区别于档案实体的文化创意产品。文化创意产品中的创意，强调文化产品中的特别设计环节，通过创造意境，设计可能使产品生产者、消费者与产品之间产生共鸣的元素，将生涩的档案信息与产品设计相结合。新的资源开发方式摒弃了档案馆传统的自主开发模式，采用吸引其他社会力量联合开发新产品的模式。同时，采用商业性开发的方式引入市场竞争，使得档案信息资源开发范围有所扩展，价值获得提升。

（三）档案馆服务功能新拓展

拓展档案馆服务功能不仅是档案事业发展的核心内容，也是践行社会主义核心价值观的要求。档案部门在开发文化创意产品的过程中，结合其他专业知识，再次跨越时空局限，与不能到档案馆参观、无法深入

① 檀竹茂. 档案信息资源开发的有效途径：协同合作 [J]. 档案学通讯，2014(2)：55-58.

② 冯湘君. 档案信息资源开发新思路[J]. 湖北档案，2007(1)：26-28.

了解档案馆特色馆藏的公众分享档案文化内涵，从而扩大档案用户群体，提升公众的档案文化意识。从服务内容来看，档案文化创意产品将档案信息立体化，通过改变视觉效果、满足猎奇心理获得公众的关注与了解，实现传播档案文化的功能。从服务范围来看，档案文化创意产品通过礼品赠送、网络销售等方式，不断拓宽流通范围，以档案文化内涵与创意因素为载体，向社会提供辅助性教育和大众化教育。

（四）社会公众认同新提高

赵爱学在《档案馆信息服务功能的公民认同研究》中指出，公众是档案馆信息服务的逻辑起点与终点，即档案馆以服务公众为职责，又以公众参与及支持档案事业为驱动力[①]。公众作为档案事业发展的关键，其对档案部门服务品质或特征的认知评价、情感体验正是档案馆工作开展中需要着重关注的方面。档案文化创意产品的开发，是在市场竞争中释放档案信息，扩大档案信息在文化产品和日常生活中的作用范围。文化创意产品兼具文化历史感与时尚感，实现了多元文化与创意元素的碰撞，将档案信息的厚重感形象生动地表达出来。符合生活需求与文化需求的档案文化创意产品既具有文化产品实用的特点，又增进了公众对档案信息的亲近感与认同感，从而获得社会公众的支持。

第四节 提升我国档案文化创意产品开发与服务水平

近年来，虽然有不少档案馆考虑公众需要，创新服务方式，通过举办展览、出版编研成果、与媒体合作提高宣传力度等方式吸引公众的注意力，档案资源的开发利用也取得了一定的进展。但档案馆的入馆人数仍然偏低，我国档案文化创意产品开发水平和服务能力，还不能与我国目前的文化发展战略相匹配，这就要求我们全面提升档案服务能力，将档案服务与文化创意相结合，促进经济可持续发展、中华优秀传统文化

① 赵爱学. 档案馆信息服务功能的公民认同研究[J]. 档案学通讯，2014（6）：19-22.

传播和民众文化需求的满足[①]。

一、思想认识亟待转变

现阶段，开发档案文化创意产品的重要性已被越来越多的人认可，但传统的思想意识很大程度上影响甚至阻碍了档案文化创意产品的开发。档案部门一直以来都是将保存档案、为用户提供档案服务等基本业务作为自己的工作范畴。有的档案部门对开发档案文化创意产品心存疑虑，畏难止步，采取回避甚至反对的态度。虽然也有一些档案相关部门在政府部门的鼓励下进行了积极的尝试，但因为合作生产的企业担心产品的社会效益和经济效益，不愿意进行规模化生产，这种流于浅表元素开发的粗糙的纪念品往往没有长久的生命力，不被消费者重视。国内几所综合性大学在档案文化创意产品开发方面进行了成功尝试，不仅借助了高校的科研团队的力量，也与社会上较有经验和实力的文创产品开发企业进行合作，取得了良好的经济效益和社会效益。遗憾的是，这些高校利用学校档案资源开发文创产品的成功经验并未得到推广，也未能在更大范围内推动我国档案文化创意产品的开发，而是局限于小范围的尝试。

二、政策战略亟待调整

档案馆在文化创意产品开发中缺位的一个直接原因是我国的行政管理体制。当前档案馆与档案局虽然打破了“馆局合一”的设置，但多数档案馆属于公共文化事业单位，隶属于同级党委、政府办公厅（室）系统，不归文化部门管辖。在传统的科层制体系和行政组织文化下，分属不同系统的档案部门与文化部门，缺乏充分的交流、协调、合作。这种条块分割的行政管理体制在很大程度上阻碍了档案馆与博物馆、美术馆

① 朱莉．档案文化创意产品开发阻碍因素及策略分析[J]．档案与建设，2016(9)：33-34.

等文化单位的联系，也削弱了档案馆的文化性和社会性[①]。同时，国家的经营性政策也直接影响了档案文化创意产品的开发。2020年，党政机关进行经营性改革，档案馆的性质决定了它不能搞经营，不能进行营利性行为。这给本来有了一定起色的档案文化创意产品的开发带来了巨大影响。笔者在调研的过程中发现，不少的档案馆、纪念馆面向公众开发了形式多样的档案文化创意产品，例如井冈山革命博物馆、瑞金中央革命根据地纪念馆、南昌八一起义纪念馆等红色博物馆，其丰富的馆藏为纪念馆开发文创产品提供了丰富的资源，红色文创产品的规模化生产也得以实现，然而受体制政策等因素的影响，虽然这些红色博物馆参与了文创产品的研发工作，但产品的生产销售等只能委托第三方负责，产品的赢利也不能作为本馆发展的资金，这极大地限制了文创产品开发的规模，也不利于调动博物馆工作人员参与研发的积极性。为扩大档案文化创意产品的社会影响力，政府应对文创产业的发展予以一定范围的政策支持，并采取更为灵活具体的执行措施，加快构建档案馆、博物馆与其他文化机构的协调合作机制，制定馆与企业合作的具体战略规划。

三、服务方式亟待创新

从档案资源的性质特征来看，开发档案文化创意产品在追求经济价值的同时，还应该提升产品的服务功能，追求更高的服务价值，这也是开发档案文化创意产品的更高境界。传统的档案服务内容和服务形式较单一，很难满足服务对象的要求。随着科技水平的提升，档案文化创意服务的引入，使档案服务对象的个性化需求的满足有了可能。当前我国档案文化创意产品开发处于初始阶段，档案文化能打动人心的元素还未被深度挖掘出来，特色难以凸显，对受众的文化品位与产品需求的了解也还不够深入，产品持续的影响力和服务水平还需要不断提升。

目前，传统的档案服务模式仍然占主导地位，在档案工作中，档案

① 宋香蕾，洵异．档案馆文化创意产品开发的缺位与对策[J]．档案学通讯，2017（3）：88–93.

人员主要负责保管档案，被动地为需求者提供档案资源，而在利用信息、知识创造价值方面贡献甚微。档案的利用率仍然很低，多数珍贵的档案资料仍然处于“养在深闺人未识”的阶段。因此，引入档案文化创意服务的概念非常有必要。可以通过创意的加工，服务方式与信息化技术的有效融合，全方位、立体化地提供优质高效的文化创意咨询服务；也可以借鉴文化领域其他部门的服务模式，在可公开范围内为公众提供档案文化休闲场所。将传统的被动服务转变为个性化的主动服务，从而大幅度提升档案馆的公共文化服务水平。档案服务对象是广泛的、具体的，不同服务对象的需求也是与时俱进的，他们随着时代的发展对档案服务提出各种各样的新要求。例如，美国国家档案馆已经与相关机构合作，建设了独立的国家档案馆网上商城，让世界各地的人们都可以实现对档案馆文化创意衍生品的在线购买①，从而使档案服务摆脱地域、平台的限制，让档案服务更加便捷。

四、科学研究亟待深入

从国内外关于档案文化创意产品的研究发展状况看，研究理论和实践均取得了一定的成果。档案文化创意产品的开发作为一个全球性的问题，引起了国内外学术界的关注。国外大致经历了两个阶段：一是20世纪末，研究主要聚焦在文化创意产业的界定和指称上，更多从知识产权角度保护产业发展。澳大利亚政府和中国香港大学文化政策研究中心的《香港创意产业基础研究报告》（2003）从知识产权的角度对文化创意产业给出了类似定义；韩国政府将文化产业列为“21世纪国家经济发展的战略性支柱产业”，称之为“最适合韩国未来经济发展的新兴产业”②。二是国际档案理事会在2014年年会突出“档案与文化产业”主题之后，

① National Archives Foundation. National Archives Store [EB/OL]. (2012-06-14)[2017-10-02]. https://www. nationalarchivesstore. org/.

② 徐索菲，李建柱. 韩国文化产业振兴举措对我国培育新经济增长点的启示[J]. 经济纵横，2014(4)：116-120.

创意产品设计理论更加深化，研究更多关注微观层面。美国国家航空航天局（NASA）借助网络平台发布科技图片激发公众创意灵感，美国国家档案馆的在线商店等都成为研究者关注的对象。

国内进行的相关研究主要集中在四个方面：其一，从理论依据、专业特征研究入手，认为档案文化创意产品有丰富的理论依托，档案与不同专业领域之间的相互渗透已经成为一种趋势。最大化地实现档案文化创意产品价值，成为文化创意企业的新战略[①]。其二，关于档案文化产业、产品发展方向的研究。这类研究认为档案文化产业需要联合其他产业，档案馆需跨界合作开发文化创意产品，共同促进档案文化资源的开发[②]。其三，开发档案文化创意产品的制约因素和开发路径的研究。这类研究大多认为我国档案文化创意产品开发相对落后，制约因素较多，需要完善自身，争取社会力量的参与[③]。其四，立足于具体部门的档案文化创意产品开发，从影响档案文化创意产品生产的某一因素进行探究，研究国内外具体档案部门文化创意产品的开发。这类研究通常着眼于用户需求、市场需要、设计方法等进行专项论述[④]。另外，立足国情，放眼世界，档案文化创意产品的研究离不开对国际市场的研究，了解更多国外研究与实践，才能融合发展理论，用开阔的眼光看档案文创产业的发展出路[⑤]。

值得一提的是，台湾地区的文化创意产品开发近年来取得了丰硕的成果，相关研究也日臻成熟。有人认为台湾地区档案文化创意产品市场的繁荣很大程度上归因于政府的大力支持，对产权保护的重视，以及成

① 王玉珏，洪泽文，李子林，等.档案文化创意产品开发的理论依据[J].档案学研究，2018(4)：52-58.

② 王贞.档案文化创意产品的开发[J].中国档案，2015(1)：70-72.

③ 宋鑫娜.档案文化产品开发策略新探[J].北京档案，2019(12)：32-34.

④ 贺军.文化创意产业视域下的档案文创产品开发策略研究[J].北京档案，2021(3)：27-29.

⑤ 王毅，刘莹.海外档案文化创意产品开发实践及启示[J].北京档案，2019(12)：42-44.

立的台湾创意设计中心有新颖独特的设计理念。

上述研究为档案文化创意产品的开发提供了一定的理论支持，积累了一定的经验，但关于档案文化创意产品的研究也存在一些不足和局限。国外的研究主要存在两个方面的问题：一是基于档案学视角的理论研究较少，经济领域的研究多于文化建设层面的研究；二是虽然设计理念等研究较为深入，但鲜有综合档案学、市场经济学内容的跨学科研究。国内的研究主要存在三个方面的问题：一是研究视角相对狭窄，学科理论视角较为单一，主要涉及档案学，而与之关联的其他学科鲜有涉及；二是研究方法较单一，多为经验分析，缺乏调研数据；三是研究专业化程度不够，由于专业限制，已有的研究多是学者从自身专业特点出发，进行的单一专业领域的研究，档案学同仁的研究中鲜有涉及经济、美术等专业的内容，而对文化产业方面研究较深入的成果多为管理学、市场营销学、艺术设计学专业研究成果，较少以档案文化的发展为主题。

科学研究的不断深入发展对档案文化创意产品的开发具有重要意义，实现理论与实践的完美结合才能保障档案文创产业的不断发展进步。理论研究应基于多维视角提出不同视角的档案文化产品开发策略，以及它们之间的最佳组合。这需要档案研究者从理论上厘清不同开发策略的联系，在实践中找准不同开发策略的互补共融关系，构建一个适合我国现状的可持续发展的档案文化创意产品生产链，力求在理论上和实践上都取得一定突破。近年来，全国档案部门、有关高校积极贯彻新发展理念，推动档案文化创意产品开发，设计出了越来越多的档案文创精品。深化档案资源开发利用，创新档案社会服务形式，推动档案文化建设，弘扬档案中蕴含的中华优秀传统文化，引领文化正向价值，档案资源正在以生动鲜活的形式发挥资政育人的重要作用。

第二章　档案文化创意产品开发的理论基础

第一节　档案多元论

一、档案多元论的“多元”理解

近年来，档案理论的研究取得了令人瞩目的成绩，国外较为成熟的热点理论也不断为我国档案理论研究所借鉴和探讨。经由安小米等学者翻译并迅速在我国档案研究界升温的“档案多元论”乘势而来，这一“融合实证主义方法论和解释主义方法论的混合方法论”[①]，特别是联系中国档案界实际的研究一直在进行。2018年，张欢针对李子林2017年在《档案学通讯》上发表的《档案多元论在我国的研究与应用》，提出不同见解，肯定了我国档案多元发展的历史及对档案理论的贡献[②]。学者们对“档案多元论”重新进行了审视与思考。

2017年12月，李子林与王玉珏发表《档案多元论视域下档案文化创意服务研究》一文，以我国云南少数民族档案文创服务开发为例，通过分析档案多元论以及它在国外档案文创服务中的应用，立足来源主体、

① 安小米，郝春红.国外档案多元论研究及其启示[J]. 北京档案，2014(11)：16-20.

② 张欢 .关于档案多元论的“多元”思考：与李子林同学商榷[J].档案学通讯，2018(3)：8-11.

参与主体、用户需求的多元化，探索多元论视域下的档案文化创意服务[①]。该文更多关注多元论的影响。本土文化创意产业的多元探索尚有丰富的空间，档案文创产业自身构成的特殊性决定了其发展的多元性，这个“多元”是广泛的，需要从多角度思考。

二、档案文化创意产品属性与生产要素构成的多元化

档案文化创意产品是以珍藏的档案资源及其相关档案元素为素材，运用各种文化艺术手段和创意方法进行档案文化意义的追加和渗透，生产出的面向公众的档案文化衍生产品。

（一）产品的属性多元

档案文化创意产品自身的特征决定了它的多元属性：一是历史属性。档案文化创意产品取材于已有的档案资源，具有历史特征。二是文化属性。这是档案文化创意产品最重要的一个属性，也是档案文化创意产品区别于一般产品的最主要特征。三是社会属性。档案文化创意产品来源于社会制造，服务于社会大众，实现社会价值，从生产到消费都离不开社会，具有鲜明的社会性。四是经济属性。档案文化创意产品要经历从生产到销售的复杂过程，最终以产品的形态走向社会，实现经济价值。五是艺术属性。档案文化创意产品以“创意”“精巧”形态存在，讲究艺术设计，注重美学特征。

（二）产品开发的理论依托多元

档案文化创意产品的多元属性决定了其开发单靠档案学理论是远远不够的。档案学理论中的档案多元论、档案生命周期理论、档案艺术开发理论、档案情感价值理论均是档案文化创意产品开发的理论来源和依据。这些理论与公共文化服务理论、文化社会学理论、文化资本理论、

① 李子林，王玉珏．档案多元论视域下档案文化创意服务研究[J].档案与建设，2017(12):16-20.

同心圆理论，以及经济管理学、艺术设计学、市场营销学、传播学等不同学科理论交互影响、融合，成为指导档案文化创意产品开发实践的理论依据和理论支撑。只有博采众长，吸收融合才可能为档案文化创意产品的开发提供一个普遍适用的理论构架，并不断指导实践，服务实践。

（三）产品开发主体多元

档案文化创意产品的多元属性决定了其开发主体的多元化。文创产品开发主体的多元化，一方面体现在资源要素的来源多元，除了要依托文化底蕴丰厚的档案馆藏，还要采纳多样的创意元素。另一方面，文创产品开发主体不仅要有从档案工作者到产品开发加工者再到产品消费者的多元主体层次结构，还要有从档案部门到社会机构、从产品生产企业到社会服务团体的多元机构。档案文化创意产品在从设计、生产到实现价值的整个过程中，也离不开国家的支持，离不开社会不同行业人员的关注。

（四）产品价值实现方式多元

档案馆作为公共文化事业单位，现阶段开发的档案文化创意产品更多的是满足社会公共文化的需要，以社会福利的形态实现档案文化创意产品的社会价值。而文化产业的飞速发展又对档案文化创意产品的开发提出了更高要求。档案文化创意产品应扩大服务范围，让产品更具竞争力，创造更高的经济价值。产品价值实现的多元化建立在用户需求多元化的基础之上，消费者的身份、品位、观念、追求的差异使得他们对档案文化创意产品的价值要求不同，这也导致产品价值实现方式的不同。

三、影响我国档案文化创意产品开发的多元因素

近年来，我国档案文化创意产品的开发虽在理论与实践方面均取得了一定的发展，但整体仍不够理想，特别是档案文化创意产品的开发利用尚不能跟上整个文化产业的发展步伐。

（一）关键性人才因素

档案文化创意产业的发展需要高素质人才。人是文化产业发展的主体，高质量的人才队伍是文化创意产业发展的关键。高素质、专业化的创意型人才是产业发展的重要保障，而档案文创产业依然缺乏大量的专业人才。一是缺少创意设计人才。档案文化创意产品的设计不能局限于简单的模仿、复制，它需要创意设计人才、美术专业人才的加入，甚至可能需要综合档案专业、美术设计专业人才，才能完成从提取元素到创意设计的过程。二是缺少档案文化创意产品宣传、策划、营销、服务等专业人才。三是缺少信息化专业人才，即能够满足产业需要的高技术人才，这里特别是指具备较高创新能力，能够将文化与高科技进行深度融合的复合型人才。

（二）档案部门的重视程度

档案文化创意产品的开发利用状况在很大程度上受档案部门的重视程度的影响。长期以来，档案部门对档案的利用还停留在对查阅范围的扩大，只有部分档案馆根据自己的馆藏资源进行了编研开发，组织举办系列专题展览。而编研成果的数量，展览效果与质量很大程度上取决于档案部门对这类活动的重视程度。作为以服务为主的档案部门，其主要职责是收集整理与查阅原始档案。文创产品的开发是对档案资源深层次的利用，属于档案部门的拓展服务内容，做与不做，做得好与坏要看档案部门的规划和执行力。随着档案事业的不断发展，档案也逐步从封闭走向开放，之前被束之高阁的档案资料经过提取、包装，通过媒体的宣传，被揭开神秘的面纱，以新的面貌与大众相见，这大大提高了档案的利用效率。与此同时，文创产品开发的浪潮也对档案资源的开发提出了新的要求。档案资源的开发要想走得更远，必须找到合适的开发策略，这就要求档案部门重视档案文化创意产品的开发与利用，争取多方的支持，将档案文化创意产品的开发纳入工作计划，统筹规划，从而跟上文创产品开发的新潮流。

（三）社会的多元需求

当前档案文化创意产品的开发虽已步入发展阶段，但社会的关注度还不够理想，政府支持开发的力度也不够大。档案文化创意产品是档案文化内涵的凝练，是联系档案、档案馆与社会公众的纽带。档案文化创意产品的开发与发展能够提高社会公众的档案意识，促进档案文化价值的实现。鉴于档案馆提供公共服务的要求和档案文化创意产品的异质性，这种价值实现需要关注档案文化创意产品在社会活动中的现实意义，针对多元化、多层次的社会需求进行精准开发，明确档案文化创意产品开发促进社会记忆多元化的意义起点[①]。而社会的多元文化需求对档案文化创意产品的开发也提出了更高的要求。

第二节　文化社会学理论

从文化分析入手研究社会生活和社会现象的文化社会学已成为人们对当代社会进行思索，推动文化创新的一门重要学科。

档案文化创意产品作为档案文化的衍生产品，其归属最终还是社会，即为社会服务。因此，从文化社会学的视角创新档案文化创意产品服务理念，对于促进文化坚守与传承，推动引领社会风尚的优秀文化发展具有重要的意义。

一、档案文化创意产品文化—社会的二重性

（一）档案文化创意产品的文化属性

档案文化创意产品取材于档案文化资源，档案文化资源是不可替代、

① 聂云霞，吴一诺．公众视域下档案文创产品开发策略研究[J]．档案与建设，2019（5）：4-7.

无法复制的宝贵文化财富，文化属性是档案的重要属性。在文化社会学视角下，档案文化创意产品的文化属性主要体现在两个方面：一是指档案文化创意产品反映档案资源的文化特征，表现为文化资源对社会公众发挥作用的文化存在。档案文化创意产品通过生动可感的产品表现档案的文化内涵，不仅体现一定历史时期特定的社会文化，还反映人们的精神文化追求。二是包含了特色档案的文化影响力及其所代表的文化对社会文化发挥的影响作用。作为对社会文化优选加工并融入社会文化的文化有机体，档案文化创意产品所体现的文化是文化力量和文化生态的统一，对社会文化的发展具有一定的影响。

（二）档案文化创意产品的社会属性

在文化社会学视角下，档案文化创意产品在社会文化价值体系建设中具有辐射和发散作用，具有文化传播的公共性，在社会价值体系上呈现出公众化倾向。具体而言，档案文化创意产品的社会属性体现在两个方面：一是档案文化创意产品对社会文化的影响及起到的服务作用。档案文化创意产品借助自身独特的文化积淀和价值传承系统对社会文化进行发散性影响，在价值体系上有利于传播社会文化底蕴和促进公众对文化价值的认可。二是档案文化创意产品代表的社会文化对社会建设与发展的作用。档案文化创意产品的开放性和包容性使得档案文化创意产品日益成为社会建设中重要的文化要素。文化建设离不开文化事业和文化产业，而档案文化创意产品的特色文化体系又是文化再生产的重要源泉。

二、文化社会学视域下档案文化创意产品的文化服务功能

（一）增强社会文化认同

人们生活在社会化的文化情境之中，文化观念越来越深入人们内

心[①]。在物质主义、实用主义以及功利主义等观念的影响下，传统文化和价值取向受到了严重的冲击和损害，从而导致了其主体性的丧失和文化方向的偏离等弊病。在这种情况下，如何增强社会的文化认同，优化价值取向十分重要。档案文化作为独特的、有重要参考利用价值的档案资源形式，是社会发展的真实记录，是广大人民群众实践经验和智慧的结晶，反映了各个时期人们的活动，而档案文化创意产品作为档案文化的载体，肩负着增强社会文化认同、优化价值取向的重要责任。

（二）形塑特色文化传承体系

档案馆里保存着的社会发展变迁的历史记录，是社会发展历史的缩影，涵盖了经济、管理、科学等方面的内容，积淀着文化精神，承载着文化内涵。因此，档案文化创意产品是特色文化历史凝结的精华。档案资源可以反映社会过往的发展，承载着一定社会历史时期特有的文化内涵，这些文化积累将成为活化文化历史的重要依托。档案文化作为一种文化的具体表现形式，需要在不断的实践中内化，从而形成一种不可消失的气质[②]。作为传承文化的重要载体，档案文化创意产品肩负着保障档案文化发展的连续性和统一性的重要职责。随着中华优秀传统文化不断深入人心，档案文化创意产品服务正在不断自我调整，以适应新形势下的社会需求，从而为推动构建特色鲜明并能良性运转的文化传承体系服务。

（三）构筑社会历史文化传统

“档案陈述的事实最接近于历史，而档案作为社会记忆的最好方式，其积累形式，时间和空间的系统架构，总体上符合了文化传承的需

① 张应强．现代大学精神的批判与重建：为刘亚敏《大学精神探讨》而作[J].高等教育研究，2006(7)：12.

② 贺志军，王明东，向禹．文化生产力发展视角下高校档案工作理念创新[J].现代大学教育，2012(5)：84.

要。”[①]档案文化创意产品承载着历史记忆，符合文化传承的要求，是社会文化的一个微缩景观。加强档案文化创意产品的社会化服务有着深远的意义。档案文化创意产品服务如何满足越来越迫切的社会需求，档案工作如何开展并融入和谐社会文化建设等，都是档案文化研究亟待解决的难题。将档案文化创意产品文化作为动态的研究对象，置于大文化的研究视野下，是目前档案文化创意产品文化探索的最佳选择。这种大文化视野，既存在于档案形成前文化形态的选择与把握中，又存在于档案形成之后的文化挖掘与传播中，更融于社会的整体文化之中。

第三节 档案情感理论

随着档案文化事业的发展，档案背后的情感价值也被越来越多的档案工作者和研究者发现与认识。国内外档案工作者均开始关注档案与情感的关系，重新认识和思考档案工作，以“情感”为出发点，讲述档案背后的故事，并取得了一定的成果。如何通过档案文化产品和服务的设计引发公众对档案的情感共鸣，使其通过档案回顾、认识和思考历史，值得我们去探究。

一、档案情感理论产生的理论背景

国际档案理事会第二任主席、法国国家档案局局长夏尔・布莱邦（Charles Braibant）指出：“档案是一个国家、省、行政机关的记忆，档案馆保存的是一个国家最宝贵的东西，即一个国家的历史证据和作为国家灵魂的材料。”[②]冯惠玲教授指出：“档案不等同于社会记忆本身，档案只有通过社会制度的选择、思想认识和情感认同才成为社会记忆。”[③]

① 覃兆刿.档案文化建设是一项“社会健脑工程”:记忆·档案·文化研究的关系视角[J].浙江档案,2011(1):24.

② 黄坤坊.第一届国际档案大会(连载一)[J].档案,1995(1):24-25.

③ 徐拥军.档案记忆观的理论与实践[M].北京:中国人民大学出版社,2017:91.

档案情感是一种触发式情感，是将人的触觉浸入档案构建的历史情境，关联头脑记忆，从而形成的一种对历史的能动性反应。凭借档案构建社会记忆的过程，也是从情感出发铭记、理解、反思社会记忆的过程。因此，应将对档案情感的开发利用看作文件连续体的“第五个维度”。第五个维度理论的提出将“主观”的情感因素纳入档案工作流程，对传统档案学提出了新的认识。这与后现代主义思潮，特别是档案记忆观所强调的“档案工作者是社会记忆的构建者”密不可分[①]。

二、情感相关理论

（一）情感认同理论

情感认同是指在情绪和情感方面感知并接受对象，是人与人的心理兼容性在情感上的体现[②]。档案情感认同，即主体在触碰到档案信息后，从情感上对其肯定、喜爱、赞同、追求，并采取积极的态度去接纳接受。

情感认同重在“认同”。主体只有在情感上理解并且接受了接触对象，才会产生认同心理。认同心理的产生，意味着关注者已经置身情境，自然地产生情感共鸣。例如，关注者接触并了解了档案，如果对档案内容持肯定态度，如身临其境般感受历史，转换角色，与档案角色表现的情感价值相一致，那么档案关注者就对档案产生了情感认同。

（二）情感共鸣理论

情感共鸣指在他人情感表现或造成他人情感变化的情境（或处境）的刺激作用下，所引起的情感或情绪上相同或相似的反应倾向[③]。情感共鸣的产生使客体表现出来的强大的吸引力与情感表达与主体产生了强烈

① 王玉珏.档案文化创意服务的理论与实践[M].武汉:武汉大学出版社,2017:63.

② 冯巧玲.情感认同:道德践履之根本[J].石家庄经济学院学报,2016(3):126-128.

③ 屈战伟.浅谈移情并非情感共鸣及其运用[J].牡丹江教育学院学报,2014(6):34-35.

的情感碰撞，擦出某种情感火花。

情感共鸣是情感认同的进一步发展，重在“共鸣”。主体只有受到客体的感染，感染客体所表达的情感，才会产生共鸣。情感共鸣是一切优秀作品和产品应追求的境界，档案文化创意产品要想“出圈”，为消费者所青睐，也需要设法设计产品的情感元素，以激发消费者的情感共鸣。

（三）情感社会学理论

近年来，随着研究的深入，社会学家逐渐认识到人类的行为不仅是由纯粹的工具理性所驱动的，情感对人们社会生活的影响是无法否定的。情感对人的行为产生影响，甚至某些类型的情感会影响和控制社会及团体。因此，对人的社会行为的理解仅仅局限于个人的理性行动是不充分的，必须考虑情感在社会生活中发挥的作用①。

这里，情感社会学理论更深层次地推进了情感的研究，向我们解释了情感如何被唤起，又如何引发人的行为。关注者触发情感，浸入档案记忆。如果关注者认可档案内容，则会产生情感认同，触动情感共鸣。档案情感具有明显的联系性和发展性，既有共性也有个性。档案情感并非孤立存在于档案之中，而是与档案内容、档案记忆息息相关；档案情感也并非孤立存在于档案管理的每一环节中，而是环环相扣、相互联系的。档案情感并非一成不变，时代的不断发展促使人们对于档案的理解发生变化，因此人们的情感也在不断发生变化。档案情感对于认识主体来说，既有共性也有个性。认识主体可能从档案中产生相同的情感体验，也可能会因为各自的生活差异产生不同的情感②。

需要注意的是，这种情感共鸣要区别于目前有些人为了迎合公众喜好提供的以“游戏”“卖萌”或所谓“艺术创作”为主的文化创意服务，其重在通过档案馆馆藏资源，引发社会公众对历史的理解与思考。档案文化创意产品利用档案情感对档案资源的开发应当始终坚持“文化”和

---

① 王鹏，侯钧生．情感社会学：研究的现状与趋势[J]．社会，2005(4)：70-87.

② 王玉珏．档案文化创意服务的理论与实践[M]．武汉：武汉大学出版社，2017：68.

"创新"这两点，不偏离文化传承的方向。立足于文化，就应该开发档案资源中的历史文化和民族文化，以触动人们的国家认同感和民族自豪感。例如，拉近与公众情感距离的工作理念使英国档案机构更关注档案文化资源的情感作用，在档案文化创意服务方式上更关注公众的现实需求。英国国家档案馆网站特色栏目"末日审判游戏"，是根据档案馆镇馆之宝——末日审判书设计的。该栏目鼓励游戏使用者利用档案资源探索历史事件，并对其进行一定的教育引导。再如，档案类纪录片《我在故宫修文物》，以对故宫内的历史文物进行修理作为起点，展示了故宫文物的历史，再现了古代工匠的精湛技艺和当时中国的雄厚实力，激发了人们的民族自豪感。

（四）情感教育理论

当代美国心理学家卡尔·罗杰斯基于心理治疗的理论和原则，对教育目的、教育过程和师生关系等进行了深入阐述。其以受教育者为中心，按照人本主义精神培养受教育者的独立性、自主性和创造性，教育者与受教育者坦诚相见，敞开心扉，教育者鼓励受教育者积极探索并为其创设问题情境，重视教育中的情感因素，用情和爱、用信任和真诚赢得教育的效果[①]。美国国家档案馆将档案作为一种重要的教育资源，以其镇馆之宝《独立宣言》《权利法案》为主要内容，设计了种类多样、内涵丰富的档案文化创意产品，被称为"可带走的档案馆"的档案文化创意产品极大满足了人们的文化需求，使用户在欣赏、购买和使用的过程中潜移默化中接受档案文化熏陶，进行文化情感交流[②]。档案文化创意产品将优秀文化元素通过新颖独特的创意设计传递给受众，将产品所寄寓的情感内容通过一定的表达，如浸入式体验，使受众在接受情感因素的过程中

---

① 黄洁，李娟，王丽娟．情感教育理论研究报告及行动计划[J]．陕西教育（高教），2017（12）：11-12.

② 王玉珏，许佳欣．档案馆在中外人文交流中的认同功能及其实现[J]．档案学通讯，2020（3）：56.

达到受教育的目的。党的十八大以来，习近平总书记多次强调，要把理想信念的火种、红色传统的基因一代代传下去，要更加注重以文化人、以文育人，倡导创新红色文化传承方式。红色档案文化创意产品逐渐成为情感教育的重要载体。例如，岩寺新四军军部旧址纪念馆推出的系列文创产品创意新颖，选取了新四军铁军的特色设计出文创产品，如表现纪律严明的戒尺，很多参观者特别是小朋友怀着深厚的情感将其带回家，在这一过程中也接受了严明的纪律教育。

三、档案文化创意产品体现情感价值的脉络分析

（一）档案文化创意产品价值脉络体现

1. 产品内容的情感价值体现

情感认同是指在情绪和情感方面感知并接受对象，是人与人的心理兼容性在情感上的体现。从内容上看，档案文化创意产品能够呈现当时社会情感对应的文化规范、价值、信念，具有社会情感意义。档案文化创意产品的开发要着眼符合社会规范、文化信仰、价值取向的产品，以实现情感价值。近年来，档案文化创意产品的形式和内容越来越丰富，从普通的纪念品，如折扇、文化衫等，向规模化、商业化转向，不仅涉及档案馆际交流产品，更有向旅游纪念品、专柜销售产品方向发展的趋势。而这些文创产品无论是通过纪念品形式存在，还是以正式销售的产品形式出现；无论是以实体形态存在，还是以表情包、头像装饰等在线生成和展示的虚拟化概念产品出现，都体现了社会文化需求，反映了一定范围内人们的品位、爱好和价值追求。

2. 产品形成过程的情感价值体现

档案文化创意产品是人们社会实践的产物，而实践是一种感性的活动，凝聚了不同主体的情感体验，完成生产实践的过程亦是社会主体情感价值实现的过程。档案的情感价值在档案文化创意产品开发的过程中通过对不同的主体发挥情感作用得以实现，而多种主体的情感表达与实

现并不是依靠主体单方面完成的，而是层层推进、共同作用的。

3. 产品服务的情感价值实现

“同人的需要毫无关系的事物，人对它是无所谓情感的，只有与人的需要相关的事物，才能引起人的情感和情绪。”①档案文化创意产品是为公众服务的，用户通过真实的情感体验满足了自身对文化精神方面的需求，产品给用户带来美的享受，引起他们的情感共鸣，如此，档案文化创意产品的情感价值得以实现。主体参与档案文化创意产品的展示体验，通过沉浸式情境，在共同的文化价值背景下，体验与产品客体的近距离接触，唤醒主体的内在情感，引起情感共鸣，实现产品情感价值。

（二）档案文化创意产品实现情感价值的主体层次推进

1. 档案工作者的情感担当

经验作为一种过往事实，是一种历史再现与形象再现，档案工作者的经验反映在档案的某些外在“形象”，使其能够引发情感表达欲望。档案工作者与某些档案发生交互、融合并产生强烈共鸣后，随之诱发的情感因素不断地滋长、渐次演进，直至发生“质的飞跃”，达到更高的境界与层次：转化为档案工作者引以为豪的责任感和使命感。而经过档案工作者“深剖细研”，整合加工，便可实现客体对象——档案由“潜在价值形态”向“现实价值形态”的转变。

2. 产品开发者的情感实践

实践是实现目标的必由之路，档案文化创意产品的情感价值最终得以实现离不开产品开发者的辛苦付出。档案文化创意产品的开发单靠某一机构或某一产品生产者是无法实现的，它是融合产品设计、产品生产、产品销售于一体的综合开发的产物。产品开发者想要拥有广阔的产品市场，真正了解档案文化所要表达和传递的情感要素，掌握文化阐释的话语权，保持对文化创意产业的敏锐性，就必须从产品的文化元素视角去感知和理解产品所要表达的深层情感价值。一旦抓住了文创产品的内核

① 杨丹. 档案从业者情感因素的影响作用探赜[J]. 档案学研究，2019(4)：35-39.

要素，“情之所钟，锲而不舍”，产品开发者便可巧用心思，饱含深情地将其感悟理解、较深刻的文化理念凝结到产品的构思设计中，并通过受众喜爱的产品形式表现出来。这样创造出的社会效益与经济效益将难以估量。

3.产品使用者的情感体验

文创产品开发消费更为直观地引发公众的情感共鸣，有利于更好地服务于社会记忆建构、满足公民精神文化生活需要及实现社会多元性保障，使档案情感价值得以实现。美国零售业大师P.G.托马斯将现代人类的消费行为划分为两大类：一类是理性消费，另一类是情感消费。档案文化创意产品的消费更多属于情感消费。情感消费是从消费者的情感需要出发，唤醒和激起消费者的情感需要，打动消费者的内心，从而产生心灵上的共鸣①。消费者与档案文化创意产品中所反映的人和事产生了某种心理上的联系，档案文化创意产品的外形、功能等正好又是消费者期待的，“情之所愿，心之所至”，于是消费者在情感上接纳了该产品，其在使用的过程中自然而然会予以宣传推广。因此，情感传递又会带来产品的畅销和发展。

在档案文化创意产品实现情感价值的过程中，当不同主体的个人情感交流传递，受文化品位、社会结构、价值追求等因素的影响时，会产生一定区域范围内的共同体验情感，也会形成集体化的社会情感，而档案文化创意产品正需要这种集体情感的出现，集体的力量能够为产品带来更大价值，实现更广泛的情感推进。档案文化创意产品由多元情感浇灌而成，它所体现的情感价值也是弥足珍贵的。

四、情感价值视域下档案文化创意产品开发策略

（一）讲感人故事：实现多层档案主体情感表达

优秀的作品能感染人，文创产品的好坏也要看产品是不是能够从情

① 宋鑫娜.档案文化产品开发策略新探[J].北京档案，2019(12)：34.

感上打动消费者，这就需要产品开发者充分挖掘文化资源中能够引起消费者共鸣的要素，讲好文化故事，让人们通过产品发现文化内涵，真正悦纳产品。一是要讲好档案本身的故事。每卷档案都有自己的主题，每个档案馆都有自己的镇馆之宝，有能够感染人的故事，档案工作者要通过一定的方式表达出来，将故事讲生动，让档案的价值体现出来。二是讲好满足社会多元需求的动人故事。“一千个读者就有一千个哈姆雷特”，不同的受众对档案文化创意产品的解读与认识也是不同的，这就需要档案文化创意产品开发者考虑到社会的多元需求，消费者的年龄、爱好、受教育程度、职业特征等方面的因素，选择目标受众，关注他们的生存方式和生存状况以及文化需求，结合流行文化元素，将想让产品传递的故事信息，以生动的表现形式、创意手法体现出来。三是讲好公众想听的精彩故事。档案文化创意产品的开发视野应更多聚焦广大平民，让公众通过档案文化创意产品能够建立情感链接和内容关联，这就需要档案文化创意产品开发者能够讲出精彩的档案故事，通过系列主题展览或者创作优秀的文化作品等形式表达档案文化内涵，将档案文化的深刻内涵以观众喜爱的形式精彩地呈现出来。

（二）找共鸣元素：创设主客体情境表达空间

找共鸣元素，尝试与文化热点相融合，在档案文化创意产品的展览与宣传中引入沉浸式体验，是推进档案文化创意产品开发的有效途径。随着新的传播媒体和各类新的宣传节目的出现，档案文化创意产品不能停留在档案馆安静的楼宇里等候着参观者，而是要跟上时代发展的步伐，“蹭”点文化热度，及时传递档案文化信息，让大众喜爱。《国家宝藏》节目在2017年以电视和各视频应用为媒介，通过图文、声像多种呈现形式实现档案内容的生动阐释，构筑社会文化环境，并在此基础上推出档案文化创意产品，为档案文化创意产品的开发提供了借鉴。在档案文化创意产品的展示与宣传过程中，传统的纪念品、赠送式馆际交流模式已经不能适应新时代社会需求。博物馆等文化资源馆已经将新技术运用到沉浸式展览中，通过增强观众的感官体验，让文物“活”起来，拉近观众与展品的距离，这也为档案文化创意产品的开发与利用提供了思路。档案馆可以挖掘档案资源的生动素材，利用现代传媒技术和手段，重构或者还原一个真实存在的外部世界，给观众新奇的感官体验，让观众能够获得与以往不同的经历，产生共鸣。这样的独特感受，与观众走进电影院去感受充满笑与泪的故事的感官体验相似。而这样的感受也能激发观众想要了解档案故事的欲望，从而更愿意了解并接纳档案文化创意产品。

（三）推典型品牌：引导情感价值取向正面升华

从社会层面来说，能让消费者感到舒服的品牌特性是非常重要的；从文化的角度来说，品牌是和社会责任相关联的。将情感与品牌有机地结合，形成情感品牌，能有效地触动消费者，而这需要通过品牌利益定位来实现。品牌情感价值的提炼与重新定位是对传统定位机制的弥补与突破[①]。中国并不缺少文化元素，但目前对文化元素的挖掘和投入尚不足。电影《花木兰》和《功夫熊猫》就是我们的文化资源成为他人利益来源的例子。《花木兰》取材于中国传统故事，影片中的人物都是中国人形象，《功夫熊猫》中的“中国元素”也一目了然。没有发展就没有生命力，我们一直在用我们自己的方式表达着对传统文化的情感，叙述着古老而感人的文化故事，但我们还没能生产出属于我们自己的创意品牌。尽管如此，中国档案文化创意产品在推精品、创品牌的进程中也取得了一些令人欣喜的成果。

（四）走平民路线：坚守先进文化情感价值方向

以人民为中心，围绕公众文化需求开发档案文化创意产品，使档案馆亲近民众。营造文化氛围离不开档案馆建设。档案的文化气息吸引着人们，而档案文化创意产品能够让人们在闲适自在的日常中了解档案，

① 田耕.情感价值对品牌利益定位影响的探究[J].经济问题,2010(3):65.

汲取文化营养，档案馆也给档案文化创意产品的展览和推广提供了人文环境。产品开发前，需通过市场调查、销售访谈、留言评论、用户画像等来准确区分不同产品的目标受众；产品开发后，还需开展数轮新品消费试验调查，优化受众追踪与反馈环节，并针对消费意见进行必要完善，待口碑提升后再大批量投入市场。此外，在网络传播环境下，公众参与的主动性空前提升，档案部门可顺势构建养成式文创产品开发模式，在与公众的持续互动中培育核心受众群体。同时，利用固有受众群体开展文创讨论投票活动，用抽奖的方式激励观众评选出最受欢迎的文创单品或系列。

（五）求创新发展：完备情感价值产业链

随着我国经济社会的不断发展和人民生活水平的不断提高，人民日益增长的精神文化需求促使文化创意产业持续深入发展。《中华人民共和国国民经济和社会发展第十四个五年规划和2035年远景目标纲要》中提出健全现代化文化创意产业体系，促进文化创意产业在消费模式、产业形态、企业管理领域的创新，发展数字文化创意产业。以数字经济为代表的文化创意产业，处于文化产业链的上游，是创意设计和多行业融合发展的典型行业，也是文化产业新业态的集合。面对开发短板，应积极打破产品研发壁垒，组建多元研发团队，激发互联互通、多方共赢的规模效应；创新产品营销媒介，形成互动、融合、共享的营销生态。

第四节　档案艺术开发理论

档案资源与社会活动的进一步融合，促进基于档案资源的艺术创作和开发随之丰富并发展起来。档案工作者重新思考自身工作流程与艺术创作之间的关系，艺术开发企业考虑艺术和创意开发等增值行为如何表达档案文化元素，从艺术的视角去思考档案资源的开发可能会带来的更多的档案艺术产品，从而丰富档案内容。这就需要结合档案艺术开发理论的研究并加以应用。

一、档案艺术开发理论的研究

自2007年起，加拿大蒙特利尔大学伊冯·勒梅（Yvon Lemay）教授团队就致力于探讨以创作为目的的档案开发，特别是通过与当代艺术家合作，重新认识和发现档案“隐藏”的价值[①]。这种与艺术界的跨界合作也在改变档案学发展的路径。该研究于2013年获得加拿大人文社会科学研究委员会项目资助——“档案和创作：档案学研究的新方向”。尽管传统的文件连续体模型已经认识到档案对个人、组织和社会有不同的影响和价值，同时强调档案并非最终产品，因其不同的价值与作用在持续的归档过程中[②]，但文件连续体模型并未考虑到利用者对文件运动过程的影响，也缺乏对艺术开发等利用行为反作用于档案的探索和研究。

二、档案艺术开发与创意产品

每一份档案都是人类文明的记录和根据，是连接过去、现在、未来的桥梁。对档案的艺术创作与开发，有利于激活档案情感价值，延续一个国家和民族的文化血脉。目前，国内外已经对档案艺术开发做了一些尝试和探索。例如，埃里克（Eric Chasalow）和芭芭拉·卡西迪（Barbara Cassidy）于1996年开展了一项名为“电声乐影像档案”的口述历史项目，收集了先锋电声乐创作家、科学家和工程师的口述影像资料，并以档案材料为基础创作出一系列音乐作品[③]；中央美术学院实验艺术学院

① 王玉珏，宋香蕾，润诗，等.基于文件连续体理论模型的“第五维度理论”[J].档案学通讯，2018(1)：24-29.

② MCKEMMISH S，REED B，UPWARD F H. Records Continuum Model[J]. Marcia J Bates，2010：4447-4459.

③ ERIC C. Composing from Memory：the Convergence of Archive Creation and Electro-acoustic Composition[J]. Cambridge University Press，2006(1)：63-71.

团队收集各地结婚证档案，并以此为素材创作艺术作品①。在同样担负着保护和传承人类文明责任的博物馆领域，艺术开发形式更为多样，创意产品更为丰富。例如，九家国家级重点博物馆与央视联手打造的一档大型文博探索节目——《国家宝藏》②，创新演绎文物背后的历史故事，唤起大众对文物保护、文明守护的重视。随着档案开发模式的不断创新和跨界合作的深入发展，档案馆可以通过不同形式的艺术创作，挖掘档案资源的文化、艺术和情感价值，基于档案资源打造新型文化消费和产品，将档案融入公众的文化生活，同时培养公众的档案文化消费习惯③。

三、档案艺术开发需遵循的原则

档案艺术开发理论是在尊重档案、传承档案文化的基础上进行的艺术创作，必须遵循一定的原则。既不能离开档案表现内容，也不能为博取受众的青睐而歪曲档案内容。设计人员应在充分尊重档案文化的基础上进行档案艺术加工。档案文化创意产品的艺术设计不能只简单地移植或模仿，还要结合自身文化特征，有选择地消化吸收，再创新。比如仅将某一幅图案印在一个水杯上，这样的产品是没有创意的，也称不上优秀的文创产品。好的产品应该有创意设计人员的巧妙设计和艺术加工，符合时代特色、大众需求。这样的产品才具有更鲜活的生命力，符合当代人的审美情趣，才能真正融入时代，融入人们的生活。

第五节　公共文化服务理论

公共文化服务是指在政府主导下，以税收和财政投入方式向社会整

① 传统与现代连接的艺术实验[EB/OL].(2016-06-26)[2017-07-17]. http://comment.artron.net/20150716/n761090.html.

② 人民日报谈《国家宝藏》:以现代视角让传统文化“活”起来[EB/OL].(2017-12-06)[2022-08-12].http://news.163. com/17/1206/20/D50IEKRB000187VE.html.

③ 王玉珏，洪泽文，李子林，等. 档案文化创意产品开发的理论依据[J]. 档案学研究，2018(4):52-58.

体提供文化产品及服务的过程和活动。党的十八届三中全会明确提出要加快“构建现代公共文化服务体系，建立公共文化服务体系建设协调机制，统筹服务设施网络建设，促进基本公共文化服务标准化、均等化”，突出了公共文化服务体系建设的时代性、创新性和开放性要求。公共文化服务是中国特色社会主义制度优势在文化领域的显著体现，公共文化服务规划是推进国家文化治理体系和治理能力现代化的重要支点。文化产品必须获得集体、社会以及传统的认同才能获得持久的生命力。研究公共文化服务理论，了解公共文化服务政策，更有利于开发面向公众的档案文化创意产品。

从公共经济学和公共管理学的角度看，公共文化事业与经营性文化产业的根本区别是，公共文化事业主要着眼于社会效益，为社会提供公共产品和服务，与文化领域中可以实行市场化、产业化经营的文化产业一起，构成国家文化建设的全部范畴。作为公共文化事业单位的档案部门所开发的档案文化创意产品虽然需要具有一定的经济价值，但更要体现一定的社会价值，需要具有一定的公共文化服务性质。发展公益性文化事业是服务型政府履行政府职能、实现民主行政的内在要求，是维护和保障公民文化权益、满足多元文化需求的必然选择，是弘扬社会主义先进文化、构建和谐社会的本质要求[①]。

一、新公共服务理论

新公共服务理论是从市场和经济学的角度重塑行政的理念和价值，从而建立起一整套全新的行政发展框架的理论体系。新公共服务理论的相关研究学者认为，新公共管理的政府“市场模式”超出了早期“改革”的范围，在新公共服务理论框架下，政府不再是“掌舵者”，而是“服务

① 王磊.当前我国公共文化服务的理论基础、概念界定与价值取向[J].河南教育学院学报(哲学社会科学版),2014(1):25-30.

者”，政府应更关注决策层面，而不是执行层面的工作①。在公共文化管理中引入新公共服务理论，“公平性”“民主性”和“服务对象的最大满意度”成为公共文化管理追求的目标，凸显了公民导向理念。2016年12月，全国人大常委会通过的《中华人民共和国公共文化服务保障法》标志着我国公共文化服务法律保障取得历史性突破，人民群众基本文化权益和基本文化需求实现了从行政性“维护”到法律“保障”的跨越。

最早发展创意产业的英国，其创意产业发展初期就成立了由外交部、英国文化委员会、财政部、贸易和工业部等部门高管、企业负责人和社会知名人士组成的跨部门创意产业特别小组，制定政策、协调资金和资源，提高工作效率②。然而，公共文化政策的影响效果并不是立竿见影的。英国数字、文化、媒体和体育委员会（DCMS）的年度调查报告显示，2019年该国公共文化政策不仅没有改善文化参与和社会不平等的关系，而且加剧了文化部门内部参与的不平等，如创意产业中工人阶级、有色人种和少数族裔以及妇女的大量缺席③。

与服务型政府的建设理念和要求相比，我国政府的服务质量和能力还有待提高，存在公共文化服务管理体制尚不完善、主管部门之间缺乏协调等问题。基于档案资源的文化创意产品开发应首先整合政府相关机构，明确主管部门及其职能定位。例如，档案馆、博物馆和图书馆均有大量的馆藏档案资源，政府相关部门应妥善做好跨机构合作的协调工作，特别是跨主管部门之间的协调工作，充分发挥政府机构在档案文化创意产品开发过程中的引导作用。转型时期的中国经济和社会发展现状，决定了管理文化产业发展的政府行为的特殊性，但是，面对公共文化发展，向服务型政府转变的方向不应该改变。随着20世纪末我国服务型政府理

① 曹爱军，杨平．公共文化服务的理论与实践[M/OL].（2015-09-12）[2017-12-06]. https://book.douban.com/subject/6319342/.

② 英国文化创意产业发展中的政府定位[EB/OL].（2015-07-08）[2017-12-18].http://www.chinareform.org.cn/Economy/industry/Experience/201507/t20150708_229123.html.

③ 魏勇．现代公共文化服务体系建设对居民文化参与的影响[J/OL].图书馆论坛．https://kns.cnki.net/kcms/detail//44.1306.g2.20230120.1714.001.html.

念的提出，客观上需要由以政府为中心的职能导向型服务流程模式向以公众为中心的服务办事流程转变。

二、公共文化理论

公共文化是文化在特殊领域的一种表现形式，在不同的语境下其被赋予的内涵和指代均有所差异。公共文化不同于“私人”提供的任何文化产品和服务，它直接与公众沟通。公共文化产品也区别于社会成员个体或小团体范围内独享的文化产品，担负着让全体公民共享社会文明成果的使命①。我国公共文化服务中，除了政府要发挥“引导”作用外，公民也应该参与其中，积极发挥文化治理作用。互联网和移动互联网构建的巨大的共享生态平台，开创了“用户创造内容”的形式，使每个用户都可以成为创意者，提供文化要素、生产文化产品。

关注打造文化创意产业公共服务平台的相关研究，也逐渐得到国内学者们的关注。文化创意产业公共服务平台的建设有利于发挥文化创意企业市场机制作用，同时有利于降低文化创意企业之间的交易成本。因此，为更好地推进档案文化创意产品开发，档案馆应积极参与文化创意产业公共平台建设。通过在平台上提供档案文化元素和档案资源，将档案文化传递给广大文化创意产品的设计者，激发他们的创作灵感，从而进行文化创意产品开发。上海市文广局推出的“文化上海云”，是集成全市公共文化服务资源的一站式数字平台，也是全国唯一的省级“一站式”公共文化服务平台，用户只要下载“文化上海云”App，或通过手机检索“文化上海云”的网站和公众号，就可以轻松找到自己喜欢的公共文化数字资源，在线完成活动预约。档案馆应积极参与类似的文化云服务平台建设，推广其创意产品和活动。

党的十九届四中全会提出的“推动基层文化惠民工程扩大覆盖面、增强实效性”，为新时代提高城乡公共文化服务质量，增强文化活动效

① 陈信，邹金汇，柯岚馨. 我国基本公共文化服务的理论根源和现实依据[J]. 国家图书馆学刊，2015，24(2)：18-20.

能，提升文化服务参与感和满意度指明了方向。公共文化服务是指为了满足人民的基本文化需求和文化权益，而提供公共文化产品和服务的总称。公共文化服务的发展既要满足人民日益增长的精神文化需求，又要维持社会文化生态系统的平衡，实现传统文化与现代文化、区域文化与国家文化的协调发展。公共文化服务应建立在尊重公民文化权利的基础上，将公民权利置于首位。公民在文化服务接受方面应享有同等权利。党的二十大明确提出，要健全基本公共服务体系，提高公共服务水平，增强均衡性和可及性，从制度层面上保障了公民的基本文化权利。越来越多的档案馆、博物馆、图书馆、美术馆等公共文化馆投入建设，打造更适合公众参观利用的场馆，同时鼓励公众参与管理，参与评价，保障公民的基本文化权利。档案文化创意产品的开发和服务，应在保障公民基本文化权利的基础上进行，特别需要考虑到经济欠发达地区人们的文化消费能力，以满足公民基本文化需求，保障公民基本文化权利。英、美等国十分重视培养公民档案工作者，目前其档案志愿者队伍较为稳定成熟，包括档案馆的实地志愿者和网络志愿者，分别负责线下和线上的档案资料的收集和整理，这也体现了公民享有基本的文化权利，参与文化建设的权利。

三、文化身份认同理论

由于文化有民族性、时代性和独特性的特点，新时代的文化认同需要关注时间和空间两个维度，对中华优秀传统文化进行创造性转化和创新性发展。正如习近平总书记所指出的："兴文化，就是要坚持中国特色社会主义文化发展道路，推动中华优秀传统文化创造性转化、创新性发展，继承革命文化，发展社会主义先进文化，激发全民族文化创新创造活力，建设社会主义文化强国。"[①]我们要重点把握中国特色社会主义文化与中华优秀传统文化之间的辩证关系。中华优秀传统文化必须与时代

① 习近平.举旗帜 聚民心 育新人 兴文化 展形象,更好完成新形势下宣传思想工作使命任务[N].人民日报,2018-08-23.

文化相融合，从根本上来说是源于社会主义生产方式和社会主义制度的要求，源于党的性质和使命。也就是说，不是因为传统文化中有这些思想，党和国家才实行这些政策，而是因为社会现实需要制定和实施这些政策，才需要汲取中华优秀传统文化的精华。因此，公共文化治理所致力的文化认同是对中国特色社会主义文化的认同①。文化创意产品的消费和使用过程，同时是消费者对其中蕴含的文化元素的识别、认同和加深理解的过程。由于档案文献是社会记忆和发展的重要见证和内容构成，对其文化元素的提取和创意产品的开发，有利于公众在消费的同时，加强对中华文化的认同，并在与外来文化交流中增加世界对中华文化的理解。

根据党的十九大报告精神，档案文化创意产品开发应该结合新时代人民群众对美好生活的向往，特别是要弘扬中华优秀传统文化，树立公民文化自信。档案馆要通过档案文化创意产品的开发，进一步加深公民对我国传统文化的认识，增强文化认同。随着我国逐渐走向世界的舞台，如何宣传中国文化，讲好中国故事，将中国的发展与改革正确地传递给世界各国人民，是亟须解决的问题。档案文化创意产品蕴含着大量的我国历史、文化、政治、经济、社会发展的元素，可以以“润物无声”的方式讲好中国故事，提升世界人民对中国文化的认同②。

第六节　档案事业的可持续发展

一、可持续发展思想的由来与内涵

可持续发展的概念最早是在1972年斯德哥摩举行的联合国人类环境研讨会上提出的，后来召开的联合国环境与发展大会通过了包括《21世

① 孟耕合.新时代公共文化治理的三重维度[J].湖北社会科学，2020(10)：43-51.

② 王玉珏，洪泽文，李子林，等.档案文化创意产品开发的理论依据[J].档案学研究，2018(4)：52-58.

纪议程》在内的五项文件和公约，标志着可持续发展思想被世界上绝大多数国家和组织接受。随后，各国迅速制定自己的可持续发展战略，可持续发展思想在全球得到响应和实施。

可持续发展的涵义非常丰富，但最基本的有以下三点：一是公平问题，即平等发展思想，指人类在发展的同时保证代内公平、代际公平、人类与其他生物物种之间的公平。“人与自然”“当代人与当代人”“当代人和后代人”均处在平等地位，人不应为自己的发展而无限制地掠夺自然，也不应为了当代的发展而无顾忌地侵夺后代人的权利。二是需求问题，指发展的最终目的是更好地满足人类生存的需求。三是制约问题，即强调人类的发展要控制在自然界允许的范围内①。持续发展是可持续发展思想的精髓和本质。世界上的事物不是静止的，它们处于发展之中，但人类往往不能自觉地把后代发展的可能性作为当代发展的必要因素去对待。可持续发展强调整体发展，世界上任何事物均处于一个整体之中进行运动，用整体观点的整体战略把生态系统、社会系统和经济系统的矛盾和利益加以整合使之持续发展。可持续发展的思想极大地提高了人类的思想境界和思维能力。因此可以说，它是一次新的思想解放，能够被全球所接受，成为世界各国不同专业不同领域的战略指南。

二、档案事业实施可持续发展战略的必然性

我国政府于1993年推出《中国21世纪议程白皮书》，对中国实施可持续发展战略作了详细论述，表明了中国政府从理论和实践上选择了可持续发展的道路。特别是1996年第八届全国人民代表大会第四次会议通过的《中华人民共和国国民经济和社会发展“九五”计划和2010年远景目标纲要》，将可持续发展战略覆盖到社会各项事业。

档案事业是一项功在当今、惠及后人、大有可为的事业。可持续发展思想中一个最重要的原则就是从发展的眼光出发，为子孙后代的利益

① 郑笑冬，陈安民．可持续发展的概念及其内涵之管见[J].科技进步与对策，2002(11)：53-54.

和需要考虑。档案事业是党和国家各项事业的组成部分，为党、国家及社会各项事业及其发展服务。如果档案材料能科学、安全、长久地保存下去，将会造福后代子孙。在科技高速发展的今天，人们更应该用科学的、现代化的手段和思想管理和发展档案事业，坚持可持续发展战略。我国有着几千年光辉灿烂的文化，积淀了无数珍贵的档案资料。我们应该从实际出发，制定档案保护开发利用的可持续发展战略，努力学习可持续发展理论，自觉地在工作中贯彻实施可持续发展战略。

三、持续开发档案资源，实现文化资源共享

实现档案信息资源共享是可持续发展思想的一个重要体现，也是我们制定档案事业可持续发展战略必须遵循的一条十分重要的原则。从一定意义上说，档案事业是为后代人考虑的事业。今天的档案是过去的历史，而正在产生的档案是明天的历史，是为了将来之用。档案资源的开发是实现当代与后代资源共享的重要方式。比如通过档案文化创意产品的开发可以实现文化资源共享，使档案文化创意产品不断地更新并促进其良性发展，可推动中华优秀传统文化的传承弘扬和创新发展。持续开发档案资源，就要源源不断地挖掘档案资源中优秀的文化元素，实现文化资源的共建共享。而要实现档案资源的持续开发，必须积极调动各方面的力量，争取社会力量的参与，服务更多的社会公众。在服务对象上，要从过去主要为专家、学者等服务，转变为为社会公众服务；在开发理念上，要从过去单独依赖馆藏，转变为依托馆藏，树立档案信息共享的观念；在开发途径上，要从过去封闭式的开发利用，转变为借助社会力量，逐步形成开放式、社会化的档案资源开发利用模式；在宣传形式上，要从过去单纯的史料汇编，转变为图文并茂，且人民大众喜爱的形式，以满足人民日益增长的文化需求。

第三章　我国档案文化创意产品开发的现状、问题与原因

第一节　我国档案文化创意产品开发的现状

一、我国档案文化创意产业的发展状况

2016年是我国“十三五”规划的开局之年，国家为加快文化产业改革发展出台了一系列政策，文化产业呈现“井喷式”发展。习近平总书记强调，坚定中国特色社会主义道路自信、理论自信、制度自信、文化自信。文化自信是更基本、更深沉、更持久的力量。2016年5月，国务院办公厅转发文化部、国家发改委、财政部、国家文物局的《关于推动文化文物单位文化创意产品开发的若干意见》，旨在通过深入挖掘馆藏文化资源，发展文化创意产业，开发文化创意产品，弘扬中华优秀传统文化，传承中华文明，推动社会协调发展，提升国家软实力。2016年11月，财政部新设文化司，这是文化体制改革的又一里程碑。2016年，李克强总理在《政府工作报告》中首次提出“大力发展数字创意产业”。文化文物单位的文化创意产品开发和服务迎来了前所未有的机遇。

然而，相较于博物馆、图书馆等文化机构对文化创意产业发展的迅速反应，我国大部分档案馆尚未意识到国家大力推进文化创意产业发展与档案工作的关系。事实上，早在2004年，我国就在《中国文化创意产

业分类表》中将“档案馆”列为核心类别“文化艺术”中“文化保护和文化设施服务”的重要组成部分。2016年，北京市人民政府办公厅发布《北京市文化创意产业发展指导目录》，将档案馆列入北京市44个鼓励发展的业态之中，让档案馆有机会优先享受文化创意产业发展的相关优惠政策。总体看来，国家和地方都对档案文化创意产品开发予以政策引导与支持。但是，我国档案文化创意产品和服务开发尚处于零散、单一、自发的状态，总体水平较低，尚未形成系统的理论、成熟的模式与路径。

二、我国省级档案馆文化创意产品服务和开发的整体情况

笔者通过电话调查与官方网站查询两种方式，对全国（不含港澳台地区）30个省、自治区、直辖市的档案馆文化创意产品和服务开发现状以及公众需求进行调研，调研的内容主要包括：档案馆文化创意产品（或服务）的整体开发情况、档案馆对文化创意产品开发的态度与做法、主要文化创意产品的类型及规模、档案馆文化创意产品对外销售情况等。调查结果显示，从全国总体情况来看，已推出相关档案文化创意产品和服务的省级档案馆占七成以上，虽然其文创产品尚不能与博物馆特别是故宫等推出的文创产品相媲美，但大部分档案馆已意识到档案文化创意产品和服务的重要性，并有意识地开展了相关工作。然而，仍有近三成的省级档案馆尚未形成档案文化创意产品服务和开发的意识。这些档案馆多集中于经济欠发达地区，其中也包括一些文化大省，这些省份拥有丰富的档案文化资源，却因受限于思想意识、人才、技术和资金等因素，在文化创意产品开发与服务领域几乎处于空白状态。河南博物院先后荣获“全国最具创新力博物馆”“全国文化和旅游系统先进集体”等称号，文创产品开发得有声有色。而河南省档案馆文创产品开发却显得相对滞后，在利用丰富的文化资源开发创新文创产品上还需要进行深入的思考与实践。与博物馆文创产品开发相比，我国档案馆文创产品的开发相对落后，这虽然与档案馆管理机制以及政策要求有一定的关系，但主要原因还在于档案馆对文创产品开发重视不够、资源开发意识不强，这也是

国内多数档案馆未推出相关档案文化创意产品和服务，或者未提供丰富的文化创意产品和服务的重要原因。

有人把位于博物馆参观路线末端的文化创意产品商店形容为“最后一个展厅”“把博物馆文化带回家”。近年来，一些红色博物馆、纪念馆在文创产品开发上也有新的合作模式和创新实践，其展出的文创产品越来越丰富多样，档案馆又何尝没有此愿景？一些档案馆开始进行文创产品的开发尝试。然而档案馆文化创意产品开发和服务不应是一时跟风凑热闹，形成可持续机制和优质文化品牌才是其持续发展的动力和保障。档案部门应该转变观念，通过跨界合作整合资源和分担风险，吸引和培养创新型人才，对档案内容进行深度挖掘和创意开发，再加以创新的宣传方式，实现在文化创意产品开发领域的补位[①]。

第二节 我国档案文化创意产品开发存在的问题

早在2012年，国家统计局发布的《文化及相关产业分类（2012）》就明确将“图书馆与档案馆服务”作为文化艺术服务的组成部分，列入文化创意产品的生产。但是，无论是2016年国务院办公厅转发文化部等部门《关于推动文化文物单位文化创意产品开发的若干意见》（简称《意见》）中对“文化文物单位”的定义（《意见》中明确指出“文化文物单位”主要包括：各级各类博物馆、美术馆、图书馆、文化馆、群众艺术馆、纪念馆、非物质文化遗产保护中心以及其他文博单位等掌握各种形式文化资源的单位），还是2016年《中华人民共和国公共文化服务保障法》中对“公共文化设施”的界定［《中华人民共和国公共文化服务保障法》所称“公共文化设施”是指用于提供公共文化服务的建筑物、场地和设备，主要包括图书馆、博物馆、文化馆（站）、美术馆、科技馆、纪念馆、体育场馆、工人文化宫、青少年宫、妇女儿童活动中心、

① 宋香蕾，洵异．档案馆文化创意产品开发的缺位与对策[J]．档案学通讯，2017(3)：88-93.

老年人活动中心、乡镇（街道）和村（社区）基层综合性文化服务中心、农家（职工）书屋、公共阅报栏（屏）、广播电视播出传输覆盖设施、公共数字文化服务点等]，都未将档案馆纳入其中。2018年发布的《文化及相关产业分类（2018）》是在2012年版本的基础上进行修订的，修订版的文件将“出版服务”（不含报纸出版）、“广播影视节目制作”、“创作表演服务”、“数字内容服务”、“内容保存服务”、“工艺美术品制造”和“艺术陶瓷制造”7个种类合并为“内容创作生产”1个大类。其中，“内容保存服务”类包括图书馆、档案馆、文物及非物质文化遗产保护、博物馆、烈士陵园、纪念馆等。档案馆虽作为新增的文化新业态榜上有名，但并没有成为文化产业新的增长点。

作为拥有大量国家文化历史馆藏资源，并且正在全方位开展馆藏数字化建设的档案馆，为何无缘各项文化创意产业政策？为何在国家大力推广文化创意产业发展的今天，原本就属于我国文化及相关服务产业的档案馆却在文化创意产业发展中频频缺位？其中还是有一定的原因的。

一、档案文化创意产品开发不足

近年来，我国档案文化创意产品的开发虽在理论与实践方面均取得了一定的发展，但整体不够理想，特别是档案文化创意产品的开发与利用不能跟上整个文化产业的发展步伐。与博物馆、科技馆等单位文创产品的开发与利用相比，档案馆的发展缓慢。

（一）多元社会主体的档案文化意识欠缺

整个社会的档案文化意识欠缺是影响档案文化创意产品开发的重要因素。从政府、企事业单位到大众，全社会都没有充分认识到档案馆的文化机构属性，即便开展了档案资源利用的相关服务工作，在某种程度上也存在应付心理。2016年4月召开的国务院常务会议明确规定，要选择一批不同类型的国有博物馆、美术馆、图书馆开展试点示范，允许依托馆藏资源，采取不同形式开发文创产品，但并未提及档案馆。文化部、国家发改委等部门在《关于推动文化文物单位文化创意产品开发的若干意见》中提及的文化文物单位里也没有档案馆。近年来开始致力于文创产品开发的档案馆面临着只是文化文物单位的尴尬处境。“馆局”合一的体系阻碍了档案馆发挥自身的文化功能，不仅让顶层设计者忽视了档案馆文化服务的属性，更让社会不同主体忽略了对档案文化资源的开发。档案工作者对档案文化的认识不足使其缺乏文化危机感，对档案文化资源的开发和挖掘缺少主动性。档案馆文化责任感与文化服务力的不足，难以激发社会公众通过档案部门参与公共事务与文化建设的热情，使文化消费者难以自觉欣赏档案文化创意产品并反馈体验，这与多元社会主体合作开发档案文化创意产品的目标还有相当大的距离。

（二）多元主体合作困难

档案文化创意产品的多元属性与多元性开发要求决定了档案部门必须与研发团队、生产企业等进行合作，形成从设计到生产再到消费服务的完整产业链。档案文化创意产品的公益性及其开发需求使产品的规模化生产不易形成，生产企业担心产品的投入与产出不成正比，对于是否投资合作往往比较慎重。而作为研发主体的科研团队往往不愿花费精力在庞杂的档案资源中深挖优秀文化元素，这也使得产品设计缺乏有力的表现元素。没有多方的合作，档案文化创意产品的规模化生产无从谈起。

（三）多样化文创产品经典推出不足

我国的档案文化创意产品经过多年的积累和发展，借鉴了博物馆等部门的成功经验，在产品数量和质量上都有了一定的提升。然而，档案文化创意产品仍然局限于档案馆与生产商合作进行简单加工而成的书签、文化衫、水杯、出版资料等产品，即使有一定实力的档案馆推出了较为丰富的文创产品，甚至有自己的小商店，但并未出现产生较大影响力的品牌产品。2020年，有学者对我国32个不同类型的档案馆进行调研，仅有17个省级档案馆开发了为数不多的档案文化创意产品，且多为图书、宣传折页等纸质印刷品①。美国档案馆注重打造经典，不仅推出《独立宣言》《权利法案》等历史档案复印件，还有以美国地图为场景的总统棋盘游戏，既传递了文化，又富有趣味性，深得大众喜爱，值得我们学习和借鉴。

（四）文创产品多渠道推广平台搭建不够

档案文化创意产品的推广和宣传不能依靠单一的档案馆展览，需要综合利用多种平台、多个渠道。档案文化创意产品虽然已成为国家鼓励开发的文化传播商品，但在现代化销售平台上却很少见到它的身影。档案馆自己的网站上尚且没有销售窗口，更不用说淘宝等销售平台了。传统的档案实体展览平台仅限于国际档案日的布展等，难以支持档案文化创意产品规模化生产的需要。现有的平台搭建远远不能适应档案文化产业发展的要求。

二、未能及时跟上国家文化创意产业发展浪潮

2016年5月，《关于推动文化文物单位文化创意产品开发的若干意见》出台后，博物馆、图书馆等各级各类公共文化服务部门积极响应。同年6月，国家文物局印发《国务院办公厅转发文化部等部门关于推动文化文物单位文化创意产品开发若干意见的通知》，并组织各省开展了全国博物馆文化创意产品开发试点的申报工作，最终遴选出92家单位作为文化创意产品开发试点单位。同时，组织各类针对文化创意产品开发与经营的培训班与博览会。2016年10月，国家文物局印发《关于促进文物合理利用的若干意见》，提出“扩大文物资源社会开放度”“创新利用方式”“落实文化创意产品开发政策”“鼓励社会力量参与”等六项举措，旨在让文物活起来。

各博物馆第一时间响应《关于推动文化文物单位文化创意产品开发

① 郭若涵，王玉珏.我国档案馆文化创意服务的问题与对策分析[J].兰台世界，2020(5):33-39.

的若干意见》，各图书馆也将文化创意工作作为工作重点之一。2016年10月26日至28日，中国图书馆年会在安徽省铜陵市举办。此次年会以“创新中国：技术、社会与图书馆”为主题，除开展学术探讨之外，还同期举办了中国图书馆年会展览会，为图书馆文化创意产品开发、经营、交流提供了展示平台。目前，中国国家图书馆已有数千种文化创意产品，并致力于打造线上线下的图书馆文化创意联盟，让典籍中的文字活起来、走出去。2021年8月，文化和旅游部等八部门联合印发《关于进一步推动文化文物单位文化创意产品开发的若干措施》的通知，这一文件指出“鼓励各级各类博物馆、美术馆、图书馆、文化馆、群众艺术馆、纪念馆、科技馆、非物质文化遗产保护中心、艺术院团及其他文化文物单位开展文化创意产品开发”，但没有提及“档案馆”。

20世纪末开始，我国图书、情报、档案界就已经开始探讨图书馆、档案馆、博物馆资源共享平台的建设及实施方案，形成了大量的理论与实践成果。然而，在图书馆和博物馆积极响应国家政策利用馆藏资源开发文化创意产品，参与国家文化产业建设的今天，档案馆却未能及时打开思路，顺应国家发展的趋势与要求。利用馆藏藏品开发文化创意产品是国内许多知名博物馆的普遍做法，但国内档案馆对这项工作没有给予足够关注，也缺乏足够的经验。无论是2016年出台的《全国档案事业发展“十三五”规划纲要》，还是2017年国家档案局李明华局长的《在全国档案局长馆长会议上的工作报告》，对“档案信息资源开发”都停留在展览和编研等传统形式上，未能及时将新型的档案文化创意产品和服务开发纳入档案信息资源开发模式。近几年，虽然档案馆也在尝试适应文化创意产业发展的浪潮，但由于始终秉持着公益性文化机构就不该参与文化产业发展的刻板思想和狭隘观点，档案文化创意产品开发的成绩还是无法和博物馆、图书馆相比较。

三、缺乏相应的法规政策保障

现阶段，中国文化创意产业主要依靠政策性规定和规范性文件来保障，而立法标准又因不同类别产业有很大的差异，标准不统一。文化创意产业的立法总体上不够健全，也尚未形成完整的文化保障体系，有的政策法规零碎凌乱，且效力等级不够、存在较多的盲区。此外，还面临落后的文化市场管理体制束缚。这些严重阻碍了健康有序的文化市场制度的形成，难以促进文化创意产业的发展。因此，需要加紧制定和完善中国文化创意产业基本法律法规，抓住文化产业发展的契机，保障中国文化创意产业良性发展。档案文化创意产品的开发，大都属于商业性开发。档案馆商业性理念不足，在开发中或许会涉及知识产权、隐私权等问题，可能会产生权限和利益纠纷。由于缺乏必要的配套法律法规，社会保障支持系统尚未建立，档案部门从自保和规避风险角度考量，在文化创意产业中举步维艰，裹足不前，限制了开发①。

故步自封也导致档案馆未能将档案文化创意产品和服务开发纳入其职责范围和发展计划。2015—2016年文化创意产业升级进入关键时期，在国家有关法规政策频频出台时，我国档案部门在文化创意政策制定方面却未见重要政策出台。档案馆作为重要的文化资源馆，其文化产业开发只有归口文化文物单位。这些均限制了档案文化创意产品的发展。

四、档案文化创意产品类型单一、创意不足

目前，我国档案文化创意产品类型单一、创意不足。其中，档案文化创意产品开发以图书杂志出版发行为主，图书杂志一直是各级档案馆编研工作中最传统、最基本的成果形式。档案馆虽然拥有大量档案资源，纵横跨度既广且深，在信息记载与保存方面更是以清晰性与确定性为优势，但是其文化创意产品开发和服务进程缓慢，落后于博物馆、图书馆等单位②。

---

① 蒋娟.档案馆参与文化创意产品开发存在的问题及对策研究[J].北京档案，2018(9):28-29.

② 朱莉.档案文化创意产品开发阻碍因素及策略分析[J].档案与建设，2016(9):33-35.

反观博物馆、图书馆，其文化创意产品和服务形式多样、创新性强、吸引力足。以北京故宫博物院为例，近年来，北京故宫博物院推出了一系列的文化创意产品，从“朕亦甚想你”的卖萌雍正、崇祯到鳌拜的花式幽默，再到朝珠当耳机、顶戴花翎成为防晒伞，均引起社会的广泛关注。故宫目前有180万件文物藏品，分为25大类，从藏品中，人们既可以感受当年的工匠精神，又能看到当时最优秀的创意思想以及制作工艺；既可以领略古人的智慧，也可以借鉴并运用到当前的创新开发中。而如何把这些经典展示出来，让博物馆的藏品活起来，是博物馆的责任。2016年，故宫文创销售额已超过10亿元，2017年底，文创产品已经突破了1万种，种类十分丰富，深受消费者喜爱[①]。

故宫文化创意产品开发并不是简单地复制与模仿，而是通过大胆的尝试和创新让文物活起来，让文化融入人们的生活。经过长期探索，故宫在文化创意产品方面形成了以弘扬传统文化为己任，以社会公众需求为导向，以科学技术为依托，以学术研究成果为支撑的开发理念。例如，“朕就是这样汉子”折扇、“奉旨旅行”行李牌等就是很好的例子。以弘扬传统文化为己任，以社会公众需求为导向，以科学技术为依托，以学术研究成果为支撑，四者相辅相成，共同推动着故宫博物院文化创意产品的开发[②]。在国内图书馆界，国家图书馆的文创产品开发一直走在前列，其古籍“活化”之路已历十余年。最初，国家图书馆的文创产品以馆藏中的280余万册（件）古籍的复仿品为主要形式。之后，甲骨、金石拓片、敦煌遗书、舆图等展品开拓了文创产品研发的思路。现在其文创产品形式多样，更加贴近公众的生活，如生肖福袋、书签、公交卡包、领带、手工皂等[③]。国家图书馆文化创意产品开发的成功为档案馆提供了很好的学习范例。

① 蔡筱梦.故宫生意经：2017年文创产品收入达15亿元[EB/OL].(2018-01-22)[2019-02-17].https://www.sohu.com/a/295330979_146174.

② 阴鑫.中国博物馆文化创意产品开发研究：以北京故宫博物院为例[D].开封：河南大学，2016：55-59.

③ 郭军.图书馆文化创意产品经营模式探究[J].图书馆理论与实践，2017(8)：24-26.

此外，国内尚未有档案馆建立网上商城，而故宫博物院与国家图书馆的网上商城建设工作正稳步推进，店铺销售产品种类丰富，主要有生活用品、家居陈设、纪念邮品、服装配饰、文房雅玩与高级礼品等。两者皆从自身馆藏资源出发，推出了特色文创产品。例如，故宫博物院从藏品《千里江山图》中获取灵感，推出了千里江山金箔手工皂；国家图书馆旺店根据赵孟頫真迹推出翰墨书香书法字帖文房四宝套装。其中，故宫博物院线上商店建设更为成熟，店铺粉丝逾40万，引起了社会的广泛关注。

因此，档案文化创意产品开发应迎合社会各层次人群的需要，学习博物馆、图书馆在文化创意产品开发方面的成功经验，形成多种类、多档次、有创意、有特色的系列产品。档案馆可以利用馆藏资源优势，开发具有地域特色或民族历史文化特色的档案文化创意产品。随着人们精神文化需求的增强和档案馆社会影响力的扩大，档案馆的面貌较以往发生了巨大变化，档案馆在开发文化创意产品时应调整思路，最大限度地满足大众的各类文化需求①。

五、未能满足公众潜在的档案文化需求

伴随我国经济迅速发展，人民群众在物质需求逐渐得到满足的前提下，对精神文明的需求日益凸显，对文化创意产品和文化活动的需求和消费逐渐增多。档案馆作为公共文化事业机构，满足公众精神文化需求是其重要职责。档案是一种珍贵的文化资源，凝聚着人类历史和社会记忆，具有原始记录性、社会历史性等特征。

尽管各级各类档案馆每年取得的编研和展览成果丰硕，但是由于其成果本身的文化意义不足，且产品质量良莠不齐，不能满足公众的文化需求。因此，档案馆文化事业机构的服务性质一直未能被公众认可。档案文化创意产品的开发，可以为人们提供更多优质的精神文化创意产品，

---

① 黄芮变.新时期公共档案馆文化创意产品开发的策略探究[J].浙江档案，2015(8)：12–14.

让档案文化以公众期待的面目展现出来，以满足公众日益增长的文化需求。

从市场角度分析，档案文化创意产品开发应从公众需求出发，以充分满足不同对象的不同文化需求。一部分人可能希望了解更多的历史文化，一部分人则需要与其工作或专业有关的文化知识，不一而足。这些文化需求随着社会经济文化水平的提升而快速增长，这就要求档案馆做好社会档案文化需求方面的调研，并提供更丰富多样的档案文化创意产品来满足不同公众的需求①。

从信息学角度分析，档案是一种信息，开发档案文化创意产品是进行档案信息组织的过程。档案文化创意产品的潜在利用者是档案信息的接收者，也是信息用户或信息受众。他们是信息传递的最后接收者和利用者，是信息传播的目的地。受众在整个信息传播活动中占有非常突出的地位，扮演着十分重要的角色，信息受众成分复杂，数量庞大②。

档案文化创意产品的潜在利用者遍布社会各阶层，其年龄、性别、职业、文化水平等差异较大。他们可能是对档案文化创意产品有较高质量要求的档案学、历史学、博物学等方面的专家，也可能是没有明确目的，只为开阔视野、增长见识的档案爱好者，这些档案信息用户虽然信息接收能力参差不齐，但是数量庞大③，是档案文化创意产品开发的基础，是档案馆进行档案文化创意产品开发的必要条件之一。

六、缺乏体系化的成熟理论指导

文化创意产业这一概念最早产生于英国，在日本被称为内容产业，在美国被称为版权产业，在韩国被称为文化产业。什么是文化创意产业？学术界对此虽有不同的说法，但普遍认为文化创意产业本质上是一种创意经济。“文化创意产业是以创造力为核心竞争力，通过技术、创意和产

① 李丽．公共档案馆档案文化创意产品开发研究[D]．郑州：郑州大学，2014.

② 马费成．信息管理学基础[M]．武汉：武汉大学出版社，2022.

③ 曾莉陈．文化传播视野下的档案文献编纂研究[D]．南昌：南昌大学，2012.

业化的方式开发和营销文化产品，将文化因素转化为经济效益的一种新兴产业”[①]。它包含文化产品、文化服务与智能产权三项内容，具有高知识性、高附加值、强融合性等特性。档案文化创意产品是文化创意产业的组成部分，“档案文化创意产品是以物质产品为载体的精神消费产品，通过提取和转化档案中的历史文化信息，将档案文化元素附着在一定载体之上的档案文化产品”[②]。

国外文化创意产业已有较为成熟的理论和实践体系，各国及不同地区根据自身文化、经济形成了各具特色的文化创意产业。例如德国、法国的文化创意产业以结合传统制造业为发展重点，美国则以知识产权作为产业核心，且目前形成了政府主导型和市场主导型两种发展模式。档案文化创意产品开发是文化创意产业中的小分支，在文化创意产业和档案学界都未引起太多关注。2000年第十四届国际档案大会第三次全体会议的主题报告中提出了“档案休闲文化”的概念，指出档案服务可以向提供休闲文化服务转变，为档案文化创意产品和服务开发提供了良好的环境[③]。

国内有关档案文化创意产业的研究成果较多，但针对档案文化创意产品和服务开发的研究成果很少。现有研究主要存在以下不足：第一，缺乏较为全面系统的梳理。现有成果关注的问题主要集中在如何进行档案文化创意产品开发上，缺乏对为何要进行开发、当前为何没有开发以及如何开发等问题从理论到实践的系统梳理。第二，缺乏跨学科思维和跨界合作理念。在档案文化创意产品和服务开发策略上，大多数研究者仅从档案学视角和档案馆本身出发，且具体实施策略也较为宏观，仅具有方向指导性而缺乏较强的实际操作性[④]。

---

① 柳秋华，周艳霞．数字媒体导论[M].北京：北京邮电大学出版社，2015：82.

② 国家档案局．第十四届国际档案大会文集[M]. 北京：中国档案出版社，2002：205.

③ 宋香蕾，洵异．档案馆文化创意产品开发的缺位与对策[J]. 档案学通讯，2017（3）：88-93.

④ 宋香蕾，洵异．档案馆文化创意产品开发的缺位与对策[J]. 档案学通讯，2017（3）：88-93.

第三节　我国档案文化创意产品开发存在问题的原因

我国档案文化创意产品的开发形势还不能跟上当前文化创意产业的飞速发展，开发资金的短缺制约了开发、推广的规模和成效，开发主体的单一导致了开发的闭塞性，开发人员思维的保守、知识结构的非均衡性造成其对原有产品样态过度依赖，从而限制技术、创意作用的发挥。这些问题的产生又存在着一定的原因。

一、传统观念的约束

档案馆在文化创意产品和服务开发中缺位的一个深层原因是传统观念的约束。一直以来，我国档案工作具有较强的政治性、保密性。虽然有地方建成了智慧档案馆，信息设备齐全，但因人文环境设施不足，无法为公众提供一个文化休闲和修养身心的场所，拉大了普通民众和档案馆之间的距离，影响了档案馆文化功能的实现，导致档案馆无法服务更多大众，这与档案馆的服务方向、服务意识不无关系。传统的档案管理服务模式导致了社会对档案部门的刻板印象，社会组织和个人档案资源观念淡薄，使用档案维护自身权益的观念尚未形成，更谈不上开发利用档案资源，让档案文化产品深入人心。影响档案文化创意产品的开发元素是多样的，而观念意识的强弱直接决定了档案文化创意产品的命运。近年来，虽然有许多档案馆努力创新服务方式，试图通过举办档案展览、出版档案编研成果、与媒体合作等方式吸引公众的注意力，并促进档案资源的开发利用，但进入档案馆的人数仍然较少，有时日均查档人数仅为个位数。总体来说，由于传统观念的约束和影响，当前我国大部分档案馆仍然缺少创新精神和社会化服务意识，在文化创意产品开发上不能迈开步伐，因此成果不多。

二、行政管理体制的影响

文化创意在世界各国各行各业深入实践，其影响力和渗透力愈加强劲。对档案行业而言，档案服务、休闲利用以及文化推广等在形式与内容上都得到相当程度的创新与提升。我国相关行业、政策等也顺应了这种趋势。例如，《北京市文化创意产业分类标准》（2017年）、《上海市文化创意产业分类标准》（2018年）等均将“档案馆”列入“文化艺术”大类下的“文化保护和文化设施服务”。又如，文化和旅游部关于政协十三届全国委员会第三次会议第3442号提案答复的函（2020年）中要求积极推动“文创产品开发机构在体制机制、支持政策等方面的创新和突破”[①]。然而，由于档案馆大多属于事业单位，一般隶属于同级党委、政府办公厅系统，不归文化部门管辖，而在传统的科层制体系和行政组织文化下，分属不同系统的档案部门与文化部门，缺乏充分的交流、协调、合作。这种条块分割的行政管理体制在很大程度上割裂了档案馆与博物馆、美术馆等文化单位的联系，也削弱了档案馆的文化性和社会性，使得档案馆在参与文化创意产业发展的过程中缺少政策制度保障，只能比照相关政策进行一定范围的创意产品开发。

文化产业是朝阳产业。我国在大力推动文化创意产业发展的过程中，各级各地纷纷成立文化创意产业领导小组，以指导本地区文化创意产业的发展。文化创意产业领导小组主要由宣传部门领导，财政部等部门牵头，新闻出版、文物局、博物馆、图书馆等文化部门参与。而档案馆作为我国重要的文化事业单位，在文化创意产业领导小组中却未能占有一席之地。档案部门缺席文化创意产业领导机构，是导致档案部门缺席我国文化创意产业发展的又一因素。

① 王小云，方华，汤玲玲.美国档案文化创意产品线上运营的经验、不足与启示[J].档案学研究，2021(4)：134-141.

三、资源挖掘与创意设计不够

馆藏资源是影响档案馆文化功能发挥的重要因素。一个档案馆如果没有丰富多样的馆藏资源作基础，其业务工作的开展便难以为继，更谈不上文化功能的发挥了。档案馆文化创意产品开发应主要基于馆藏档案资源，开发其中蕴藏的历史、文化元素。但是，除了中国第一历史档案馆、中国第二历史档案馆等少数档案馆之外，我国大多数档案馆的馆藏档案主要是1949年以来党政军机关产生的文书档案。其内容的政策性、指令性较强，文化属性较弱，缺乏历史感、文化感、趣味性、可读性，难以引发公众的“情感共鸣”与互动，这大大增加了文化创意产品和服务开发的难度①。由于长期受到科学技术和思想认识水平的限制，档案馆的馆陈设计简单落后，展品以纸质载体的文件、文书为主，以照片、图像为辅，类型单调且形式简单。由于并不将提供“公众文化服务”作为重要职能，档案馆馆藏资源结构单一，缺乏具有文化内涵的多元馆藏资源；档案馆馆藏资源展陈形式单一，缺乏对公众互动形式及工具的引进。这些是限制档案馆文化创意产品和服务开发的主要因素。

档案文化创意产品是档案文化产品的精华部分，是档案文化IP（Intellectual Property）资源的品牌产品，具有鲜明的档案特色和广泛的传播力，它既是传递文化价值的重要载体，又是让人喜爱的精致产品。如果说缺乏深得大众喜爱，并能够不断传递情感价值的档案文化创意产品是现阶段不争的事实，那产品不能引起受众强烈的情感共鸣则是档案文化创意产品发展的最大阻碍因素。遗憾的是，当前我国档案文化创意产品仍处于开发的初始阶段，缺乏创意元素，不能深度挖掘档案文化中打动人心的元素，难以凸显特色，对于受众的文化品位与产品需求了解得不够深入。

对于档案文化创意产品的持续关注与开发，是探寻文化和谐之路，

① 宋香蕾，洵异．档案馆文化创意产品开发的缺位与对策[J]．档案学通讯，2017(3)：88-93.

传递文化情感，丰富我国文化产业的必然选择。然而档案文化创意产业开发的路途并不是一帆风顺的，由于受行业规范、服务内容、资金投入、开发水平、文化意识等的限制，档案文化创意产品要想获得长期的良性发展还比较艰难，其产品所要传递的文化情感往往不能得到持久传承。由于档案馆服务忽视公众的文化需要表达权利和文化服务监督权利，文化服务竞争意识的淡薄导致文化服务体系的运转缺乏持续动力，长存的文化信息元素得不到开发利用成为极大的遗憾。档案文化创意产品不能持续推介传递还体现在传播渠道的闭塞。我国故宫博物院在文创产品的推广销售方面也做得很出色，这些都值得档案馆借鉴。

四、文创人才保障不足

文化创意产业是智力密集型产业，文化创意产品开发对人才的要求很高。而我国档案馆工作人员素质整体不高，以经济文化较发达的江苏省为例，全省5331名专职档案工作人员（以档案局工作人员居多）中研究生学历的仅占8.7%①。根据2021年国家档案局发布的《2021年度全国档案主管部门和档案馆基本情况摘要》可知，截至2021年，在文化程度方面，各级档案主管部门和综合档案馆现有专职人员中，博士研究生108人，占总人数的0.3%；硕士研究生2672人，占总人数的6.5%；研究生班研究生1116人，占总人数的2.7%；双学士生378人，占总人数的0.9%；大学本科生27512人，占总人数的66.5%；大专生8410人，占总人数的20.3%；具有高中（含中专）及以下学历者1197人，占总人数的2.9%。在专业程度方面，各级档案主管部门和综合档案馆现有专职人员中，具有博士研究生档案专业程度的15人，占总人数的0.04%；具有硕士研究生档案专业程度的454人，占总人数的1.10%；具有研究生班研究生档案专业程度的157人，占总人数的0.38%；具有大学本科档案专业程度的4347人，占总人数的10.50%；具有大专档案专业程度的1383人，占总人数的3.34%；具有

① 上述数据来源于赵深在2016年12月12—13日在南京举办的全省档案人才“151工程”启动仪式暨首届学术论坛的讲话。

中专及职业高中档案专业程度的328人，占总人数的0.79%[①]。由此可见，我国档案馆工作人员的专业能力有待提升。而且，我国档案馆工作人员中具有文化、艺术等方面专业背景和实践经验者尤为稀缺。由于缺乏人力资源，在开展文化创意产品开发、文化服务提供等工作时，也就不能提供应有的人才保障。

现阶段我国部分档案工作者文化观念还很模糊，人文观念及人文素养的培养也比较缺乏，且长期以来缺乏竞争意识和危机感。文化事业的飞速发展，现代信息技术的发展虽对传统的档案管理提出了新的要求，却没能让部分档案工作者形成较强的文化服务意识。档案馆文化服务质量的提升，有助于增强公众参与公共事务与文化建设的积极性。当前，部分公众对档案馆的认知仍停留在档案保管层面，尚未充分认识到其文化价值。这种认知差异可能影响档案馆在文化服务中的角色发挥。用户对文化的关注度不高导致档案工作者更加失去开发档案资源的信心和热情，而没有文化氛围的档案服务又使部分尝试接近的用户望而却步，长此以往，形成恶性循环。

五、开发资金投入不足

我国档案馆属于科学文化事业单位，其运营主要依靠国家财政拨款，然而，财政预算在维持档案馆主要业务工作的同时，不足以为档案文化创意产品开发提供足够的资金投入。同时，大多数档案馆缺乏精巧的创作技术与设备[②]。我国档案馆经费基本依靠国家财政，而社会公益基金和商业投资极少。故宫博物院的实践表明，一个文化创意产品的开发经费为20万～30万元，一般而言，仅凭借档案馆的运行经费很难实现大规模的文化创意产品开发。文化产品的开发还只是整个流程的一个基础环节，

① 中华人民共和国国家档案局.2021年度全国档案主管部门和档案馆基本情况摘要(一)[EB/OL].(2022-08-18)[2022-12-18].https://www.saac.gov.cn/.

② 方华，陈淑华，汤玲玲，等.从“缺味”到“有味”：档案文化创意产品的“档案味”初探[J].档案与建设，2020(7):11-14.

之后的生产、宣传也需要资金作为支撑。由此可见，文化创意产品开发需要大量的资金支持，资金的匮乏也成为档案馆文化创意产品开发的一大阻力[①]。由于档案部门常年与其他社会部门缺乏接触和交流，因此也缺乏社会资源，这不仅影响了档案文化创意服务的规模和质量，还影响了公众对档案文化创意服务的认识与理解。经费不足造成档案馆陷入“有心无力”的困境，即便馆员有探索文创产品的想法，但囿于资金没有着落，也无法将其落实到实践中。政府补贴的少量资金仅能支持档案馆延续传统的开发模式，而如果将纸质版图书或者一些小物件作为档案馆文化创意产品的主力军，也难以在文创之路上实现真正的突破。

现阶段，发挥档案文化创意产品的重要作用已为社会各界所认可，但现实境况却限制了文创产品的开发。文创企业的发展离不开资金的支持，只有具备资金保障，文化创意产业才有可能实现高质量发展。我国虽然文化历史资源丰厚，但是文化资源的存在形态和产权定价等难题对文创企业获得资金支持形成制约。文创产业具有经营风险大、收益稳定性差的缺点，创意产品的不可复制性和独创性难以保证，这也间接扩大了项目风险，因此融资规模较难达到理想的水平。文创产业的融资渠道也较为单一，以银行贷款为主，文化创意企业对间接融资方式呈现过度依赖的态势，直接融资比例很小。投、融资环境的限制，阻碍了档案文化创意产品的开发规模和品牌发展。

① 宋香蕾，洵异. 档案馆文化创意产品开发的缺位与对策[J]. 档案学通讯，2017(3)：88-93.

第四章　构建档案文化创意产品开发的多元化支持系统与合作平台

第一节　构建档案文化创意产品开发的多元化支持系统

故宫博物院一年的文化创意产品研发的成本是一亿到两亿元人民币，且单个的产品研发周期在8个月左右，成本不低于二十万元，如此高成本的投入是任何一个档案馆凭借一己之力都无法实现的①。因此，档案部门开发文化创意产品需要各方的支持与推进，档案部门应从改变开发主体的观念入手，加大开发意愿与动力，呼吁完善配套法律法规，优化档案人员队伍配置，挖掘档案信息中的文化创意，结合公众多样的文化需求开发档案文化创意产品，传播档案文化。

一、转变开发观念，加大开发力度

档案部门是档案文化创意产品开发的主体，对档案文化产业的发展起到至关重要的作用。档案部门应发挥主观能动性，做到以下三点：第一，档案部门需要转变开发观念，积极拓宽视野，摒弃传统落后的思维理念，主动树立与时俱进的开发观念。社会对档案越来越广泛、多样且不断变化的需求，是档案最大化发挥其价值的突破口。档案部门不能仅依靠政府财政的拨款，而要积极争取其他资金支持。第二，档案部门应

① 王玉珏.我国档案文化创意服务发展策略研究[J].档案学研究，2018(6)：95-100.

该遵循效益原则，开展具有实效性、创造性与针对性的开发工作，充分挖掘档案信息，提取创意元素，开发档案文化创意产品，从而为经济社会发展服务。第三，档案馆工作人员应该进行适当的学习，完善知识结构，丰富知识储备，培养创新能力，积极寻求档案职业发展新突破。

档案馆在对文化创意产品的开发上要解放思想、转变观念，增强档案的开放性，推进文化创意产品的创新性。同时要充分认识到档案文化创意产品开发是利用档案资源、宣传档案文化、发展档案文化产业的重要途径。开发档案文化创意产品需要满足消费者多元的文化需求，使消费者通过档案文化创意产品，了解档案的功能、属性，体会档案文化特色，以达到提高公众档案意识的目的。开发档案文化创意产品要注意以下四点：一是要重点突出馆藏珍品，开发受消费者欢迎的档案文化创意产品；二是要注重创意与设计，将档案文化与流行文化相结合，催生既符合社会需求又具有教育意义的文化创意精品；三是要贴近生活，开发实用且多元的文化创意产品，满足不同层次消费者的多元化需求；四是要从文化的视角开发、讲述档案背后的故事，使档案产品不再是简单的物品，而是成为“故事”，转变为文化创意产品①。

二、加强政策引导，完善法律法规

发展文化创意产业虽然是以市场为基础的，但如果政府能够通过公共服务体系的完善和政策法规的制定，为文化创意产业营造一个适宜发展的外部环境，将对文化创意产业的发展具有积极的推动作用。2017年11月，国家档案局在关于副省级综合档案馆业务建设评价标准中，单独将“档案文化产品开发”作为档案馆业务建设评价的重要标准之一，并将其定义为：档案文化产品是指利用档案资源打造的彰显档案文化魅力、具有纪念宣传价值的文化作品。2017年12月，全国档案局（馆）长会议提出进一步加强档案信息开发和宣传利用工作，不断拓展档案信息工作的广度和深度。从以上宏观决策可以窥见，档案文化产品开发工作已经

① 曹虹.基于档案资源的文化创意产品开发研究[J].黑龙江档案，2017(1)：44.

成为衡量新时代档案业务建设工作的重要标准，并将成为今后档案工作创新实践的一个重要方面①。2020年，在进行经济体制改革的过程中，限制事业单位集体和个人进行经营性营利活动，给原本已经尝试合作经营文创产品的档案馆带来巨大的影响，打击了其开发档案文化创意产品的积极性。

2021年8月，文化和旅游部、中央宣传部、国家发改委、财政部、人力资源和社会保障部、市场监管总局、国家文物局、国家知识产权局等八个部门联合印发《关于进一步推动文化文物单位文化创意产品开发的若干措施》（文旅资源发〔2021〕85号）（简称《措施》），较为具体地从绩效工资、奖励措施、税收优惠等方面明确了文创产品开发在试点单位的政策性支持，为文创产品开发提供了灵活的政策支持依据。《措施》指出，要落实文化文物单位文化创意产品开发试点政策，允许试点单位通过知识产权作价入股等方式投资设立从事文化创意产品开发的企业，并按要求纳入国有资产集中统一监管体系；鼓励试点单位结合自身情况，创新开发方式，吸引社会力量参与文化创意产品开发；建立成效评估机制，对试点单位实行“有进有出”的动态管理。《措施》明确规定，要健全收入分配机制，合理确定绩效工资总量，试点单位上一年度文化创意产品开发情况的评估结果将作为核定绩效工资总量的重要依据。要落实奖励政策，按照有关规定对符合奖励条件的文化创意产品开发、经营管理人员进行奖励，经批准发放的奖励不计入所在单位绩效工资总量。在税收优惠方面，积极引导符合条件的相关企业用足用好支持科技创新、改制重组和小微企业普惠性税收减免等优惠政策。对被认定为高新技术企业的文化创意和设计服务企业，按减少15%的税率缴纳企业所得税。这些措施有利于增强文化文物单位的社会服务能力，提升其服务水平，促进文化和旅游深度融合，有利于调动文化文物单位文化创意产品开发经营人员的积极性和创造性，在当前发展背景下对扩大内需拉动消费具有突出作用，对“十四五”时期提升国民素质和社会文明程度，彰显中

① 宋鑫娜.档案文化产品开发策略新探[J].北京档案，2019(12)：32-34.

华优秀传统文化独特魅力，建设社会主义文化强国具有重要意义。

从台湾文化创意产业的发展经验来看，档案文化创意产品开发的主要推动力为创意经济政策的引导，将尘封的档案信息制作成精良的创意产品，引起公众对档案馆、档案事业的持续关注。所以，档案文化创意产品的开发需要全局性和长远性规划，一方面，要推进有关部门出台档案信息资源、商业性开发的专项规划，包括文化产业发展、可持续发展、科技投入、自主创新、人才培养等相关内容，为档案文化创意产品的开发提供政策指导和支持。另一方面，在档案文化创意产品的开发过程中，要明确档案信息资源的利用权限，包括知识产权、个人隐私权、国家信息安全等，要坚持利用法律法规监管档案文化创意产品的开发，既高效又规范地串联档案文化创意产品的所有环节，完善开发机制。

长期以来，由于我国文化市场的主体是国有文化企业，这些文化企业大部分是提供公共文化服务的事业单位，导致我国的文化产业出现有需求无市场的局面。即便是在我国大力发展文化产业的背景下，由于受到文化体制、法律制度等多方面的约束，我国许多优秀的本土文化品牌企业还是会由于缺乏资金支持最终被埋没。因此，需要出台相关政策，明确推动档案文化创意产品开发的总体要求、主要任务、支持政策和保障措施，并选择部分单位开展试点，在开发模式、收入分配和激励机制等方面进行探索，为档案文化创意产品开发活动进行“正名”，并提供“保障”，让档案文化创意产品的开发有章可循、有规可依。

三、健全运行机制，明确管理模式

2020年党政机关实行经营性改革后，机关和党政人员不允许再参与经营性活动获得经济收益，原来的机关下属企业均从机关分离，独立运营，参与企业经营的个人也必须脱离企业，这无疑给刚刚步入发展轨道的档案文创产业带来一定的影响。不少档案馆开始探讨“三权分置”的运营模式，即档案部门提供文化资源、创意元素，开放运营权，外包给文创产品公司，产品的IP授权创意开发公司，公司自负盈亏。如此一来，档案部门通过提供文化资源而获得部分产品，用以宣传和利用，不需投入资本也能获得一定的社会价值，达到文化传承和发展的目的。而作为大IP的故宫博物馆，在产品的运行机制和管理模式上却有着更加规范化、科学化的机制和模式，年销售额超过15亿元的运营收入使故宫有底气发展规模化产业，开展与文化机构以及地方博物馆的合作开发，产业运行和管理自上而下，规模化生产和销售在成功经验的引导下有条不紊地进行着。故宫博物院很早就注册了公司，公司负责图书出版、衍生品开发、建设投资等经营性方面的工作，具有独立法人资格，与故宫博物院并行运营，这一点在国内同行中极为特殊也最为关键。

因此，对于档案文化创意产品的开发，应该加大各级财政对档案馆文创产品开发工作的投入，明确鼓励有条件的档案馆在确保档案资源合法有效利用的前提下，依托馆藏资源，结合自身实际，采取多种模式进行文化创意产品开发。同时明确文化创意产品开发所得的事业收入、经营收入等按规定纳入本单位预算统一管理，可用于加强公益服务、档案征集、继续投入开发、人员绩效奖励等。

创意产品研发需要大量资金投入，但目前仅有国家的政策文件，却没有明确的资金筹集渠道。馆内经费都是专项，不能挪用，加之开发处于起步阶段，成效不明显，因此也无法有效吸引社会资金注入。虽然国家文物局多次表态鼓励博物馆发展文创事业，近期还发布了《关于促进文物合理利用的若干意见》，甚至提出“在净收入中提取最高不超过50%的比例用于对在开发设计、经营管理等方面做出主要贡献的人员给予奖励”，但在从业者眼中，这样的“鼓励”实际难以实现。从业者表示，对于政府补助型博物馆来说，文创产品的生产处境“尴尬”，做文创需要借助社会的资金和力量，许多博物馆以艺术授权或合作的方式开展。对于中小型博物馆来说，他们的文创产品缺乏品牌、销路等市场吸引力，难以吸引社会资本承担风险、投入进来。而对于任何一个产业而言，投、融资体制的建设问题都是制约产业发展的瓶颈。

四、吸收专业人才，开发试点产品

开发档案文化创意产品作为开发档案信息资源的创新点，是一项涉及领域较广、结构较为复杂的工作。在开发队伍配置上，要建设既具备档案专业知识，又有产品设计以及市场销售等方面知识的综合性人才队伍，而纵观当前的档案部门，其职员配置不够完善，在档案文化创意产品的开发中显得“战斗力”不足，这样即使能够开始档案文化创意产品的开发工作，但实现可持续性发展的可能性并不大。因此，为了推进档案文化创意产品的开发，在开发人员配置上，各馆需要吸纳专业人才参与合作，争取社会力量的支持，实现跨领域联合开发。随着国家对档案工作的重视，现阶段档案专业人才在就业市场相对紧俏，然而能够适应档案资源开发的人才却高薪难求。国家大力倡导“大众创业，万众创新”，在这一趋势下，除武汉大学档案学专业开设“文化遗产行业的创新创业”作为全校公共选修课及专业平台选修课外，其他高校档案学专业尚未推出创新类课程，这也极大地限制了档案学专业人才对国家文化发展政策的及时捕捉和对文化市场发展的把握。因此，及时调整档案学专业的课程体系，增设文化创意或文化服务类的课程，同时通过加强学生在文化产业领域和档案部门的双向实习实践经历，是改变目前档案馆缺乏具备文化创意服务能力人才现状的可行之计。

另外，由于档案文化创意产品的开发案例较少，可供参考借鉴的开发经验有限，我们不能在探索中急于求成，而应该遵循循序渐进的原则，坚持开拓创新，积极开展档案文化创意产品试点工作，学习成功案例的开发模式，及时总结经验，争取更大范围的推广。利用馆藏资源开发文化创意产品，已是世界上很多知名博物馆和档案馆通行的做法。而对于国内档案馆而言，这项工作还没有得到足够的关注，也没有太多实践经验。我们需要从整体开发环境和具体环节来推动开发进程，不能局限于附属纪念品的制作与发行，而是要以馆藏档案为基础，以大众生活需求为引导，丰富文化产品形式，积极传播档案文化，使档案文化创意产品开发符合时代审美与公众需求。此外，还应积极吸纳创意人才，谋求与负责任的厂家合作。期望未来涌现出更多类似“故宫淘宝店”的成功案例，使公众在消费档案文化创意产品的同时关注到档案与档案事业，从而推动档案事业的发展。

第二节 建构跨界合作多元开发新模态

2016年11月14日，教育部高等学校档案学专业教学指导委员会年会在北京召开，会上中国人民大学冯惠玲教授指出，全球档案馆也在转型，除了数字转型外还有很多功能转型和扩展，很多跨文化、高科技、面向社会的“非传统”业务正在蓬勃成长和活跃发展。可见，包括档案馆在内的公共文化部门的跨界合作问题，已经成为国内外档案工作、政府治理与国家战略发展的重要课题。在国外，在2005年，欧盟就在《加强欧洲档案合作行动计划》中提出，21世纪的档案服务需要通过跨领域和跨界合作，特别是与历史记忆、信息服务领域的合作开拓新局面。2016年9月5日至10日，在韩国首尔召开的第十八届国际档案大会以“档案、和谐和友谊”为主题，其中“档案行业内外的合作”作为大会的主要议题之一，引起全世界档案工作者的热烈讨论。在“跨领域档案合作”分会场中，马耳他国家档案局局长Charles Farrugia总结英联邦各国在保存共同记忆方面的档案跨界合作经验，发表了《不再做孤独的行者：变革中的档案合作》演讲。在“档案馆与其他文化机构的合作”分会场，菲律宾德拉萨大学的Lalu Delmar以菲律宾“国家文化艺术委员会”创建发展的经验为例，总结档案机构如何参与国家的文化艺术建设。在我国，近年来“档案馆跨界合作”逐渐被学界所关注[①]。宋鑫娜、徐诺和王玉钰关注了档案工作的跨界合作研究，特别是档案展览以及国外档案馆的经验。档案馆跨界合作是档案文化创意服务实现的必经之路，档案文化创意产品的良性发展需要多方合作、多元发展。

① 王玉珏，刘佳欣.国外档案馆跨界合作模式及启示[J].档案学通讯，2017(2)：91-95.

一、档案馆与创意公司的合作

创新环境的转变，使得大众创新、草根创新、“创客空间”等创新模式应运而生。2015年3月，国务院印发的《关于发展众创空间推进大众创新创业的指导意见》将“众创空间”定义为顺应网络时代创新创业特点和需求，通过市场化机制、专业化服务和资本化途径构建的低成本、便利化、全要素、开放式的新型创业服务平台的统称①。众创空间在产、学、研等多个领域都已发挥了其独特的作用。档案馆应有意识地融入国家当前“大众创业，万众创新”的大潮，将“双创”理念融入档案公共文化服务体系，并将其作为抓手，立足档案文化创意产业现实，逐步推进档案文化创意服务。

在开展具体工作时，图书馆方面已经早于档案馆进行了实践，也取得了一定的成果，比如美国的费耶特维尔公共图书馆针对数字创作和实体创作构建了两类“创客空间”。我国依托众创空间开展的多形式创新创业教育活动也比比皆是，国家图书馆、上海图书馆等图书馆已经结合自身优势，开展了相应服务。“创客空间”是提供自由开放的协作环境与展示平台，供人们分享创意和交流的场所。档案馆应借鉴图书馆在“众创空间”开拓方面的成果和经验，基于丰富的、已向社会公开的馆藏档案资源，充分利用场馆空间以及数字化多媒体技术设备，为创客提供良好的交流场所和活动平台。同时，充分利用“众创空间”这一方式，采用课程、讲座、竞赛、研讨会、工作坊和其他各类形式提升档案文化创意服务。

档案馆可以定期开展设计竞赛、展览评价等活动来推动馆藏档案资源的创新利用，如开展移动App开发设计竞赛，让参赛者基于已有的馆藏资源，设计出合理的程序结构，创新推广文献资源的利用方式。还可以开展档案馆衍生品设计大赛，汇聚创意人才从多方面对馆藏文献资源进行挖掘，促进其传播利用。通过网上展览等方式评选出优秀的设计作

① 邱进友.众创空间:图书馆未来空间设置的方向[J].图书与情报,2015(5):78-80.

品，设计评价环节，让受众点评创意作品，给出设计意见，优化设计方案。同样，档案馆也可以利用这一方式创造一些具有特色的文化创意衍生品，让公众把教育资源带回家。这些方式在推进文化产业创新创意教育的同时，也扩大了档案馆的社会影响力，促进了其文化教育职能的实现。

近年来，创意设计大赛取得了较丰硕的成果，如面向高校特别是艺术院校的创意设计比赛，收获了一批好的创意设计作品。中国好创意暨全国数字艺术设计大赛（China creative challenges contest，简称“3C大赛”或“中国创意挑战大赛”），是入选教育部中国高等教育学会发布的“全国普通高校大学生竞赛分析报告”项目，也是我国数字艺术、设计、创意及电子技术创新领域大赛，旨在落实国家数字创意产业远景规划，转化高等院校原创知识产权，深度挖掘、选拔中国创意界的精英人才，推广优秀作品。

二、档案馆与其他文博馆的合作

在许多国家和地区，档案馆、图书馆等机构往往联合起来形成集群效应。不少国家都有博物馆、图书馆、档案馆联合起来进行资源共享和协同开发的合作团体及平台。博物馆与博物馆之间的联系合作也是近年来比较流行的合作模式。最典型的就是故宫博物院与多省博物院的合作共建。比如，故宫博物院与安徽省博物院合作在安徽省建立故宫学院（徽州）和博士后工作站，开展论坛、讲座、研讨会系列活动；举办“徽匠进故宫”、歙砚制作技艺、徽州三雕非遗传承人群研修班，培训学员70余人。近年来，安徽省不断深化与故宫博物院的战略合作，推动传统文化传承保护，并取得了显著成效。在文创产品合作研发过程中，共同建设了故宫博物院驻安徽黄山市徽派传统工艺工作站，2018年已有进站非遗项目13个，传承人40人；在故宫博物院设立文创馆徽派传统工艺馆，并对外营业，研发、展示、销售故宫元素突出且具有徽派传统工艺的文创产品已有160余件。

档案馆与其他文化机构具有相通性，可以通过合作来实现更高层面的人力、物力、财力的整合，从而设计、生产出更高质量的创意文化产品。例如，加拿大、埃及、东京等国家和城市，已将图书馆与档案馆合并，共同向社会公众提供信息利用服务，减少了公共资源的重复建设问题。山东省、江苏省等新建的档案馆与当地图书馆、博物馆、美术馆等集中于一处，形成城市文化区，为档案馆与博物馆、美术馆、图书馆合作提供了便利的地理位置，也为提升档案馆公共文化服务能力创造了条件。苏州市档案馆新馆于2016年7月建成投运，其毗邻苏州博物馆和中国四大名园之一的拙政园，与苏州名人馆、苏州丝绸博物馆等相望。在多地将档案馆新馆迁建新城的形势下，苏州市档案馆重回寸土寸金、文化氛围独具特色的古城区，体现了苏州崇文重史的传统和便民优先的理念。总而言之，档案馆应紧抓合作机遇，与相关文化部门形成合力，借助已有的经验和资源助力档案文化创意服务提升。

三、档案馆与企业的合作

档案馆与企业在文化创意产品的设计和生产上也有合作共赢的需要。多机构合作的模式一旦形成，将会形成显著的集聚效应和可观的规模效益。这要求在档案文化创意产品的研究开发阶段，档案馆与合作单位的研发人员需要共同对文化创意产品进行文化背景挖掘和深度设计，以确保开发出的文化创意产品具有较高的文化价值和过硬的商品质量，以便受到社会大众的喜爱。

档案文化创意产品的开发可以尝试与档案中介机构合作。档案中介机构如果能将档案文化创意产品作为开发的重要项目，利用现代传媒手段进行网上销售传播，加大档案产品的宣传力度，必然会受到社会的广泛关注并取得较大的经济效益。而档案中介机构一旦实现档案文化产品的研发与档案服务的结合，研发出独具特色的产品，就会实现机构的优化升级，真正实现产学研相结合。再配合系统开发与高质量服务，档案中介机构就能真正为档案部门所需要，也必然为国家社会所支持，从而做大做强，形成品牌效应。

在此基础上，档案馆也应积极与电商平台和企业合作。让档案文化创意产品得以在电商平台上销售，扩大其影响力和覆盖面。博物馆在这方面已经积累了丰富的经验，也取得了不错的成绩。2010年以来，博物馆网上商城的数量迅速增长，目前已有几十家博物馆拥有自己的电商旗舰店。其中，有些博物馆的网上商城依托自身的特色产品，充满艺术的设计与过硬的品质，赢得了消费者的青睐。2015年年底，故宫文化创意产品达8700多种，营业额超10亿元，是我国博物馆网上销售的成功案例。目前，我国博物馆线上销售渠道大多依托发展较为成熟的淘宝平台。与火热的游戏、动漫、影视等经营企业合作也是近年来馆企合作的重要方向。2015年，恭王府搭建线上电子商务平台，由官方进行自主运营，不仅给顾客提供了购买博物馆纪念品及衍生品的平台，还给各家动漫和影视企业提供了特色文化资源以进行二次创作及开发，开创了文创产品推广营销新模式。2016年1月18日，“中国国家博物馆旗舰店”正式入驻“天猫商城”，进行“互联网+博物馆”的融合探索，让消费者足不出户便能轻松实现体验、购买和收藏国博文化创意产品，更直观、更广泛、更便捷地通过文创产品这一载体向社会大众传播馆藏文物所承载的中华文明。自2015年10月18日试运营以来，中国国家博物馆旗舰店仅4个月就实现了218个SKU（Stock Keeping Unit）①的上架和110余款产品的发布，客服投诉率为0，店内动态评分（描述相符、服务态度、物流服务）均达到4.9分，比同行业平均评分高出70%。特别是2015年12月25日，在没有其他宣传推广的情况下，旗舰店仅凭借自身新浪微博公众号“国博衍艺”的消息发布，就吸引了近3000次的访问量，总浏览量超过20000次，客单价130余元，支付转化率达到8.5%，超过同期行业平均水平②。博物

① SKU为库存量单位，是库存进出计量的基本单元，可以是以件、盒、托盘等为单位。在电商和零售管理中，SKU被用来标识每种产品的唯一编号，帮助商家管理和跟踪库存、销售和客户信息。

② 靳松.国家博物馆旗舰店正式上线 力推文创品牌“国博衍艺”[EB/OL].（2016-01-18）[2018-01-02]. https://news.cri.cn/2016118/21fe4f19-dc18-3812-4049-a4cb62e96374.html.

馆在这些方面的尝试，也为档案馆文创产品的销售提供了可借鉴的经验。2005年以来，上海市档案馆多次与文化创意公司合作开发档案文化产品，取得了较好的社会反响。

四、档案馆与网络传媒的合作

网络传媒已经和人们的生活紧密相连，成为人们主要的社交载体。2022年2月25日，中国互联网络信息中心（CNNIC）在京发布的第49次《中国互联网络发展状况统计报告》显示，截至2021年12月，我国网民规模达10.32亿，较2020年12月增长4296万，互联网普及率达73.0%。我国网民的互联网使用行为呈现新特点：人均上网时长保持增长，人均每周上网时长达到28.5个小时，较2020年12月增长2.3个小时，可以说，互联网深度融入人民日常生活。在网民中，即时通信、网络视频、短视频用户使用率分别为97.5%、94.5%和90.5%，用户规模分别达10.07亿、9.75亿和9.34亿[①]。

档案馆应紧跟社交媒体的发展趋势，充分利用社交媒体平台（微博、微信等）直接与公众近距离接触，将档案服务从封闭的馆内移向馆外的同时，也从线下拓展到线上。同时，档案馆应有意识地设计和制作便于在社交媒体平台传播的档案文化创意产品。这就需要档案馆与数字媒体服务商进行合作，开创新的服务领域或创新产品形式，借助先进的信息技术进行馆藏资源整合以便后续开发利用。

首先，针对社交媒体信息传播的特点，档案馆应当对馆藏文献资源进行开发，将设计出的文创产品通过网上展示平台推广出去。例如，可以借助网上直播平台，使部分平时没有时间参加档案馆讲座和展览的公众也能直观地听到档案馆工作人员的讲解。同时，通过创建档案馆的微博账号、微信公众号，录制符合公众习惯和喜好的视频，介绍档案文化创意产品或者将馆藏文献资源分享给公众，让公众有机会了解馆藏档案，

① 中国互联网络信息中心.第49次《中国互联网络发展状况统计报告》发布[EB/OL].(2022-02-25)[2022-04-28]. https://baijiahao.baidu.com/.

拉近档案馆与公众的距离，让大家参与到文化的传播传递过程中。这样做一方面能帮助公众及时了解档案馆开展的教育活动，另一方面也能提高馆藏利用率和数字化的成本效益比。比如藏有名人手稿、古籍图书的档案馆，将数字化的文献资源分享给公众，既不会损耗实体档案，又能真正地实现其教育、文化价值。当然，如果档案馆有资金或者技术支持，开发专属的移动终端的应用程序也是十分可取的。将文献信息资源系统化地汇聚在一个专门的平台上更有利于公众的学习和利用。还可以通过与教育界的合作，在广大的学生群体中实现档案文化创意服务的推广，扩大档案馆的社会影响力[①]。此外，还可以借助VR、AR等技术手段，在数字平台上展示文化创意馆藏，扩大档案馆藏的影响力。在网络平台上共享档案文化创意产品，能让网民不受时间、地域、费用等因素的影响，近距离地接触世界各国档案馆相关的馆藏资源，同时也有利于中国档案文化与国外档案文化的交流和融合。

自媒体凭借其广泛的影响力、亲和力可为档案文化创意产品的宣传利用发挥巨大作用。近年爆火的江西景德镇陶溪川文创街聚集了来自全国各地的网络带货主播，面对极富创意的陶瓷文创产品，他们通过现场打卡直播的方式传递相关信息，与粉丝们直接对话交流。直播制作文创产品的过程，不仅宣传了中国陶都的精美陶艺，带来可观的经济效益和社会效益，而且促进了文化的交流与传播，繁荣了城市的经济。

五、档案馆与广大群众合作

近些年，“众参”的模式已引入文创产品开发，通过网络等方式向广大群众寻求经验、技术，让普通大众有机会贡献自己的智慧和力量，也越来越为博物馆、图书馆等采纳。档案馆也越来越意识到开发文创产品的灵感和价值都是为了更好地服务人民大众。档案馆文化产品主题单一，主要与各类名人和历史事件相关，很难让公众在参观档案展览的过程中感受到文化消费带来的“喜悦感”。因此，在开发档案文化创意产品时，

① 邓连，陈洁.档案馆与文化创意产品开发[J].兰台世界，2017(3)：21-26.

应转变思考角度，从“档案馆想为公众提供什么”向“公众需要档案馆提供什么”转变，开发文创产品时要更多地考虑市场需求，避免围绕档案馆以往活动的陈旧主题开发简单、浅层次的档案文化创意产品，而要从公众实际需求出发，开发公众喜欢的产品。文化创意产品的成功开发和销售将为档案馆带来可观的经济收入，补贴档案馆的日常运营，为档案馆开展更广泛、优质的档案馆服务提供经济支持，从而促进档案馆的服务和收支的良性成长①。双创的关键在人，在于激发全民族的创造能量。在经济新形势下，推动我国文创产业结构迈向中高端，就必须发挥来自“草根”创业者的无穷智慧。我国人口众多，人民勤劳而智慧，蕴藏着无穷的创造力，千千万万个市场细胞活跃起来，必将汇聚成发展的巨大动能，让中国文化创意经济充满勃勃生机。

馆众合作还体现在通过文创产品的开发调动消费者的积极性和创造性，鼓励大众参与文创产品的创作过程。近年来，参与式文创产品越来越受到人们的喜爱，一些博物馆、图书馆等在游戏中加入文化元素，增加消费者的体验感。例如，河南博物馆推出的文物盲盒需要消费者通过一定的工具“挖”出宝藏，消费者也在挖取宝藏的过程中体验到了寻宝的乐趣，增强了对文化知识的了解和感知。上海图书馆推出的特色线装“笔记本”是半成品，需要消费者自己动手装订。消费者根据自己的需要动手一页页整理印有各类名言警句的笔记，用传统的手工穿针引线，制作出一本属于自己的笔记本，这让他们既有成就感，又能感受到文化的魅力。

当然，档案文化创意产品的开发不能局限于馆际合作、馆校合作、馆企合作等形式，精品文创产品的推出有时需要多个开发主体的共同参与。苏州工商档案管理中心“方叔叔教你做成长档案”系列漫画和“中国的世界记忆”系列插画是由高校师生、馆内工作人员与美工专业人士合力完成的，如果能够利用档案 App、微信公众号等渠道制作短小精练

① 宋香蕾，洵异. 档案馆文化创意产品开发的缺位与对策 [J]. 档案学通讯，2017(3)：88-93.

的微视频，把“线下”制作的文创产品以适合“线上”的方式发布出去，甚至是既有实物形态的档案文化创意产品，又有虚拟形态的关联体验服务，档案文创服务将大有可为[①]。

第三节　增强团队合作，加强人才队伍建设

档案馆文化创意服务，尤其是创意产品开发是一项涉及多方面内容的大工程，其开发过程主要包括用户需求调研、档案文献编研、产品市场宣传，以及同社会各个部门的统筹协调。在这个过程中，要想创造出富有时代特点且文化气息浓厚的档案文化精品，创新型人才是关键性因素[②]。目前，我国档案馆严重缺少此类人才，这极大地制约了档案文化创意服务的发展。新时代我国档案人才队伍建设存在的问题体现在多个方面：在社会认知方面，虽然档案工作的特殊地位不容置疑，但因为其难以直接产生经济价值，所以很多档案从业者并不受上级的关注，更别说得到领导提拔。而且社会对档案人员这一群体的认知非常模糊，档案人员的职业前景存在一定的局限性，想要在短时间内改变现状还有很大的难度。由于职业前景的局限性，越来越多的从业者产生了消极情绪，缺少对档案管理开发的信心，这也大大限制了档案事业的发展。在人才培育方面，社会对于人才的培养力度较弱，相关的继续教育工作不完善。在队伍构成方面，专业人员数量比较少，兼职人员数量较多，队伍流动性非常大，队伍来源较差[③]。因此，应该提高对档案人才队伍建设重要性的认识，重点关注档案人才队伍建设工作，打造职业道德过关，有着较硬作风以及爱岗敬业的人才队伍。

① 王小云，方华，汤玲玲.美国档案文化创意产品线上运营的经验、不足与启示[J].档案学研究，2021(4)：134-141.

② 邓连，陈洁.档案馆与文化创意产品开发[J].兰台世界，2017(3)：21-26.

③ 蓝剑玲.提高档案人才队伍建设与能力的有效途径[J].兰台世界，2022(S1)：22-24.

一、兼顾档案馆人员专业背景，培养文创开发能力

公众对档案馆的认识欠缺直接导致档案事业无法获得长足深入的发展，并使其在群体中无法产生应有的影响。因此，档案馆需要在公众和档案馆之间建立更为密切的联系，让档案服务和产品成为公众日常精神生活的一部分。这一转变过程包括主动利用现代新媒体手段，丰富公众对档案馆的认识，扩大档案馆的影响力，提高整个社会对档案文化事业的重视程度。只有使档案的社会影响力越来越高，档案工作不断获得领导层以及社会的关注，尤其是使档案从业者得到支持和理解，才能使档案工作得到社会普遍认可。为了让大量的优秀人才聚集到档案管理队伍当中，应采取措施吸引档案管理专业的高校毕业生参与这一岗位的竞争。档案馆在招聘人才时，应考虑到公众服务，特别是文化创意服务的多元需求，吸纳既具有档案学背景，又拥有市场开发、艺术设计、公共文化管理等知识背景的人才进馆工作。人才结构的调整不仅能改变档案馆"死气沉沉"的状态，还能满足档案馆文化创意服务开展以及跨界合作的需要，使档案从业者充分发挥专业优势，提升档案馆服务质量。

二、组建研发设计推广团队，提升联合开发能力

档案文化创意产品独特的产品类型，决定了它的开发不是仅靠档案馆一个部门就可以完成的，而是需要联合文化部门、创意设计部门、产品研发部门、销售部门等，任何一个环节跟不上都可能会导致文创产品开发的失败。这需要各部门密切合作，组建精锐的研发设计团队，共同研究设计推广，联合开发出档案文创精品。故宫的文创产品最初主要由自己的研发设计团队开发，任何一件产品，在立项开发之前都必须先经过研究部门的内容审定，设计样稿出来之后，再由销售部门进行市场评估，确保新产品符合"元素性、故事性、传承性"三要素才能推向市场。近年来，由于开发规模不断扩大，范围越来越广泛，文创产品分成了金属、玉石、玻璃、纸品等很多门类，设计研发部门的角色也更多地变成

了“把关人”，更加注重故宫文化品牌和文脉价值的延伸打造，努力把“高冷”的藏品转化成“接地气”的亲民产品。在开发模式上，故宫设计研发部门主要出创意、出思想、出标准、出蓝图，而设计开发生产环节则由合作单位完成。目前与故宫形成合作关系的单位有60多家，合作单位的多样化使故宫的文创产品能够在设计风格、产品种类、质材物料等方面及时吸纳到社会研发力量的精华，应时应景推出与市场呼应的新产品。

档案文化创意产品的形成要完成从挖掘元素到产品设计，再到产品生产，最后到产品销售服务的过程，在这个过程中需要不同的主体加入进来，共同完成产品生产。挖掘文化元素需要档案工作者的投入与发现，科研团队的研究成果，而产品设计又需要设计者的专业知识和智慧表达。产品的生产过程不仅是文化产业生产部门的劳动付出，也是生产商实现产品价值的实践，而产品的销售则是消费者与产品推荐者进行情感沟通，最终实现产品价值的环节。在这一复杂的生产过程中，不同情感主体遵循社会主流价值观念，怀着传承中华优秀传统文化的责任心和追寻美好事物的愿望，合力而为，倾力打造给人带来美的享受的文创产品。

三、开展创新创业教育，培养学生的文化创意能力

高校应该完善学校的教育模式，关注现有档案专业的课程设置，及时淘汰内容陈旧、跟不上社会发展，且设计缺乏合理性的课程，增加中华优秀传统文化知识内容，及时补充与计算机和办公管理软件等关联的课程，使教学内容适应时代发展。应培养学生的创新能力和动手能力，不断探索“校馆联合”的教学手段，使学生获得更多的实习机会。档案学专业教育应加入创新创业类相关课程，鼓励学生通过选修跨学科课程、辅修创意设计课程、参加相关实习等途径学习文化创意，进而更加了解文化创意产业的需求市场和发展方向。2015年5月，国务院办公厅印发《关于深化高等学校创新创业教育改革的实施意见》，提出了高校创新创业教育改革的总体目标，要求各高校以推进素质教育为主题，以提高人

才培养质量为核心，以创新人才培养机制为重点，加快培育规模宏大、富有创新精神、勇于投身实践的创新创业人才队伍，为国家建设提供创新型人才智力支撑①。面对新形势下国家建设的需要及社会需求，档案学学科教育也要注重培养应用型人才，并注重对他们创新创业技能的培训。

为提高档案学专业学生的学习兴趣，培养他们的探索精神，增强其创新意识和实践能力，教育部高等学校档案学专业教学指导委员会（简称档案学教指委）在2016年、2018年、2020年先后成功举办三届“全国高校档案学专业大学生课外科技作品展”的基础上，2022年继续举办“第四届全国高校档案学专业大学生课外科技作品展”。截至2022年6月30日，档案学教指委共收到27所高校报送的48份参展作品，专家组最终评出15份优秀的作品入选，并于8月份在四川大学举行的2022年教育部高等学校档案学专业教学指导委员会年会暨第31届档案学专业系主任联席会议上进行现场展示。全国高校档案学专业大学生课外科技作品竞赛已经成功举办四届，每届都有档案文化资源开发的精品，也不乏档案文化创意产品经典，是档案学专业师生汇报科研实践成果的平台，也是他们学习交流的重要平台。同时有助于激发档案学专业学生的专业学习兴趣，培养学生认识问题和解决问题的能力与团队合作的精神，提升档案学专业学生的实践能力和创新能力，进一步提高各高校档案学专业教育教学水平，尤其是实践性教学、研究性教学水平。景德镇陶瓷大学在培养学生专业技术能力的同时，注重对学生进行文创产品创意开发能力的培养。如此一来，学生毕业后能够独当一面，不仅能自行设计生产文创产品，而且能够借助城市文创发展的势头，做好自己品牌的销售与宣传。

“创客”在2015年政府工作报告中首次亮相，顺应了网络时代推动大众创业、万众创新的新形势。在双创推动下，国内建立了百万创客空间，千百万青年在这里实现了创业的梦想。这是我国改变跟随模式实现文化创意产业升级换代的动力层。大量青年学子走上创业道路，是国家走向

① 国务院办公厅关于深化高等学校创新创业教育改革的实施意见[EB/OL].(2015-05-13)[2017-08-23]. http:/www.gov.cn/zhengce/content/2015-05/13/content-9740. html.

原创大国的人才储备，也为我国的文创产业厚积薄发，持续发力提供了人才的支撑。

四、加强学校、创业园区和档案馆合作，共建产学研平台

开设档案学专业的院校应与档案馆、文化创意产业基地共同打造“产学研”合作平台，建立馆校合作的协同育人机制。特别是在档案馆进行文化创意产品开发和服务时，应与高校紧密合作。一方面，及时获取相关理论研究的最新成果，指导和解决档案文化创意服务过程中遇到的问题；另一方面，为档案学专业学生打造文化创意的实践平台。掌握市场动态和开发能力之后，专业的档案学人才才能针对需求对档案馆的资源进行开发，提供更具个性化的文化创意服务。

档案馆、文化创意产业基地在创新型人才培养实习基地建设中发挥着重要作用，而这也是国家鼓励大学生自主创业，提高创新能力的要求。在高校档案学教学过程中，档案馆、创业园区等实践平台，可以帮助学生进一步检验自己对档案学理论知识的掌握程度，让学生在发现学业不足的时候进行补充，从而丰富学生的知识体系，夯实理论基础。丰富的理论能够不断地指导学生实践，提高学生的动手能力、组织协调能力、人际沟通能力，既可以帮助学生掌握各种档案、资料的整理方法，又可以为学生提供一个真实的工作环境，让学生在实习中解决各种问题，提高自己的实践能力。创新型人才的培养对提高大学生的综合能力素养有十分重要的作用，而文化素养的提升则更加有利于学生深刻理解中国文化内涵并自觉接受文化的传承。

鼓励产学研结合，创新人才培养机制。高校的发展应与科研机构、企业深度合作，走产学研协同创新发展的道路。当前国家对档案工作的高度重视使档案文化产业在前进中寻求突破成为可能，而创意产品的高速发展也为档案文化创意产品的发展提供了机遇，高校与企业、科研机构协同共建、创新发展已经成为当前发展的新模式。对有重要价值的高校档案资源进行研究提炼，开发生产出特色文化创意产品，正是高校与

科研机构、生产企业开展产学研创新的重要机遇。例如，暨南大学文化遗产创意产业研究院一直致力于通过教育和培训的方式，对文化遗产进行跨学科研究，特别是对传统手工艺的当代转换进行研究、推广与传播。在“中华文化复兴的历史愿景”与“当下文化发展所面临的挑战”的双重背景下，研究院聚焦传统手工艺现代转化的实践性策略，提出了基于传统手工艺再生设计和现代转化的有效途径，以及探索高附加值并结合数字新媒体技术实现再生设计的创新方法，同时强调文化自信和国民教育在技艺传承中的意义。

五、实现外包众包合作模式，增强文创开发活力

“用专业的人做专业的事”，采取外包或者众包的形式来实现档案文化创意产品开发越来越为档案部门所关注。当然在此过程中，也需要档案馆的专业人士将档案文化创意产品开发的思路完整、清晰地表达出来，让设计人员充分了解档案馆的产品研发意图，从而实现整合利用外部最优秀的资源来降低文化创意服务成本，提高服务效率。文创产品开发企业也会因为档案部门的贡献给予其一定的奖励，实现良性互动，以更好地服务于档案文化创意产业。越来越多的档案馆将档案信息资源的数字化服务外包给档案机构，既节省了人力资源，也取得了较好的效果。档案馆的性质决定了实行外包、吸收众包的合作模式对于档案文化创意产品的开发是一种有效的尝试。

当前，档案文化创意产品开发已经成功引入“众包”的生产模式，人民群众作为开发主体，可以承包文创产品的开发模块，参与从设计到生产再到包装直至销售等流程。他们既是生产者也是直接消费者，他们熟悉产品，通过不断优化产品，有目标地进行适合消费群体的升级改造，使开发的产品更加贴近大众生活。档案资源的开发需要更多的群众参与，“众包”等生产模式将给资源的开发利用带来生机和活力。

第四节　多元化档案文化创意产品开发路径

一、创新档案文化创意产品开发的多元素设计理念

文化是多元的，人们的文化的需求也是多样的，因此在档案文化创意产品的设计中要创新设计理念，满足消费者多层次、多样化的精神文化需求。把文化意境融入现代生活美学设计，让传统元素延续，要兼顾现代人的生活品位和文化追求模式，而设计创意表达同样需要注入现代艺术元素。档案文化创意产品是将馆藏原生态艺术资源通过提炼特色、设计元素，进行高格调的创意、衍生与加工。在该过程中，手工技艺的特殊情结以及工艺的高标准，要求创意设计不仅要采用高科技的表现手法，也要体现中国传统手工技艺的魅力。把文化意境融入现代生活美学设计，让传统元素延续，要兼顾现代人的生活品位和文化追求模式，而设计创意表达同样需要注入现代艺术元素。档案文化创意产品是将馆藏原生态艺术资源通过提炼特色、设计元素，进行高格调的创意、衍生与加工。在该过程中，手工技艺的特殊情结以及工艺的高标准，要求创意设计不仅要采用高科技的表现手法，也要体现中国传统手工技艺的魅力。当下最受大众追捧的“潮玩”，是档案文化创意产品可以借鉴开发的“热点”产品。河南省进行的巡展月主题活动所推出的“黄河之礼”文创潮玩就是提取了河南这个文化大省发展中能够触动老百姓心底，引发百姓共鸣的最具表现力的创意元素。

二、建构档案文化创意产品跨界合作多元开发新模态

在资源共享、鼓励合作成为社会主旋律的今天，跨界合作已成为推动档案文化产业发展的动力和手段。档案文化创意产品的多元属性与多元需求决定了其单靠档案部门或某一社会机构奋力开发是难以实现的，而是应立足开发实际，探索档案文化创意产品合作开发的可能性。一是

要发挥档案文化创意产品开发多元主体的积极能动作用，调动档案工作者的敬业精神，培养其文化发现能力，创新能力；调动社会团体和个人文化参与积极性，积极采纳其合理建议，打好文创产品开发的群众基础。二是要打造多元化社会主体共同参与的产品研发团队，壮大文化创意产品开发人才队伍，建立完善的产学研相结合的创新模式。三是要加强体制内外合作，整合创意资源，吸引档案部门以外的社会化组织机构加入，优化多元产品开发模式。

三、构建档案文化创意产品开发的多元化支持系统

构建档案文化创意产品开发的可持续支持系统，需要获得国家、社会、相关部门的支持，研制相关法规政策，建立开发扶持基金，争取税收优惠政策，鼓励投融资主体多元化，力争经费来源多元化，加强市场监管，建设产品研发的可持续环境。档案馆要不断争取国家和地方政府的支持，争取财政支持和文化事业经费，鼓励科研团体积极申报国家文化科研项目，获得专项经费。同时积极争取社会力量的扶持，寻求社会福利机构、社会捐赠机构的关注支持，让社会文化团体、协会组织等参与产品开发与利用，拓宽产品的宣传推广范围。

四、开发档案文化创意产品的多元品牌

我国档案文化创意产品从“中国制造”向“中国设计”的转变过程，是中国档案文化创意产品品牌发展的过程，主要体现在三个方面。其一，实现档案文化创意产品在文化创意产业的品牌化。档案文化创意产品富有强大的生命力和影响力，理应在文化创意产业中占有重要地位，有自己优势的品牌。其二，实现档案文化创意产品在国内外市场的品牌化。利用中国特有的档案文化优势，打造品牌化档案文化创意产品，提高竞争力，打造国际品牌。其三，设计档案文化创意产品品牌典型，明确档案文化创意产品未来发展路径，让档案文化之花因创意设计而绽放异彩。例如，苏州市工商档案管理中心与圣龙丝织品有限公司等14家丝绸企业

合作建立了苏州传统丝绸样本档案宣传与恢复基地；由合作企业研发生产的“新宋锦”相继被选为2014年的APEC（Asia-Pacific Economic Cooperation，简称亚太经合组织）晚宴各国领导人“新中装”、2015年世乒赛礼服和同年“9.3阅兵”天安门主席台福袋的面料；此外，还推出了纱罗宫扇、宫灯，宋锦、纱罗书签，新宋锦箱包、服饰等不同织物属性的产品和衍生产品[①]。总之，经典一旦走上良性开发轨道，便会形成强大的规模效益和品牌效应。

五、搭建档案文化创意产品良性发展的多元平台

档案文化创意产品良性发展平台的搭建需要多方合作、多元发展。2017年3月国务院办公厅印发的《关于进一步激发社会领域投资活力的意见》鼓励文化文物单位与社会力量合作，促进文化创意产品的开发。档案馆要利用资源优势，担起合作的主体责任，积极寻求与具备资质而又口碑良好的文创公司的合作，搭建长期发展的平台。

搭建档案文化创意产品发展平台还要立足用户多元需求的实际，建设不同的利用平台，构建多样化的档案信息利用与服务模型，增加档案文化创意产品服务的活力与质量。在信息化发展迅猛的今天，人们已经将各项事业的发展与信息化紧密相连，跟不上信息的发展便没有出路。令人欣喜的是，近年来，我国档案馆信息化建设迅速，受支持力度之大前所未有，许多档案馆正在向智慧化、数字化、现代化迈进。档案文化创意产品也必须抓好这个契机，增加信息化投入，开辟网上宣传专栏，利用好现代传媒手段，开发有趣的软件系统，结合微信、微博等平台扩大公众参与范围。

档案文创作品展巡展活动正被相关部门及文创设计公司广泛用于交流，进而推动档案文化创新发展，培育优质档案文创作品，促进档案文创作品成果转化形成档案文创经典。中国档案学会档案文化专业委员会

① 肖梵，栾清照，陈鑫，等.如烟似水摇曳多姿：漫谈近现代苏州丝绸样本档案[J].中国档案研究，2016(00)：261-269.

等联合其他部门举办的全国首届档案文创作品评比展示活动，向全国档案部门发布作品征集通知。档案文创作品的制作、设计掀起一股热潮，为档案文创的发展提供了更多的交流空间与展示平台。各类档案文创经典不断涌现，成为档案界各类网络平台交流谈论的话题；各类文创作品华丽现身，成为一道道亮丽的风景线。档案文创作品面向大众的集体亮相，是对档案文创开发成果的一次集中宣传，同时对于社会大众了解档案文创作品、推动档案文创发展具有积极的影响。

第五章　文化传承视角下的文本挖掘与文化服务

档案文化创意产品是新时代档案事业发展的必然产物，因其生动可感，能够形象反映珍藏档案所要表现的经典内容而备受社会大众的喜爱，对于传承档案文化有着非凡的意义和价值。着眼文化传承，对文化资源的知识发现与文本挖掘，能够让档案文化创意产品更好地发挥文化服务的功能。

第一节　文化资源的整理和文本挖掘

一、档案文化资源的整理与价值发现

（一）资源整理的必要性

档案是一定文化形态的产物，依靠这一文化产物从事的全部活动和产品的总和就是档案文化，档案文化是人类在社会发展过程中创造的物质财富和精神财富。在如今这个信息化的时代，信息量以成千上万倍的速度增长，极大地丰富了人们对文化信息资源的需求，文化理念已经渗透到各个领域。随着社会经济的发展，对档案文化信息进行优化整合、文本挖掘势在必行。提升新型档案文化产品的竞争力和服务力已受到越来越多的重视，成为档案事业发展的一项重要工作。整理开发档案文化

资源的意义体现在多方面：首先，整理开发档案文化资源是发展档案文化的需要。档案文化资源的文化属性要求开发信息资源文化价值，结合利用行为，通过利用、加工和获取档案文化资源，实现新信息、新知识的产生。其次，社会服务的发展需要合理开发档案文化资源。传统档案部门中的信息不会对外公开，但若将档案文化资源进行合理开发，档案部门可以为社会大众提供更加优质的服务，更大程度地方便公众的生活。最后，开发档案文化资源是繁荣社会主义文化的需要。综上可知，档案文化资源的开发是时代发展的需要，也是提升我国社会服务能力的途径之一，对我国经济、社会的发展具有长远意义。因此，国家和档案部门应更加注重档案文化资源的收集、整理和利用开发，加大对档案文化资源的重视力度。在新时代背景下，文化的地位得到提升，因此，充分开发档案中的文化资源，可以为我国文化的发展与繁荣注入新的活力。

（二）资源的收集整理

我国档案文化资源没有得到有效发掘，其中的影响因素主要有档案文化资源的管理存在不足、档案文化资源开发的意识薄弱、档案文化资源开发的技术落后、档案文化资源开发的人员素质较低、对文化市场的了解程度不高等。对此，宋伟雄提出了文化产业视野下档案文化资源开发的几个策略：一是提升档案文化资源管理水平；二是增强档案文化资源开发意识；三是加强信息技术在档案文化资源中的利用；四是加强档案文化资源的人才建设；五是在文化市场中充分挖掘档案文化资源的价值①。档案资源的收集整理是保证档案资源开发的前提。档案资源的收集、整理需要调动档案形成部门的积极性，鼓励档案形成部门将有价值的档案移交档案部门，再由档案部门将收集来的档案分门别类地整理归档，完成档案资源的“储备”。档案文化资源的整理需要从以下几个方面去完成。一是整理的方法：主题、专题分类法。将不同的档案文献按照不同的主题进行分类，也可以按照区域、人物等专题进行分类。例如，

① 宋伟雄.文化产业视野下档案文化资源开发[J].文化产业,2022(17):77-79.

上海市档案馆注重主题特色，中国共产党人的家风等红色专题从普通大众的视角去发现中国共产党人的情感和生活，成为红色档案资源开发的示范和品牌。二是整理的原则：目录清晰，方便查阅利用。三是整理的目标任务：为数据库的建立准备充分的资源数据，整合出一系列内容充实、条理清晰、方便立卷的文献案卷，为数字库建设储备资源。作为面向公众进行服务的国家档案馆，扩大档案征集面非常必要。档案馆不仅要接收国家机构、社会组织、个人的纸质文件材料，还要接收各门类、载体的各种有利于丰富馆藏资源，有利于向社会公众提供文化教育服务的所有类型的文件材料。档案馆应从档案收集过渡到“知识采集”，以知识采集为目的，开展档案的征集工作，将是否有利于丰富馆藏资源，丰富馆藏知识层次及架构作为档案收集接收工作的重点，突出档案征集过程中的知识积累，以最终的知识服务为目标进行档案征集工作。

（三）文化资源的知识发现

有了档案资源，还要善于发现，寻找开发档案文化创意产品的可用资源，即完成知识发现。档案工作者作为档案文化资源开发的主要人力资源，已经不再是过去那支只会埋头整理档案资料的队伍，文化观念、文化素养都有了极大提高。档案工作者熟悉档案文化资源，在长期的档案工作中对档案产生了深厚的感情，在学习思考中积累了文化知识，培养了文化创造力，越来越成为档案文化创意产品开发的关键主体力量，促进档案价值的实现。档案工作者经验的作用反映在档案的某些外在“形象”，能引发情感表达欲望。档案工作者与某些档案文化资源发生交互、融合并产生强烈共鸣后，随之诱发情感因素不断滋长、渐次演进，直至发生“质的飞跃”，达到更高的境界与层次，责任和使命促使档案工作者有了进一步探索知识的愿望，自觉或不自觉地培养出一双“善于发现的眼睛”。若档案工作者从内心热爱档案，并有想通过某种力量将这种情感表达出来的强烈愿望，便会倾力于档案文化资源的探究。

二、档案文化资源的文本挖掘

（一）挖掘元素

档案工作者通过一双“善于发现的眼睛”发现知识，而对文化资源的文本挖掘则需要档案工作者“深剖细研”，不断深化对档案文化价值的认识，进而挖掘内涵，完成整合加工，促进实体客体对象档案由“潜在价值形态”转向“现实价值形态”。档案工作者通过发掘和判断档案文化价值，使档案文化观念深入人心，进而将传承发展档案文化转化为自觉践行的价值理念，并内化为职业素养。有了档案工作者这个慧眼识才的“伯乐”，档案文化创意产品中文化元素的发掘便水到渠成。

（二）挖掘价值

挖掘价值是指依托采集数据，利用数据挖掘和数据模型技术，通过大数据分析，从多重维度对档案资源数据进行全面追踪分析，结合多重维度进行联合分析，真正了解档案资源所要表达传递的内容要素，掌握文化阐释的话语权，从文化元素视角去感知和理解文化资源所要表达的深层文化价值。故宫博物院文创旗舰店配合故宫博物院展览，进行了主题性的文化挖掘，研发了千里江山系列、清明上河图系列产品，已积累近两百万粉丝。

（三）挖掘好故事

讲好档案故事是近年来国家和社会对档案工作的期待，而好的档案文化创意产品就是要讲好档案所反映的文化故事。一是要讲好档案工作者发现的档案本身存在的故事。珍贵的档案资源背后都记载有好的故事，挖掘优质档案文化资源，选好开发主题的素材是档案文化创意产品能否讲出动人故事的关键一步。二是讲好满足社会多元需求的动人故事。符合社会文化发展、需求、动向，能够跟上飞速发展的文化产业步伐，带来社会效益的档案文化创意产品才能吸引文化产业机构、社会文化机构、学术机构、产品生产企业与档案部门的关注与合作，也更有可能争取政府及社会福利机构的支持。三是讲好公众想听的精彩故事。广大人民群众是最忠实的听众，中华优秀传统文化所表现的文化魅力和感人情怀是要通过人民大众的喜好证实的，档案文化创意产品有无市场要看群众愿不愿意把产品的故事听下去。

好的故事需要多层主体的情感演绎，档案工作者、产品开发者、使用产品的大众都是故事的主角，只有对档案文化创意产品倾注心血，付出努力和辛劳，才能真正讲好档案文化资源所要传递的文化故事。当然，作为开发档案文化创意产品的档案部门、社会合作部门、产品开发部门，他们担负着情感表达的重要职能，必然要寻求通力合作的方法途径，商讨合作方式，制定协作计划，将文化故事好好讲出来。

近年来，四川省档案馆深耕红色资源，致力于打造传播场景，讲好中国故事，唱响档案好声音，深刻诠释了如何以档案资源为素材挖掘档案背后的感人故事。四川省档案馆在过去几年里以“全省档案馆与文化建设研讨会”为平台，精心打造全省档案宣传文化“嘉年华”；以“印记100”为主题，合力打造川渝档案馆庆祝建党百年暨党史学习教育品牌；以“百千万”为抓手，联动打造“喜迎二十大·档案颂辉煌”档案好声音；以“10＋4”档案展览为载体，持续打造爱国主义教育基地和党性教育基地金字招牌；以档案文创为媒介，倾情打造红色档案资源创造性转化新样态；以档案社媒为依托，聚力打造档案文化传播新赛道。该馆以讲好档案故事为目标开展的一系列创造性活动不仅发挥了引领示范作用，而且为我国的档案文化事业积累了宝贵的实践经验，启发国内档案馆要想让档案故事生动起来、鲜活起来，要做到讲好“有高度”的档案故事，讲好“有力度”的档案故事，讲好“有亮度”的档案故事，讲好“有温度”的档案故事，讲好“有广度”的档案故事①。

① 周书生.打造新场景 讲述好故事[J].中国档案，2022(7)：40-41.

三、档案资源软件开发与数据库建设

档案资源数据库是在档案文献的数据整理与内容挖掘的基础上开发的，而数据库的建立除了可以实现资源共享与评价交流等功能外，还能实现资源的有效利用，同时还能更好地促进档案文化元素的知识发现与文本挖掘，保障可持续资源的良性发展与利用。档案资源数据管理平台建设需要符合国家规范，符合国家技术规范、质量标准、工程监理标准等。在安全需求方面，要建立重要系统数据容灾备份，完善网络安全管理制度体系，采用完备可靠的软硬件安全措施，保证平台通过安全等级保护一级标准，确保管理平台安全运行。根据充足的数据资源，利用成熟大数据产品与丰富的业务实施经验，结合具体业务场景，可以实现大数据技术的数据采集、清洗、分析、展现等功能。开发出的软件通过提供公共开发的API平台和Token认证机制，便可接入其他平台或被其他平台接入，这使全国各级档案馆、纪念馆、博物馆实现资源共建共享成为可能，从而推动区域档案信息资源共享平台一体化发展，促进资源共享规模、质量和服务水平同步提升。

以红色档案资源的数据库信息建设为例，红色档案资源可以从资源共享、资源管理、成果展览、红色教育几个方面去完成资源管理，形成一个良性的发展模式。资源共享里除了红色文献外还有各类红色文物，它们是资源开发服务的基础。资源管理又可以分为文创等产品的开发、学术研究、多元合作等，对于开发出的产品又可以根据红色文献的特色细分为纪念品、创意经典产品、盲盒、潮玩等深受公众欢迎的文创产品。产品开发出来后，可以通过网络平台进行展示、展览，也可以通过网上文创产品店进行售卖。红色教育则是红色档案资源不可忽视的又一重要内容，可以通过建立教育基地、开展党团活动等方式实现，还可以通过挖掘红色资源创作红色影视作品、文学作品，或通过推出经典甚至震撼的红色作品完成红色资源的有效利用（如图5.1所示）。

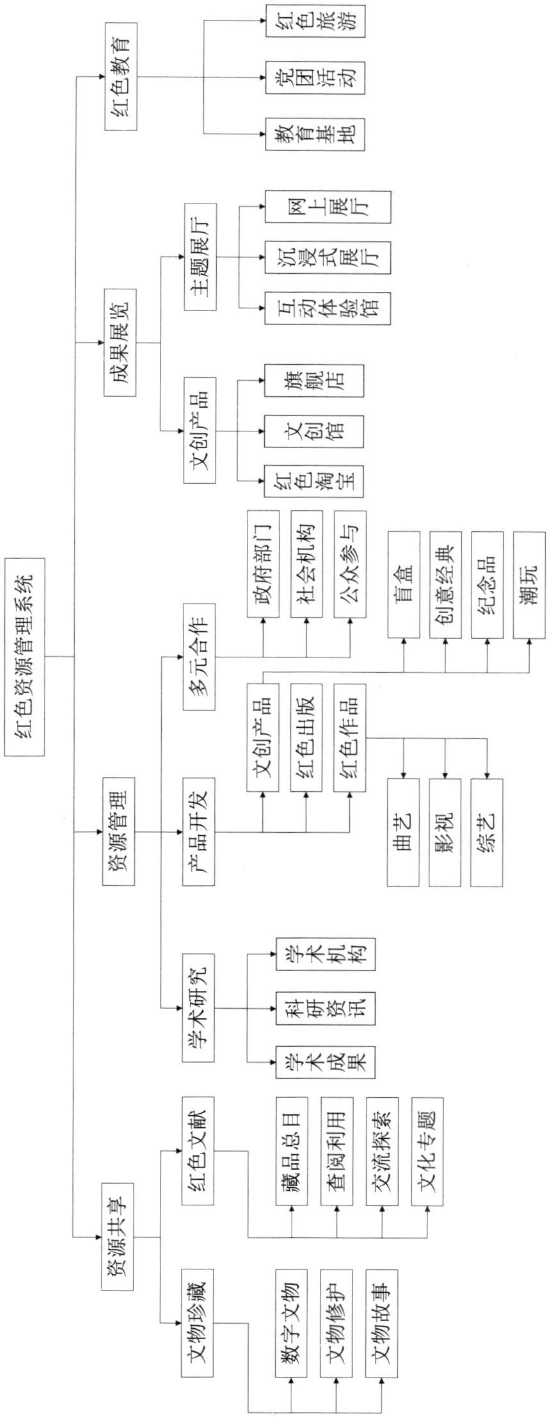

图 5.1　红色档案资源管理系统基础结构

第二节　提升档案馆文化职能水平

一、提升档案信息资源共享共建能力

在政府大力实施城市群规划、有序推进基础设施建设和基本公共服务同城化的背景下，档案馆的服务方向和目标需要进行调整和适应。档案馆应在确保馆藏档案安全的基础上，建立档案跨馆查阅系统，使档案信息服务实现“同城化”。“同城化”的档案馆既可以属于同一个省、市，也可以跨省，但跨地区要确保档案馆所处地区的经济发展水平大致相近。“同城化”的档案馆对同一主题的馆藏档案进行合作开发，减少了档案资源的重复利用和重复开发，节约了人力和物力成本，避免了重复建设的浪费。联合开发可建立起特色档案专题数据库，不同档案部门依据自己的资源特征不断补充档案资源信息，供社会查阅利用。例如，长三角区域一体化建设目标促进了档案工作的合作发展，上海、浙江等率先开展了档案工作共建平台，长三角地区的档案资源可实现一定范围内的开放共享，打破了档案资源必须进馆查询的传统模式，对经济发展、文化资源的共同开发起到了立竿见影的效果。

当前，档案馆还要着力搭建信息资源利用平台，满足公众多样化需要。一是基于用户需求，提供多元化服务。“互联网 +”带来用户需求的多元化，单一的服务模式已不能给予用户良好的使用体验，因此，档案馆需要为受众提供个性化服务，为用户定制个性化服务界面和个性化信息，为不同类型档案利用者定制不同信息。二是加快建立档案公共服务管理体制，提供能够满足公众需求的软硬件设施，让更多深入人心的作品产品走进档案馆。拥有国家层面对档案基础设施的大力支持，能够促进档案馆设施设备的完善，推动人文环境的营造，不断优化网络环境下档案公共服务的质量，促进档案公共服务制度化和规范化。三是建立通畅的受众反馈渠道。应充分利用互联网信息传播平台，推进“微信+档

案”“微博+档案”“客户端+档案”向各级档案馆的拓展，扩大公众认知范围，扩展公众参与传播档案文化的空间。同时，建立起的档案公众号、微博要选派专人进行信息监测及收集，针对用户对发布信息的反馈，与用户及时建立良性互动，以尽量满足用户的查询及反馈需求。我国档案馆近年来更加关注档案信息资源的开发和利用，逐步意识到广大人民群众在传播宣传档案文化中的重要作用，尝试开通档案馆微信与微博公众号，提供查档网上预约服务，并就档案馆服务满意度进行网上调查。传统载体档案数字化取得了阶段性成果，有效利用数字档案资源，提升档案服务能力，提高人民的满意度。档案部门每年都进行档案利用和开发的典型案例征集，并对档案利用的优秀单位予以表彰奖励，既促进了档案文化的传播，也大大提高了档案部门树典型、重利用的积极性。良好的档案传播利用环境为档案文化创意产品的开发提供了可能。

二、构建档案馆文化空间

国际档案学界普遍认为，设置档案馆的理由之一是“文化方面的原因”；档案馆要承担文化传承责任、文化服务责任、文化传播责任、文化教育责任。档案馆文化空间是以满足公众文化休闲需求为目的，高度集中整合多种资源为公众提供一站式、零距离的文化服务或文化活动的开放式、综合性的空间形态。以档案资源为基础条件，以物理空间或虚拟空间为支持平台，以满足公众精神文化需求为基本出发点和最终目的，档案馆公共文化空间是这三者的有机结合体。

在这方面，国外档案馆有许多成功经验可供参考。例如，英国国家档案馆通过多种方式构建有效的公共文化空间，如拓展档案提供利用方式：定期举办档案专题讲座和学术交流；定期举办本馆收藏的名人手迹、字画、珍贵族谱等特色馆藏展和珍奇档案展、摄影展、艺术展，将服务向社区、机关、学校、企业延伸，为一般公众提供上门服务，进行有目的的档案征集工作，将富有地域特色的各种载体的档案资料——族谱、地方志、名人手迹、书画雕塑、艺术档案、照片档案等征集入馆并永久保管。建设电子阅览中心，提供电子查询，向公众提供历史文献、民生档案、现行文件信息资源的目录查询、文摘查询、全文查询，以扩大和提高档案馆的服务功能和服务范围；开展数字档案馆建设，使档案信息使用和效益最大化，为档案信息的深度开发、广泛利用、档案信息资源共享打下了基础，也为档案馆虚拟公共文化空间构建打下了基础等①。美国国家档案馆所举办的国家历史日活动因其有趣的主题吸引了大量的公众积极参与。其系列活动邀请了美食书籍作者、调酒师、品酒师、历史学者等不同领域的活动嘉宾，反映了美国国家档案馆关注群众喜好、鼓励群众参与的档案文化氛围，也体现了美国国家档案馆馆藏内容的丰富性和多样性。

我国档案馆近年来也不断开展公众参与的主题活动，收集整理了相关专业资料并举办展览，为对该领域有兴趣的公众进一步了解该领域知识提供便利。2022年10月10日，“喜迎二十大 档案颂辉煌——首都城市建设十年映像”展览在北京市档案馆开幕，分蓝图擘画、城市更新、传承发展、双奥之城四个部分，展出图片、音视频档案和文献资料300多件，展示了北京风貌，吸引了大量的参观者。2022年10月8日，广州市档案馆利用信息化传播媒介，举办《开卷》“羊城档案”系列文化栏目启播仪式。“羊城档案”系列文化栏目是广州档案馆与广州市广播电视台共同打造的文化节目，根据不同的档案文化宣传主题，邀请不同的档案专家、文史专家、党史专家等，解读每一份档案背后的故事，带领观众重新触摸广州传统城市肌理和历史文化，一开播便受到广大人民的欢迎。

三、吸引公众广泛参与

在“社会记忆观”与“大档案观”理念的影响下，档案工作越来越强调公众参与，如美国开展了“公民档案工作者”项目，普通民众可以前往档案馆，在馆员指导下完成制作档案索引、描述列表、保护馆藏档案、录入档案数据等专业性工作。英国国家档案馆开展“档案志愿者”

① 王培三. 档案馆构建公共文化空间的有效方式[J]. 北京档案，2013(1)：36-37.

项目，紧跟时代发展潮流，改革志愿者参与档案工作的途径，举办档案志愿者庆祝活动，对长期从事志愿服务活动的人员进行表彰。又如，苏格兰档案馆开展“档案转录”项目，普通民众可以在档案馆网站上阅读到17世纪至19世纪的手写古文献，学习转录古代手写文献的方法，继而参与到古代档案转录的过程中。提高公众参与度，能够加大档案信息资源的开发力度，有效提升档案工作的社会认同感。

我国档案部门可以学习借鉴英美档案事业公众参与的成功经验与做法。一是借力网络社交媒体工作平台。档案部门应当更大范围地借助网络技术为志愿者搭建工作平台，并重点关注平台是否达到操作简便、内容丰富、界面美观等要求。二是强化档案信息资源的开放与开发理念。档案部门应从封闭走向开放，使档案资源从线上走向线下，提高档案信息资源的开放程度，积极地为公众参与档案事业建设创造有利的条件。三是制定有关档案志愿服务活动的政策与制度。档案部门应在态度上重视起来，积极制定统一的管理制度与扶持政策，给予人力、物力与财力支持，为公众参与档案事业建设提供保障。四是调动档案志愿者的积极性。一方面，可以建立并完善档案志愿者的绩效评价机制；另一方面，可以丰富激励手段，综合运用激励方法。五是实验性地开展一些众包项目。志愿服务内容应摆脱简单的劳力活动，多进行开放档案的编目、著录、编研、开发等专业性档案志愿服务活动[①]。众包作为一种新兴的项目开发形式，已经在档案文化资源开发中展现了它独特的作用和魅力，也发展成为提升公众参与度与人文发展的重要因素。

鼓励社会力量通过众创、众包、众扶、众筹，以文化创意设计企业为主体，利用限量复制、加盟制造、委托代理等形式参与文化创意产品开发。在保证公益服务的前提下，将自有展陈空间用于文化创意产品展示、销售。加强知识产权保护，培育一批拥有较高知名度和美誉度的文化创意品牌和若干骨干文化创意产品开发示范单位，形成可供借鉴的成功经验和成熟做法，并逐步推广。

---

① 邱燕. 档案事业公众参与的实践与探索[J]. 兰台世界，2018(11)：114-116.

四、提高档案工作者文化能力

任何文化工作，缺乏优秀的管理者都很难完成；任何重要的文化资源，缺少优秀的开发者，都不可能有效实现价值。目前，随着机关事业单位考核要求的不断提高，我国档案工作者总体学历水平有了较大幅度的提高，综合文化素质也有了较大的提升，但由于档案工作者学科背景相对单一，缺乏综合型、全面型人才，加上工作环境比较封闭，使档案工作者在文化方面的观念、眼界、想象力受到了限制。档案工作者尤其缺乏公共文化服务、档案文化产品开发的理念与经验，缺乏对于文化市场的认知和熟悉，更没有生产、销售文化产品的经验与能力，这在很大程度上限制了档案文化资源的有效开发利用。因此，提升档案工作者的文化开发利用能力应该成为档案馆今后教育和继续教育的主要方向。我们本身的人力资源功底丰厚，只是由于从前不重视档案的文化性，忽视了档案文化资源的开发利用，档案工作者的文化能力难以得到检验。目前，档案文化思想已经得到广大档案工作者的认可，文化服务与文化创意的相关理论研究不断创新发展，丰富了档案文化的内容。相信在不久的将来，我们自己的档案文化人才一定能够涌现出来，成为支撑档案文化事业的骨干力量，档案文化资源开发利用的成果也会不断涌现。

第三节　提升公共文化服务水平

公共文化服务是满足人民基本文化需求、实现人民基本文化权益的主要途径。党的十九届五中全会明确提出要“提升公共文化服务水平”，这对于促进人的全面发展、提高人民的思想道德和科学文化素质、在新起点上实现文化建设的新跨越有重要作用。当下，公众对精神文化生活及社会公共文化服务的需求与日俱增，文化需求毫无疑问地成为人们生活的“刚需”。档案文化的一个主要作用就是可以为人们提供丰富多彩的文化知识，通过档案馆将档案文化中丰富多彩的文化知识呈现给人们，向人们普及文化知识，从而提高人们的文化知识水平。当人们的文化知识水平提升了，公共文化服务的水平也就有了提高的基础和前提。

一、确立提升公共文化服务水平的知识管理目标

党的十八大以来，党中央高度重视公共文化服务体系建设，习近平总书记就公共文化服务体系建设作出了一系列重要论述，为新时代公共文化服务发展指明了前进方向、提供了根本遵循。习近平总书记指出，"完善公共文化服务体系，深入实施文化惠民工程，丰富群众性文化活动""要推动公共文化服务标准化、均等化，坚持政府主导、社会参与、重心下移、共建共享，完善公共文化服务体系，提高基本公共文化服务的覆盖面和适用性"。

知识管理作为近年来流行的概念，逐渐为人们所知，然而除了少数的组织机构以外，许多组织虽然采取了知识管理，但最终虎头蛇尾。究其原因，在于开展知识管理工作时并未设立有效的目标。没有明确的知识管理目标，档案馆就无法从传统的档案管理利用模式中走出来，新的知识管理运营模式也就无法在档案管理服务体系中得到体现。文化传承方式不能走进人们的生活，公共文化服务水平就难以提高。对于档案馆来说，最迫在眉睫的问题就是要提升自身的公共文化服务能力和水平，更好地为社会和公众提供服务。因此，档案馆的知识管理应将提升公共文化服务能力应作为目标和努力方向。

二、明确档案馆公共文化服务的方向

档案馆公共文化服务的水平与档案馆公共文化服务的方向有着直接的关系。当前，档案馆公共文化服务的方向要根据公民文化需求和市场需要来制定，要与新时代社会文化的融合发展相适应。

首先，要与公共文化资源的共建共享目标相适应。档案馆文化资源的管理利用不可能孤立地完成，要与博物馆、纪念馆、图书馆、美术馆等文化资源馆形成一定区域范围内的公共文化资源体系，共建共享资源，

联合开发服务。档案馆还要和其他文化资源馆建立人文环境、文脉资源相通的文化管理系统，保证管理相对独立，并将整体纳入一定区域城市的公共文化资源体系。新规划的档案馆、博物馆、图书馆、科技馆一般集中在城市的一定范围内，这样既方便馆际间的交流沟通，也方便为公众提供公共文化服务。而文化资源馆的内外部环境更加人文化、人性化，也体现了公共文化服务满足人们追求精神文化需要的幸福感。

其次，要与当前文旅融合背景相适应。积极推进建设公共文化机构文旅融合示范点，优化设施功能，健全服务项目，全新打造主客共享的新型文化和旅游融合空间，是当前档案馆适应新时代文化发展特征的重要任务。文旅融合是近年来国家经济与文化发展的重要方向，已经成为一个城市经济和文化发展的重点，档案馆作为文化单位，也要积极适应文旅融合的背景，寻找开发服务的创新点，跟上时代的步伐。文创产品已经作为博物馆展馆的“最后一个展厅”，让参观者将“博物馆”带回家，档案馆也应该积极开发自己的档案资源，创作出更多更好的文化产品，让档案文化资源在文旅融合的大环境下不再孤单，以便更接地气、更好更全面地服务人民大众。做好档案公共文化服务，让服务更加便捷、更有品质、更加多元，从而吸引更多群众走进来，在文化建设的洪流中有所乐、有所得，推动公共文化服务高质量发展。

三、提升档案馆公共服务实践能力

提升档案馆公共服务水平，重点是落实好服务。一是要加快网络信息化步伐，建立方便与公众联系的网站平台。提供远程查档阅档“一站式”服务，实现档案文化资源共建共享，建立专题文化数据库，实现信息资源的互联互通和有效整合，为实现公众广泛参与，完成深度资源开发提供可能。二是举办各类档案展览，开设文化专题栏目。举办展览和开设文化专栏不仅能够提高档案馆公共文化水平，同时也是对档案馆文化资源的宣传和利用，是提升档案馆影响力的重要举措。档案馆通过宣传展览和专题，向公众普及历史文化知识，进行科学文化知识等教育。

档案作品的文化性，让人在接受教育的同时，欣赏艺术的魅力，享受文化的熏陶，使人们感觉参观档案馆展览是一种时尚的文化人的享受，公共文化的吸引力得以体现。三是加大档案文化创意产品的开发力度。在文创产品的开发中，保持原有档案编研成果的优势，积极推动编研方式逐步从传统的编纂转为文化信息资源的精细加工和专门研究。同时开发出经典的具有一定创意色彩的文创衍生品。在产品的选题上，不仅要为科学研究、资政育人提供依据，还要直接服务经济、文化事业和群众生活。在文创产品选材上不仅要有文字资料，也要有图片、书画、声像等形式的资料，要注重采用公众喜欢的表现形式。在传播的载体形式上，不仅要有传统的纸质形式，也要有具有良好视听效果的多媒体形式和网络传输形式。在产品开发过程中，不仅要有档案人员的参与，也要有社会力量的参与，如专家学者的指点，甚至广大消费者的评价。

2021年9月23日至25日，苏州中国丝绸档案馆在第十届中国苏州文化创意设计产业交易博览会（简称“创博会”）举办《第七档案室》“追踪者的倒计时”实景解谜活动，活动深受广大参观者的喜爱，3天时间接待千余人。新华社客户端江苏频道视频号报道了该活动，短短3天时间，视频浏览量达百万。“追踪者的倒计时”实景解谜活动是苏州中国丝绸档案馆以真实档案历史为背景，推出的档案教育文化创意新项目。活动将2000平方米的创博会展厅化为密室，参与者通过获取的线索，一步步揭开谜底，最终找到答案，顺利通关。解谜活动融入了档案、文献遗产、非遗、大运河等元素，充满创新、创意，让参与者在享受到探索的乐趣、解谜成功的喜悦之时，还能了解档案知识和苏州丝绸文化，感悟世界文化遗产、非物质文化遗产和记忆遗产的深厚底蕴。这是苏州中国丝绸档案馆在利用创意文化提升公共文化服务能力方面进行的成功尝试。

第六章　档案文化创意产品的创意设计

档案文化创意产品作为一种特殊的产品，是档案文化资源的“创意”结果，要求产品不仅要挖掘中华优秀传统文化传承要素，提炼文化内涵，更要进行一定层面上的创意升华。在知识创意高增值的今天，中国档案文化创意产品要想真正实现从“创意中国”到“创意中国制造”的转变，必须要创新元素设计理念，将中国传统文化中的优秀元素通过写意化造型手法、时尚化设计风格、精致化产品模态展现在受众面前，使人们产生共鸣，发自心底的认可。还应加强专业人才培养，加强对创意产业人才特别是高端人才、复合型人才、营销人才的培养；积极举办各种大型创意设计展览，打造人才交流的平台，激发创意人才设计、创造原创文化产品的激情和动力。

第一节　档案文化创意产品的创意表达

晦涩中带有距离感的历史文化元素是以档案馆为代表的文化机构的独有资源。公众对于历史文化元素的陌生感和距离感为设计者对文化意象的多方位解读提供了可能，为设计者想象力、技能和天分的释放提供了广阔的发挥空间，使得历史文化元素在其创意加工转化中表现出较强的可塑性。在消除外部因素对文化元素内涵的附加影响的基础上深入挖掘其实质，是探寻历史文化元素与现代文化元素耦合关系的有效方式。

历史文化元素与当代流行元素的碰撞丰富了设计者的创意灵感，引导设计者以符合大众审美和品位的创意理念去重新诠释历史文化元素的内涵，赋予其新的文化生命力。创意表现手法的选择应当坚持在增强产品文化性和社会性的基础上突出其艺术性的原则，将不可量化的艺术价值最大限度地转化为可量化的市场价值①。档案文化创意产品因受档案利用的传统模式的限制，在创意设计上与博物馆文创产品特别是故宫文创产品的设计还有相当大的差距。如果不能突破固化的设计理念，档案文化创意产品的发展便很难跟上我国文化创意产业整体快速发展的步伐。想要创新产品开发的多元素设计理念，档案文化创意产品的创意设计需从以下几个方面努力：

一、文创产品需体现创造新意

档案文化创意产品是使用档案文化资源，提取文化元素，应用中国传统文化的视觉形态进行设计，重点在于借用某些具有象征意义的视觉形态来表达某种志趣、情感或思想。文创产品的创意既强调产品要具有创造性，不是简单地模仿或复制，又强调产品要有新意、富有情趣。对传统元素进行创新，将传统的设计语言渗透于现代设计之中，创造出新的视觉形态，使其既具有传统元素的神韵，又具有现代设计的意味，以体现出个人和民族的气质、精神和理念。档案文化创意产品的创造与新意可以从四个方面来体现：一是创新造型元素设计理念，使造型手法写意化、设计风格时尚化，让受众产生共鸣；二是创新功能创意理念，探索日常生活化和实用功能化的产品与文化内涵的融合，使产品真正体现生活；三是创新档案元素加工理念，将晦涩、有距离感的档案元素形塑成现代人易于接受并认可的文化产品元素；四是增加多种象征元素，使文化产品更具抽象色彩，寓义意象情趣化。

档案文化创意产品的设计不是简单地移植文化元素。在一件产品上

① 任越，路璐.数字创意产业融合视域下档案文化产品开发路径研究[J].档案学研究，2022(1):97-102.

打上某一档案文化标识就认为设计出了档案文化创意产品是过于简单的想法，这种设计貌似披上了文创的外衣，实则未上升到文化创意的高度。文化创意产业中的创意性是最具活力、最具能动效应的，文化创意产业的生命力在于将人的创造性和创意精神结合起来，追求新意，不拘于形式，注重创意性，尊重创造性。景德镇陶溪川文创产品街的文创产品价格不菲却销售火爆，这与文创产品背后设计者的精心设计有关，这些文创产品都是独一无二的，倾注了设计者的智慧与心血，创意新颖。景德镇特有的瓷器再加上精巧的设计使得其文创产品让顾客爱不释手。安徽师范大学档案馆以“木铎”“弦歌”这两个在中国古代象征教师与教育的意象为设计元素，借助古代团扇、宫灯等载体，将校训等内容融入作品，创作“木铎金声，弦歌不辍”系列文创作品（如图6.1所示），深受师生喜爱。

图6.1　安徽师范大学档案馆设计的文创作品

二、文创产品创意需强调审美情趣

在现实生活中，我们往往用“没创意”来评价某些没有达到我们审美预期的产品或作品，这从一定层面上说明这种产品是不受欢迎的，而好的文创产品，则是我们审美情趣的体现，能在我们的日常生活中发挥重要作用，并且能让人们通过这种文创产品传递的文化信息，感受到一种有温度的文化生活气息。

档案文化创意产品的创意体现在产品的设计上就是要有自己的审美特色。优秀的文创产品符合今天多数人的审美情趣，符合时代特色，能够融入现代人的生活，符合当下的审美语境。故宫博物院近年来逐步加大对博物馆文化产品的研发力度，深度挖掘丰富的明清皇家文化元素，在文化创意产品的趣味性方面做了很多尝试，推出了故宫娃娃、折扇团扇、文具用品等产品，收获了上千万粉丝。这些文创产品可爱有趣而不失雅致，以轻松时尚的方式展现故宫文物、推广故宫文化。也有一些文创产品通过“强烈反差”的设计带来奇妙的幽默效果。比如，大英博物馆让小黄鸭“遇见”历史。小黄鸭曾是英国人童年记忆里一个非常鲜明的符号，也是西方社会流行文化的一个元素，当它与馆藏文化元素相结合，便有了小黄鸭装扮成古埃及的狮身人面像（斯芬克斯），这种跨越时空的文化元素“碰撞”创造出了深受人们喜爱的文创产品。

创意来源于生活，创意也让原本联系并不密切的元素结合到了一起，达到了令人震撼的效果。如安徽师范大学2022年10月运动会开幕式上的作品《非遗鱼灯》一时间火出了圈。“凤箫声动，玉壶光转，一夜鱼龙舞”，运动体育与非遗的结合带给我们一个联动共创的惊喜效果。该作品取材于徽州地区文化资源非遗文化传承项目“鱼灯”，81只鱼灯，由美术学院与体育学院师生共同设计并完成制作，以鱼为型，以竹为骨，点燃灯烛，通体透亮，色彩鲜艳，活灵活现。非遗鱼灯与流行歌曲《大鱼》结合，让非物质文化遗产“活”了起来，80只小鱼在演员的舞动下以不同的色彩呈现方式共同向中央的大鱼聚拢，呈现出大鱼小鱼同戏水的美好场景（如图6.2所示），表达了对安徽师范大学美好明天的祝愿。

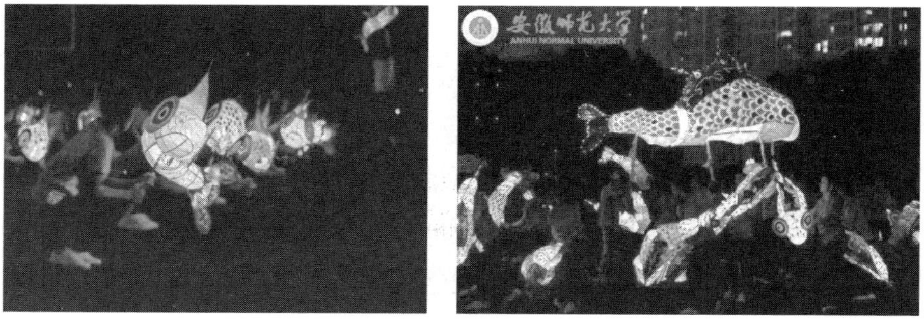

图6.2　安徽师范大学运动会开幕式上的非遗鱼灯

三、文创产品创意需收放有度

美国理查德·佛罗里达（2010）认为当今经济属于创意经济，创意是最重要的经济驱动力，创意来源于“知识”，是创造有益新颖形式的能力。“知识”与“信息”是创意的工具和材料，“创新”是创意的产品，这种产品既可以是一种全新技术产品，也可以是一种新颖的商业模式或方法。相比其他文创产品，档案文化创意产品更强调产品的文化意蕴，更注重文化精神的历史厚重感。在文创产品的设计上，档案文化创意产品可以与当前的流行元素相结合，比如深受人们喜爱的动漫形象，可以将历史档案中的文化精神通过一定的漫画、卡通形式表现出来，但是不能为了追求所谓的时尚而歪曲档案历史，更不能随意恶搞，损害档案的严肃性。当然，档案文化资源的开发既不能一直保持传统编研成果的样式，只局限于馆内交流，在这一过程中也不能将档案文化资源束之高阁，而应该使它以一种亲和的姿态接近人民大众。因此，设计者在产品的设计过程中应尽量舒展放开，将档案文化收放自如地转化为人们喜闻乐见的产品样式。

王国维《人间词话》里关于“出入”和“收放”关系的精彩描述，用在档案文化创意产品的创意设计尺度的把握上还是比较恰当的。他认为对宇宙人生，须入乎其内，又须出乎其外。“入乎其内，故能写之。出乎其外，故能观之。入乎其内，故有生气。出乎其外，故有高致。”档案文化创意产品在创意设计的收放把控上，既要能“入”得档案文化资源的宝藏里探寻优秀传统文化的魅力，保持文化的原始意境，又要能融入现代人的审美，通过对素材打碎糅合，重组再造，甚至使之经历物理或化学的转化，达到文创产品所要表达的文化传承效果，并保持与人们的精神连接。

第二节　文化创意产品设计的文化内涵

近年来，文化创意产品的研究取得了较大的成果，产品的开发理念也在不断地创新，有关“文化”与“创意”的关系，以及它们在文创产品生产中的作用也有了更深入的探讨。专家们普遍认为文化与创意是文创产品的两个重要方面，弱化任何一个方面都会影响文创产品的质量。有专家认为文化是根本，创意是生命；也有专家认为，文化是灵魂，创意是核心。这些均高度评价了二者在文创产品中不可或缺的地位。文化创意产品的“文化”是其区别于其他类产品的主要因素，可以说是文创产品追求的价值形态。“文化”赋予文创产品根本内涵，使文创产品有故事、有内涵、有灵魂。而文化创意产品又需要通过创意设计来表达“文化”这个内涵和灵魂，从某种意义上来说，“创意”是点亮文创这盏明灯的关键，它赋予产品以鲜活的生命。

文化是一种意识形态。在文创产品设计中，我们对于传统文化的应用实际上是对这一意识形态进行创造性思维和可视化的形态塑造，并最终以艺术作品的形式表现出来。没有文化，产品便会失去它的存在价值，而这种文化价值又必须借助创意来表现，创意的好坏是文化价值的决定性因素，换句话说，如果没有创意，再有文化价值的产品也无法体现文化的价值。馆藏资源可能拥有较大的价值，但如果不能在文创产品中创意表达出它的文化价值，便也不易为人们所接受，而这样一来，文化价值再巨大的文化资源也不能转化成为文创产品的文创价值。文创产品的创意设计提炼，要体现出所要表达的文化精神等元素，诠释文化印象，使文化元素与产品相结合，从而挖掘出优秀文化传承要素。

一、立足中华优秀传统文化

我国历史悠久，几千年灿烂辉煌的文化是每个中国人的骄傲。中国文化元素是被大多数中国人认同的、凝结着华夏民族传统文化精神，并体现国家尊严和民族利益的形象、符号或风俗习惯，它浓缩了中华民族强烈鲜明的民族个性。中国文化博大精深、渊远流长，中国文化元素也包含了许多方面的内容。凡是在中华民族融合、演化与发展过程中逐渐形成的，由中国人创造、传承，反映中国人文精神和民俗心理，具有中国特质的文化成果，都是中国文化元素，包括有形的物质符号和无形的精神内容，即物质文化元素和精神文化元素。如思想意识、道德观念、价值体系、民俗事象、生活习惯、宗教信仰、建筑、艺术、科技、法律、伦理等，大到故宫长城，小至窗棂门钉。我国的非物质文化遗产（元素）内涵十分丰富，既包括文字符号、地方特色历史建筑（构筑物）、民俗用品、文具、生产生活工具，也包括历史典故、人文传说等。当前中国各地区对于富有特色的非物质文化遗产（元素）的传承和创意产品的转化进行了各种各样的尝试。

档案是记载历史文化的重要载体，在丰富的历史档案中，既有人文元素中的书法、国画等瑰宝，也有艺术元素，包括曲艺等非物质文化产品和艺术工艺；不仅有灿烂的文化资料的记载，还有建筑名胜、古玩珍宝等实物档案。文化创意产品的文化属性决定了“以文化为根”是文化创意产品开发设计的首要原则。只有具有了馆藏文物特有的文化内涵，文化创意产品才能拥有真正的生命力，这是档案创意产品与一般创意产品的区别。深度挖掘馆藏文物的文化内涵，才能系统梳理馆藏优秀文化资源，并将这些馆藏文物的文化内涵合理利用于文化创意产品的开发设计中，有效提升文化创意产品的文化性。同时，档案馆具有收藏、保护并向公众展示人类活动历史状况的职能，每一所档案馆收藏、保护、展示的历史状况都具有相对独立性，是特定时期、特定区域、特定人群在政治、军事、生活、礼制、民俗等方面的综合反映。深入挖掘藏品内涵，并基于不同藏品研发设计文化创意产品，可以真正从根源上展现传统文化的内涵和魅力。

文创产品的设计需要设计者充分发挥想象力，合理表达文化情感。比如近年来的文创产品设计中传统颜色的运用。在中国传统文化中，不同的红色有着不同的文化寓意，曙红象征日出与希望，朱红寓意吉祥。文创产品可以根据不同的节日特色，将具有节日气氛的色彩融入产品设计中，比如，可以将红色的剪纸、对联等应用在春节文创产品的图案设计上，以凸显节日氛围。上海图书馆在设计《诗经》时，选择古代推崇的素色系来表现雅致，将图案印在丝绸等上面，表现淡雅的人文气息，塑造与人的价值品格、精神追求相匹配的产品形式，从而向人们展示博大精深的中国文化。现代文创产品结合了多种多样的传统文化图样，既传承了文化，展现了艺术美，提升了文创产品的文化情调，又包含人们的文化希冀。杭州国家版本馆展出的珍贵古籍、文物、手稿等，让参观者感受到了一个立体可感、温润灵动的烟雨江南，也让他们在轻松可感的文化氛围中接受了精神的洗礼，完成了愉快的文化之旅。

二、融合新时代文化需求

档案文化创意产品既要穿越古今，传承传统文化，又要表达当下，符合当代人的文化需求和审美意趣。中国文化元素深刻地烙印在中国人生活的方方面面，但中国元素不等同于中国传统文化，还应包括中国现代流行文化元素，比如北京奥运文化元素、各种媒体文化元素等。北京大学考古文博学院教授杭侃教授曾在“复古即是创新”讲座中谈及古今中外的复古运动都旨在推动文化创新，而宋代则是以金石学“追迹三代”，从地下发现的新材料去研究古代，重建文化自信，最终使文化变古为新。当代设计师应继承这种精神和思想，将传统风雅与当代文化合理对接，不断探寻和创新中国文化的内涵，并以其为支撑设计出真正符合当代人生活需要的文创产品。

新冠疫情影响了我们每个人的生活，但特殊时期的文化形态也因此产生。不少文创产品的设计做了适时调整，以探索疫情时代文创产品的文化需求。甘肃博物馆推出的文创玩偶“马踏飞燕”得到人们的喜爱，热销不断。缓解疫情压力的绿色是玩偶的主色调，“马踏飞燕”的设计也能够让人们心情放松，符合疫情时期的文化需要。

文创产品的设计应尝试与文化热点相融合。当下畅销的文化产品潮玩，以人偶和盲盒呈现IP的形式可以为档案文化创意产品的开发提供借鉴。河南省“黄河之礼”文创潮玩巡展月系列主题活动以“传统文化+潮流元素”的方式重组古老的非遗基因、创新河南特色，提取河南发展中能够触动人心，引起人们共鸣的最具表现力的创意元素，塑造连接现代生活、更时尚、更具河南特色的优质文创礼品。

三、打造多元文化产品市场

中国特色的社会主义先进文化是多元融合的文化，文创产品的生产设计应与新时代多元文化特征相适应。我们所处的时代充满了各种文化元素的碰撞，求新求变已成为发展的主基调，人们对于传统文化元素的解读除了要走出原有固化形象的范畴，在形式、方法、材料等各个方面灵活求变，还可以借鉴外国文化元素的形式。

作为文化符号、精神内涵、造型、工艺、营销等的综合体，档案文化创意产品需要承载文化精神，体现创新能力，同时具备产品性能，这就需要文创产品开发者综合考虑多种元素，考虑多元文化市场的需求。但在考虑给一件产品打上文化标签的同时我们需要思考，这是真正的“文创”吗？如何才能打造出兼具历史性与时代性、思想性与观赏性、科学性与艺术性、知识性与通俗性的文创产品？

文化是多元的，社会主义先进文化倡导主流文化、优秀传统文化的传承与发展，同时也鼓励多元文化的融合与发展。档案文化创意产品设计要着眼于有不同文化需求的人群，开发多样化的文创产品。文创产品设计中一种较常见的设计手法是对各种“传统”与“非传统”的设计元素的取舍与移植，如果这种新的组合形式符合特定文创产品应具有的功能，形制上符合当代人的文化审美需求，设计出来的文创产品往往更容易受到大众喜爱。档案馆文创产品开发不仅要兼顾不同年龄群体的文化喜好，还要考虑不同文化层次人员的文化需求。当前，不少档案馆开展了档案资源文化成果的加工整理工作，并编研资料，开发红色文化资源的各类成果。例如对口述档案，录音录像进行加工编辑，配以现代声音与视觉影像的效果，吸引了各类人群的注意。而在档案馆展陈的利用镇馆之宝开发的盲盒潮玩类小产品，又受到年轻人的喜爱和追捧。档案馆与大众之间沟通的桥梁，往往就是通过这些巧妙而亲民的文创产品来搭建的，而文创产品本身也已成为不少人去参观档案馆的重要原因之一。

文创产品不仅仅是传统意义上带着点文化意味的日用品，更关乎城市形象及城市旅游业、商业的发展。安徽佛子岭文化旅游发展有限公司在深入挖掘六安市深厚红色文化、旅游特色及传统元素的丰富文化内涵的基础上，借用现代设计手法，找准传统与创新的平衡点，设计出了一系列能代表六安市地方特色及文化的具有生命力的作品，例如红色文化纪念章、旅游特色纪念品等。同时该公司还整合了一系列六安市特色民俗、手工艺特色产品，将其与非遗相联系，开发出了许多特色文创产品。这些文化创意产品，既能带动相关产业的发展，推动区域经济发展，还可以辐射到社会的各个方面，让群众也能受到文化的熏陶。六安市红街就是较好地利用了红色文化的多元表现形式，打造出的一条充分将红色文化元素融入城市发展，使红色文创产品与非遗文化紧密相连的红色文化街区（如图6.3所示），吸引了越来越多的消费者和投资者。

图6.3　安徽省六安市红街

第三节　文化创意产品的设计生产

文化是文创产品的灵魂，创意是赋予灵魂生命的源泉，而设计生产则是完成文创产品的关键一环。把握时尚潮流的风向标，设计出新颖独特的文创产品，是当前文化创意产品设计的方向。而是否以高质量的材质服务打造经得起检验的产品形态，则成为产品能否出圈的关键。文创产品是指依托文化创意与设计服务，以实物为呈现方式的、具有文化内涵和精神消费特性的产品。文创是新生活时尚的创生，其核心是文化价值。文创产品的巧创新，包括以科技创新为主的硬创新和以文化创新为主的软创新，是一种巧妙的融合创新，是一种系统创新和战略创新。文创产品的设计应坚持“人文之心、艺术之眼、科技为体、商业为用”理念，将无形的文化资源转化成有形的文创产品。

一、时代变革促进文创产品的设计创新

传统文化创意产品的创新离不开对现代人生活环境、工作状态变革的审视，对家居日益科技化、智能化的认识以及对现代人需求的把握。赋予文创产品新的功能结构，并使之与传统文化元素（形式）更好地融合，才能让文创产品的使用功能更好地满足当代人的需要，才能不断在创新中衍生出更多更好的文创产品。当前已有的很多实用性文创产品的外观样式、功能结构基本继承传统的形制，这虽然能够在观感上保留传统风格元素，但往往会在为装饰而装饰的“符号化设计”中失去了对产品功能结构方面的创新，忽视和脱离了当前的时代背景，更无法满足当代人快节奏的生活方式与不断变化的审美需要。

生活方式的改变促进文创产品的设计创新。档案文化创意产品是满足不同消费群体文化生活需要的产品，它的设计生产应与当下人们的生活相联系，应符合人们的审美与生活习惯。其开发的应用领域还主要在“平面艺术设计”“家居旅行用品设计”“服饰设计”等。例如，以档案文

化资源开发“文房四宝”的文创产品就需要考虑当代人的生活方式。古人的“文房四宝”放置在宽大的书画案（桌）之上，而今天人们的桌面办公环境已经与古人有了很大不同，原来宽大的书画案已经被简约化、功能性的定制型书桌取代。这种桌面上不但能够放置“文房四宝”等传统书画用具，还能够根据主人个性化的办公需要摆放其他用品。值得注意的是，文创产品需要考虑到现代人生活中至关重要的各种电子产品，如电脑、手机、现代办公文具、音响、台灯等。面对如此复杂的桌面环境，单从摆放方式、组合形式上，开发设计者就应该对传统的“各自为政”的“文房四宝”的形制进行新的设计思考，既要保留部分传统结构、功能，又要实现设计的便利化、集约化，并需满足现代人使用必要的电子设备（手机、平板电脑）查阅浏览资料的需要。

从大英博物馆官方网站可以发现，仅是与“罗塞塔石碑”相关的产品，就有包括服装、文具、首饰、杯子、充电宝、U盘、镇纸、巧克力、玩具在内的60多种。其他如中国佛像造型、埃及法老雕塑、南美印加文明图腾等也都被巧妙地设计在各种实用的小物件上，有的被作为装饰元素用在产品的外观上，有的则变为功能结构的一部分。这使得不同地域的各种文化元素通过现代文创产品的设计“大放异彩”。在法国卢浮宫博物馆，作为三大镇馆之宝之一的“蒙娜丽莎”是在文创产品中出镜率最高的文化元素。但若是将“蒙娜丽莎”不加变动地“复制”在各种文创纪念品上则会显得索然无味，也难以激发游客的购买欲望。于是设计师改变了“蒙娜丽莎”在人们心目中固化了的传统形象，代之以更加风趣而多变的形象呈现在各种文创产品上，使之变成人们趋之若鹜的时尚商品。

随着旅游休闲产业等绿色产业的蓬勃发展，国内各旅游热点城市纷纷自行研发具有一定中国传统文化特点且具地方特色的旅游纪念产品。北京、西安、上海、南京、广州、杭州、大理等旅游热点城市的各级各类文化资源馆自行设计研发了大量的文化创意产品。值得注意的是，由于这些旅游创意产品主要是由各地自行设计研发，有些产品在设计研发中缺乏科学化的设计分析和设计理论指导，特别是存在缺失“人文关怀”，时尚感不足等问题，设计水平参差不齐。这些亟待解决的产品创新问题，无疑给文旅融合开发文创产品提出了新要求。文化创意产品作为藏品与展品的衍生品，兼具藏品特征与创意特点，较之于严肃的藏品本身，更易于让普通公众对藏品有更深入的理解，是将馆藏文物的价值最大化延伸的方式，可起到向公众传播文化、讲述历史的作用。开发设计文化创意产品时应注重将传承与创新有机结合，将从藏品中提炼出的具有代表性的元素，通过巧妙的构思，运用到各式各样的文创产品上，这比单纯将文物器型放大或缩小的产品更具趣味性和时尚性，也更能激发公众把产品带回家的愿望和热情。

对流行元素的追求与时代潮流的时尚追寻为文创产品的开发提供了新的思路和方向。比如，流行玩具的产生，流行玩具也被称为“设计师的玩偶”，这些原本廉价的工业产品，融合了设计师与艺术家的创意，尽管使用的是常规材料，却更接近于收藏的艺术品，从而成为价值不菲的文创产品。

二、传统工艺与现代科技助力文创产品的设计

档案文化创意产品的设计既要传承传统工艺技术，又要与现代科技相融合，打造既具传统文化印记又符合现代审美的文创产品。文创产品是依靠设计者的智慧和技能，借助现代科技手段对文化资源、文化用品进行创造与提升，通过知识产权的开发和运用而产出的高附加值产品。文创产品让文化不仅仅是建筑、文物或抽象的符号，更是可以走进我们生活的产品，是带得走的“文化”。离开传统手工艺的精美制作，文创产品的历史时代感便不强了，也缺少了文化的厚重感和质感，而离开了现代化科技，文创产品则缺少了灵气，没有了生机和活力。

“难得葫芦”系列自产品入驻河北文创产品智慧营销服务平台以来，深受大家喜爱，其烙画作品不仅有中国画的勾、勒、点、染、擦、白描等手法，还熨出丰富的层次与色调，有很强的立体感。而葫芦可以永久

保存、收藏，有极高的艺术价值，且葫芦谐音“福禄”，象征吉祥幸福。开口葫芦手艺人、青年油画家曹磊在传承传统技法基础上不断创新，最终创作出了极具特色、令人称奇的“难得葫芦”系列产品，包括酒葫芦、葫芦茶罐、葫芦香炉、葫芦灯、葫芦盛器等各类葫芦文创作品。他利用葫芦原有的形状，将烙画、雕刻等传统技艺与之巧妙地融合在一起，将天然美与手工艺合为一体，最终打造成造型多变的产品。其工艺精湛，兼具观赏性与实用性，有较高的收藏价值。“难得葫芦”产品结合了中国传统百家姓氏文化，用传统工艺将百家姓氏篆刻印章烙画制作开口葫芦，让葫芦艺术与生活相融合。

现代科技已经广泛应用于文创产品设计。一些设计者在设计文创图案时大胆地应用了3D等影像效果，使得设计的图案更有立体感。而一些沉浸式体验场景的应用使文创产品的设计具有较好的表达效果。一些旅游景区为了保护文物而禁止游客进入，但运用了虚拟现实、人工智能、语音识别等先进技术，构建出了虚拟的景区场景。游客可以利用虚拟现实眼镜、体感捕捉仪等装备，进入设计好的虚拟场景中，“身临其境”地参观无法深入探索的区域。将增强现实技术与手机应用相结合，使用手机扫一扫特制的景区建筑或文物的明信片，打开一段与之相关的3D影像并配有讲解，实现了视觉、听觉、触觉的多重体验，这种动态的展现形式，让游客切身感受到不同的旅游文化。近十年来，数字技术快速发展，消费者档案文化创意产品的体验方法也更加时尚科学。档案馆通过营造沉浸式的情境，使观众参与到文创产品的展示体验中。在共同的文化价值背景下，体验主体与产品客体近距离接触。现代科技打造的独特环境有效唤醒了主体内在的情感，引起了游客的情感共鸣，也实现了产品情感价值。

人工智能也在文创产业的发展中不断发挥重要作用。故宫博物院推出的优友机器人，是中国首个大型类人形服务机器人，具备仿生动作、语音交互、自助避障行走、人脸识别等功能，是文化与科技创新融合的成果，被应用在故宫博物院里，提升了展馆的服务质量。除此之外，越来越多的文博馆设有文创产品3D打印机，游客可以自主选择具有展馆特色的文创产品进行打印，这种3D打印文创产品也深受游客的喜爱。

三、文创IP要求生产设计品牌化产品

在文创语境下，通俗地说，IP就是将一张图、一个角色或一个故事打造成为一个品牌，并赋予其商业价值和传播价值，使其与更多的用户产生关联并保持持续的生命力，可多维度产出产品，从而实现商业变现[①]。当前，一些炙手可热的文创产品，挖掘其自身的优势因素，利用网络宣传，将中国式表达与传统文化的精髓相融合，同时加入现代时尚元素，打造爆款产品。以传统文化为底色的文创产品设计，取代了商业气息太过浓厚的粗制滥造，体现了文化创意对历史与文化的信念感，文化价值观的注入又使得档案资源开发的价值升华。北京大学向勇教授指出："在IP系统建构的理念中，IP不仅仅是知识产权的简写，更是在承载形象、表达故事和彰显情感的创意生产过程中，成为一种经过市场验证的情感载体，成为一种有故事内容的人格权。"

一个IP最基本的条件是原创，它是属于开发者的知识产权和研究成果。文创IP追求创新性思维，挖掘产品的功能特征，将文化故事恰当地表达在产品的设计中，使文化内容形式转化为功能产品使用形式，使其与人们的生活息息相关，通过完美地呈现，最终达到社会的认可。品牌体验是品牌与消费者之间的互动行为，成功的品牌标签会让消费者产生丰富的品牌联想和良好的体验感。文化创意形成品牌效应，需要输出定位明确，具有个性化、系列化的产品。在网络传媒时代，文创产品的发展方向需要适应时代需要，打造文创IP经典产品。文创IP的价值应该是馆藏资源的文化价值加上创意设计成果，同时加上机构的影响力。作为超级大IP的故宫，它的宫标就是其IP的标志，是品牌的象征，反映了故宫文创的好口碑和过硬的生产质量。沙锋指出，人们在谈论文创产品时，

① 吴文聪.档案文创产品IP化探解——基于故宫《石渠宝笈》项目的思考[J].档案管理,2021(1):84-86.

往往盯住“文化”，而忽略了“产品”的商品属性，因此，产品的品质控制、品牌运营常成为短板。他表示，其实他们想做得很好，但是资金、时间成本都不给机会，产品开模要做得精细，模具就要做得很好，这样一来成本就上去了。从文博机构网上旗舰店的消费反馈评价也能够看出，消费者在购买后常常发布“照片好看，实物不符”“质量有瑕疵，用几次就坏了”等评价，这与产品的品牌化要求相去甚远。

中央美术学院徐彤副教授指出，现在各地景区、节庆等都热衷于IP打造，但不能把IP理解为一个卡通形象，不能一味追求制造“网红”，还要符合当地文化理念，使之成为有故事、有情感、有文化、有群众基础的载体。徐彤的团队为青岛国际啤酒节设计了官方吉祥物“哈舅”和“哈舅妈”，借用了青岛方言“喝酒”的谐音。“哈舅”是阳光、时尚、潮范的青岛大叔形象，“哈舅妈”则是豪爽、洋气、仗义的女性形象，而以“哈舅”的时尚生活为核心，设计出的这一整套视觉系统，充分体现了青岛开放、现代、活力、时尚的特点。

第四节　公众参与的体验设计

档案文化创意产品是由创意者、消费者、评价者共同来完成的。离开消费者的评价，文创产品便失去它的再生产依据，难以实现产品的可持续发展，因此，公众的参与是文创产品持久生命力的保障。当前，档案文化创意产品促销活动的形式更多是公益性的，公众通过档案文化创意产品的展览、宣传和服务了解产品所要表达的文化意蕴，进而产生对所表现的文化的认同感。随着文创产品的不断发展，产品的消费者群体已经不断得到扩展，产品的高标准也得到更多用户的认可，档案文化创意产品的价值得以体现。

一、公众共鸣元素

档案文化创意产品的目标消费者应与产品的设计者保持平等的沟通，

产品生产不能把消费者当作被教育者，进行直白地说教，使消费者成为文化思想的灌输工具，而是要寻找一定的元素，加上颇具心思的创意，找到与消费者的共鸣点，使消费者在面对产品琢磨的过程中感受产品带来的趣味和文化意义。让消费者心中的某个情感，脑海中的一个形状、一个图案，因为一件小物品而触发，并让他们与产品表达的情感产生共鸣，那产品的设计就成功了。文创产品，首先要有历史性、背景性、故事性，将具有这些特性的内容植入产品中，使其与消费者沟通，才能让消费者产生共鸣。而文化商品其实并不是生活必需品，也不一定是生活日用品，所以需要通过一定的设计引导消费，使得文化的价值得以实现。

提升产品背后的文化内涵和体验价值是提高产品核心竞争力和文化传承的重要途径。21世纪是体验经济的时代，体验经济刺激了体验在文化创意产业中的地位，基于体验的文化产品创意设计将迎来新契机。伴随着各大文博创意体验园、旅游文化体验产业的兴起，体验经济迎来文化体验产业的发展热潮。作为文化传播的重要载体——文化创意产品已经成为全球市场的重要趋势。近几年，印有清朝康熙皇帝真迹复制品的“朕知道了”纸胶带等一系列文创萌物不仅引发了市场热潮，还引起了我们对当今社会“消费文化”的思考。当今的产品创新设计经历了追随功能—追随形式—追随情感—追随体验的演变过程，大众越来越注重对产品的体验。

“随着物质生活水平的提高，人们越来越热衷于消费‘文化’，”中央美术学院郝凝辉教授说，“在物资极大充裕、信息过载的当下，消费者对‘形式服从功能’的产品多少产生了一些厌倦，而此时，‘形式服从情感’、承载一定文化符号和内涵、能够使一件成本极低的产品附加值增加十几倍甚至几十倍的产品，更加受到用户的青睐。”因此设计档案文化创意产品必须清楚当前大众对档案文化及其产品的认知现状与需求，掌握消费者文化期望、设计要求、品牌需求、价值取向等。随着“日常生活审美化、审美日常生活化”现象的出现，文化变得无处不在，人们更加看重自身的感觉与体验，逐渐以一种平视的角度看待文化传承与文化创新的问题。现代化的文创产品，创意理念新颖独特，探索日常生活化和实用功能化的产品与文化内涵的融合，使产品真正的生活化。融合了高科技和创新档案元素的文创产品，将晦涩、有距离感的档案元素形塑成现代人认可并易于接受的文化产品元素，并增加多种象征元素，使其语义意象既具有抽象色彩又不失情趣。故宫文创产品中的畅销品就是这样将流行元素与人们的生活贴近的，例如“福贺（鹤）佳音”系列故宫睡衣、朝珠耳机、故宫口红等产品，凭借着精美的外表、上等的质量，富有新意的设计，给顾客带来新奇的体验和乐趣，而这些产品所体现的文化内涵一旦让公众产生共鸣、从内心喜爱接受，久而久之也能使档案文化深入人心。

二、体验设计理论

用户体验层级理论主要来源于马斯洛的五大需求层级，即生理需求–安全需求–社交需求–尊重需求–自我实现需求，这五个需求组成的层级刚好符合人们本能层面—行为层面—情感层面的发展规律。体验设计是一种以用户需求为基础，并以用户体验为设计目标，充分考虑用户情感需求，坚持以用户为中心的行为方式设计。文创产品的体验设计强调文创产品在设计开发的各个阶段均需考虑用户的体验，并用基于用户体验的设计方法将文化内容创意体现在产品上，创造出让消费者愿意接受的文创产品，并让他们能够享受产品背后的文化精神内涵。而在这一过程中，档案文化创意产品的消费者既是理性消费者，又是情感消费者。

不同人的需求不同，产品种类繁多，文化也是多元化的，所以只有准确将人的需求与产品和文化相对应起来，文创产品才能准确、高效地将文化传达给消费者。文化定位是建立在对文化内容深刻理解的基础上的，这里的文化内容包括文化的来源、形成和发展的自然、社会背景等。文化的定位决定文创产品要表现什么样的文化，是文创产品开发设计的根本出发点。文创产品的受众是消费群体，不同的消费群体对同一种文化的理解不同，对文化消费的偏好也不一样。人与文创产品本体产生体验实际上就是人（用户）与文创产品的形态、功能、色彩、材质、纹理等发生联系，从而产生丰富的体验。形态与色彩会给人以视觉上的第一冲击感，功能给人在使用产品过程中的操作体验，材质与纹理给人更多的是触觉体验。这些元素组成所提供的感官体验能够让用户结合自身所拥有的丰富生活经验、不同生活方式从而形成深层次的心理感受和文化感知。

文创IP的建构需要将中国文化中的故事、角色、形象等以多元的媒介语言编码完成，在文创产品的跨媒介叙事中，生产者和传播者运用多元化的编码形式，将中国文化故事以多元媒介的方式讲述，为接收者带来一种全景式的文化创意体验。例如，故宫注重文创产品的细节设计和审美风格，注重手工匠艺，讲究材质温度，同时善于制造社会话题、引领社会风潮，让故宫文创产品的使用者引以为荣，愿意打卡分享，增加了社交黏性。故宫在国内博物馆界率先推动“文化+科技”的融合创新，推动故宫文化遗产数字化展示、传播和应用，积极采用VR、AR、激光扫描、摄影测量、全息投影等科技手段，开发多样化的数字文创产品。

乔乔是陕西历史博物馆形象代言人“唐妞”的设计者，她在设计文创产品的时候充分考虑作品原型与现代人的审美体验，将产品设计成消费者喜欢的类型的同时保留了人物原型的特征。她设计的一款高髻峨眉、面如满月、体态丰满、身穿宽袖长裙的唐侍女俑，被称为唐文化领域的第一IP。在陕西历史博物馆的热销产品中，“唐妞”相关的产品占到了近一半，在首届“中国年度IP评选”中，“唐妞”荣获文博原创金奖，这与产品设计者充分考虑消费者的体验感受有很大的关系。

三、公众参与的文创设计

（一）文创产品的体验设计方法

根据用户的体验需求层级，文创产品通过不同的设计方法满足用户不同的需求，从而更好地传承文化。人类对产品的本能感知主要来源于产品的形态、表面纹理及质感等，这个层级是实体物质层，是有形的、直观可触的。将传统文物的造型、装饰纹样等直接通过工艺和技术表现在现代产品上，主要表现为各类文化资源馆的纪念品、旅游文创产品等，这是第一类文创产品，也是基本的文创产品类型。第二类为满足人的生活方式、人使用产品的方式需求而设计的文创产品，这一类为人的行为层次的需求，比如科研的需求、庆祝的需求、婚庆的需求等，即是对一定有特殊需求的人群所做的设计。最后一类是人们精神情感的需求。它是人对产品的第一印象和使用后而产生的一种使用感受的反思，以及对产品价值的衡量。对应产品的意识形态层面，这类产品是文创产品设计所能达到的最高体验形态。对文创产品而言，产品设计越高端，越强调产品的故事性、情感、文化特质，也就越注重产品的内部意涵和文化意义等。这类产品通过故事情境法、比喻的手法让产品传递文化内涵。

（二）文创产品的体验设计原则

1.强化产品文化主题，提高文化识别度

在文创产品的设计中，需在明确主题的基础上展开设计，通过产品准确、有效地传达文化内涵。当某一文创产品生产到一定的规模后，可以展开系列化产品设计，用不同形态表达统一的文化理念，如文创热潮中的故宫娃娃系列就是用不同的元素、相同的材质和手法，表达、强化故宫这一主题文化。故宫文创产品系列化、主题化的有效推广离不开故宫精心打造的与产品文化内涵一致的主题购物环境，消费者置身文化氛围浓厚的产品市场，感受深厚的文化底蕴，增强了他们对产品文化的整体体验感。档案文化创意产品在强化文化主题方面有自己的优势。由于档案文化资源的系统性、历史延续性、主题性特征较明显，档案立卷按主题分类进行馆藏，这为档案文化资源的开发提供了较为便捷的主题素材。档案文化创意产品更有条件在主题挖掘、系列推出不同类目的创意产品上下功夫。档案馆不断推出的红色记忆、城市记忆等主题文化作品、

文创产品展览，强化了文化主题，提高了档案馆的影响力。

2.多感官参与唤起文化记忆

文化记忆是人们生活方式、精神观念的积累，存在于人们的内心深处。在这一过程中，用户需先用感知感官，形成最初感觉，接着在使用产品、与产品互动的过程中形成某种认知行为，随着认知、印象的不断加深，最后基于认知行为的情绪反馈便是用户对产品的主观认知，即情感。从宏观角度讲，多感官参与能激发人深层次的心理体验，再通过长期积累便能使人形成一种文化印象及文化记忆。多感官体验是最直接、最有效刺激消费者产生美的兴奋感，从而激发其购买欲望的方式。文创产品旨在满足广大消费者对文化体验的需求，综合调动人的感官，唤起人的记忆，让人对文创产品所要表达的情感产生共鸣，接受并喜爱这样的产品。

故宫作为最正宗、最浓厚的“中国风”代表，在如何运用“故宫大IP”上从细节之处做设计，多感官多渠道唤起公众参与的积极性。正如故宫博物院第六任院长单霁翔所说，设计者们不是简单复制藏品，而是研究今天人们需要的信息和生活需求；挖掘藏品内涵，寻求与今天社会生活的对接点，用文化影响人们的生活；不断追踪使用先进的科学技术手段，追寻无限远的传播能力。正是有这些理念作支撑，故宫文创产品从产品的设计到创意的出发点才能顺应市场需求，符合消费者的预期。

3.个性化和多元化的文化交融体验

新时代的文创产品不再仅仅局限于文化衫、水杯、书签、钢笔等日用品或文具以及其他具有观赏和收藏价值的小物件，其所涵盖的范围越来越广，离我们的日常生活也越来越近。但是，文创产品要想有持久的生命力，关键还要设计者深挖文创产品背后独特而又深厚的文化内涵，探寻文创产品应该具有的特点。一味地跟风复制、盲目效仿，只会导致恶性竞争，也不利于整个文创产业的健康发展。只有做到个性化表达，才能让文创产品更有生命力，进而讲述更生动、更精彩的故事。

多元化的需求要求多元化的设计，文创产品的多元化设计要求设计者既要考虑服务主体的年龄、性别特征，还要考虑产品的功能性、趣味性。产品的设计中既要有传统的工艺元素又要应用现代科技，让产品既能融入情境，也能演绎故事。同时，设计过程中也要与社会倡导的风气与文化相适应，比如注重绿色环保，承认文化的差异性、多样性，尊重服务主体的文化信仰等，这样不仅能传承好中华优秀传统文化，也能打开世界市场，融入世界文化的交流中。信息全球化促进了全世界的文化交流，只有正确认识东西方文化差异，认真分析东西方文化的个性与共性，用科学的方法来解决文化差异引发的矛盾，才能真正实现“民族的就是世界的”这一文化交融目标。中国文创产品要打造具有国际影响力的文化名片，同时彰显本土个性文化，这需要设计者在设计方法上借鉴国际化的设计风格和现代文化理念。

文化是老传统的价值守护，文创是新生活的时尚创生，而设计者作为文创产品的塑造者，须找到其中的平衡点，植根文化、立象取意，才能做出真正深入人心的文创产品。

三星堆文物展与相关文创产品展示与销售的成功经验值得档案文化创意产品借鉴与参考。在三星堆文物巡展的同时，展厅还专门开设了三星堆文创产品展示与销售的店铺，店内陈列了各类三星堆文创产品，如图6.4所示，不少紧俏盲盒一度脱销。文物盲盒、考古盲盒以其神秘性给人们带来更多乐趣，如“鹰小奇”（如图6.5所示）、“文小博”、“纹西西”、“财气包”等，吸引了许多孩子驻足，有人入手一只，有人则直接购买一套，消费者开盲盒的新奇体验与拿到手里的开心与满足正是三星堆文创创作所期待达到的效果。

图6.4　三星堆文创产品展销店铺

图6.5　三星堆文创产品“鹰小奇”

第七章　建构档案文化创意产品可持续发展的“价值链”

第一节　档案文创产业的价值链

一、价值链与档案文化创意产品的价值链

价值链的概念是由哈佛大学商学院教授、美国著名战略管理学家迈克尔·波特于1985年提出的，他认为，每一个企业都是在设计、生产、销售、发送和辅助其产品生产过程中进行各种活动的集合体，这些互不相同但又相互关联的生产经营活动，构成了一个创造价值的动态过程，即价值链。价值链不仅包括企业内部各链式活动，还包括企业外部活动，如与供应商之间的关系，与顾客之间的关系。波特的价值链理论揭示企业与企业的竞争，不只是某个环节的竞争，而是整个价值链的竞争，而整个价值链的综合竞争力决定企业的竞争力。他认为，消费者心目中的价值由一连串企业内部物质与技术上的具体活动与利润所构成，当你和其他企业竞争时，其实是内部多项活动在进行竞争，而不是某一项活动的竞争。由此可推出：公司的每个营销环节都不是无关紧要的，公司经理在制定战略时，要充分重视每一个营销环节的作用，努力发挥每一个部门的功能。同时，要注意有效地处理各部门、各环节之间的关系，减

少矛盾和摩擦，增加协调和配合，使公司的整体竞争优势极大化①。

档案文化创意产品“价值链”被界定为，原始的档案珍藏到最终客户的文化创意产品的整个经营过程中各种价值创造活动的联结。完成档案文化创意产品的价值链模式首先要分析各价值链环节的成本和价值，分析各环节机构开发、销售产品的优缺点，进而确定可持续的竞争策略；融合不同平台开发创新微市场，形成一条完备的档案文化创意产业链，以不同的用户需求搭建不同的价值链模式，建构互联网平台，逐步实现档案文化创意产品开发与运营管理可持续产业模式。

二、档案文创产业的产业链运行状况

档案文化创意产业价值源泉在于档案文化元素无形的灵感及创造性精神产品，通过传统生产商制作取得高额价值增值，并通过满足消费者的心理体验、情感诉求来实现经济价值和社会价值；档案文化创意产业紧紧围绕“创意生成→开发生产→渠道传递→最终消费”的产业链运行。文化创意产业新特性明显，因产品创新创意自由空间要求高，合作需求多，故单靠某一行业内的企业难以完成，其关联效应强，消费链路径具有自我强化功能，产品品牌一旦打动消费者，得到认同，便容易扩张，进而形成规模经济效应，爆款产品一经推出，即形成规模效应，甚至引来模仿。目前我国档案文化创意产业链脱节现象严重，规模不够，开发部门仅在一定的范围内开发产品，而开发的产品的元素开放性不足，文创用品难以开模、生产，品牌策划不足，市场推广不力。而已经初具规模的企业缺乏有效合作，缺少联系创意与市场的中介组织。文化创意产业生产活动具有同质性，企业之间存在恶意竞争现象，协作效应不够；一些已经成功获取一定经济效益的部门特别是事业单位，在交流与推广方面较保守，甚至会对产品采取保密工作，品牌缺乏更为直观、广泛、持久的传播力影响力；在推动知识和技术创新方面，溢出效应不够明显；

① 张旭波.公司行为与竞争优势——评迈克尔·波特的价值链理论[J].国际经贸探索，1997(3):34-37.

文化创意产业集群效应有待提升。

三、档案文化创意产品的可持续发展

档案文化创意产品的开发首先需要档案部门的专业研究人员发现并挖掘档案中的文化资源，需要设计人员的专业化设计，而文化元素的表现与创意设计的完美结合则需要档案部门与文创产业部门的联合研发。

文化创意产品的可持续开发需要多行业交叉融合。由于文化创意产品开发涉猎的专业范围太广，因此仅凭档案馆是不能胜任文创产品开发工作的。档案馆需要秉承开放、合作、共赢的心态接纳社会各界专业人士的协助。文化创意产品开发需要建立自己的生产线，而生产线的形成意味着开发人员既要提供产品创意，又要对产品设计、制造、营销等方面进行把控。而对于大多数档案馆工作人员而言，他们是很难胜任以上工作的。档案馆在文创产品开发方面经验不足，往往又缺少经验丰富、具备相关技能的人才，这些问题都制约着文化创意产品的开发。而若聘请相关专家作为文创产品开发顾问也许可以很好地解决这个问题。专家可以来自各行各业，无论是知识产权专家、视觉艺术设计专家，还是营销专家，都可以助力档案馆文创产品的开发。在此基础上，档案馆可以成立文创产品开发专项小组，招募具备相关技能的人才，对文创产品开发进行全面的规划与设计。

在这个方面河南博物馆进行了一些探索，并取得了一定的成绩。过去几年里，豫博文创不仅举办文创展、进驻北京世界园艺博览会，还通过授权相关文物元素，打造博物馆主题的特色银行。同时，豫博文创搭建起了以豫博文创为主，博物馆专家、外部企业为支撑的智库平台。博物馆专家通过发掘文物中的核心元素，提炼出文物的“根与魂”，以文化赋能产品，使文物元素更为精准地与文创产品进行融合。外部企业则负责洞悉市场趋势，融入流行元素，针对消费市场进行再设计，让文物元素更为鲜活，并促进文创产品的策划落地，形成“研发—生产—销售”这一完整的产业链，确保文创产品的可持续发展。

第二节 档案文化创意服务的类型与模式

目前，档案馆文化创意产业开发持续引起国内外档案界的关注。2014年，国际档案理事会第二届年会以“档案与文化产业”为主题，就档案文化价值的显现、档案文化产品的开发、档案文化遗产的保护、档案文化产业建设等问题展开了讨论，反映了国际档案界对档案文化产业建设的关注与探索。2021年，中共中央办公厅、国务院办公厅印发的《“十四五”全国档案事业发展规划》指出，要加大档案资源开发力度，要加强档案文化创意产品开发，探索产业化路径。此后，有关档案文化创意产品的规模不断扩大，产品的影响力不断提升，我国档案文化创意产品也试图在特定范围实现规模化生产。

一、文化创意产品主要类型

文化创意产品有多种分类方法，从大的方面可以分为景区文创产品、各类资源馆文创产品、IP衍生文创产品、生活美学文创产品、红色文创产品等，而具体到某一类别的文创产品又可根据产品的类型区分，如大英博物馆分为书籍和媒体、首饰、雕塑、家居和办公用品、服饰、儿童产品、美术作品七大类。国内对文化创意产品的分类标准各有不同。北京故宫在“故宫淘宝”的网上商店上将其开发的文创产品分为故宫娃娃、文房书籍、生活潮品、宫廷饰品、大婚吉品、故宫文化衫六种类型。上海博物馆淘宝店2015年开张，其共挑选了五大类二十五个品种共计一百三十余件商品作为第一批上架的文创产品，包括收藏礼品、文化用品、家居潮品、时尚服饰、专题书籍等。这些商品的纹饰、造型100%源自上海博物馆藏品，这些商品也都是上海博物馆实体店的畅销产品。莫高窟文创产品的主旋律是佛教文化，主要以书画经文、生活潮品、包袋服饰为主。学界对此也有不同的分类，如学者梁徽琳将文创产品分为三类：

一是出版品，二是典藏复制品，三是纪念类产品[①]。在各类档案文化创意产品中，国外档案馆种类相对更丰富，而我国档案馆开发的大多是纸质的印刷品或电子出版品，比如甘肃省档案馆开发的红军长征的纪念册、抗日战争时期日本轰炸兰州的历史图书以及与兰州电视台合作的电视剧、微电影等。我国高校档案馆开发的档案文化创意产品也以档案史料为基础的编研书籍为主，如北京大学出版社出版了《记忆 北大考古口述史》，北京联合大学编撰了《谭元堃文集》《李煌果文选》，安徽师范大学出版社出版了《赭麓记忆：安徽师范大学口述实录》。近年来，越来越多的红色资源被开发成档案文化产品，如中央广播电视总台联合国家文物局编著了《红色印记：百件革命文物的声音档案》，湖北省文物局出版了《让文物“活”起来：湖北革命文物优秀讲解词集锦》。由此可见，档案文化创意产品种类相对单一，交流的范围也存在一定的局限性，产品的文化价值更明显，但经济效益不如其他文创产品。

二、国内外档案馆文化创意服务的案例

（一）国外档案馆文化创意服务的案例

在档案馆文化创意服务的实践中，最具代表性的是美国国家档案馆，它开发了丰富多样的文化创意产品，并在线上线下同时开展销售活动，最大程度地发挥文化创意产品在文化传播中的作用。美国国家档案馆以馆藏档案为主要内容开发的各类档案文化产品，种类丰富、形式多样，多以珍贵档案为设计元素，设计精美、别具特色，档案内容在各种产品中得到艺术化的展现，如《独立宣言》《权利法案》等珍贵档案文献的复制件，吸引很多参观者购买留念。这些文化创意产品既有首饰、书籍、光盘、工艺品等，也有冰箱贴、钥匙扣、茶杯、T恤等日常用品。这些产品的最大卖点在于美国国家档案馆的LOGO，其是美国国家档案馆数十年来建立起来的品牌和声誉。目前，美国国家档案馆已经与相关机构合作，

① 梁徽琳.档案馆文化创意产品开发现状及途径研究[J].档案管理，2020(4)：58.

建设了独立的国家档案馆网上商城，让世界各地的人们都可以在线购买档案馆文化创意产品。并针对不同用户的购买需求，其网上商城也做了不同的分类推荐，比如有面向儿童的玩具，有用于办公的纸、笔、便笺，也有服饰箱包等。

美国国家档案馆定期举办主题文化活动，这些活动通常会以节日为契机，并同步推出相关主题的文创产品，实现公众与档案文化的深层次交流。此外，每到传统节日美国国家档案馆还会适时推出优惠购书，鼓励公众依据馆藏档案制作纪念品等活动。这些档案文化创意产品依托特定的背景，往往贴近生活，较易引起观众的共鸣。美国国家档案馆始终坚持每年10月开展美国档案月活动，这些活动形式多样、内容丰富，如仿效电影《博物馆奇妙夜》而开展的“孩子们在美国档案馆过夜”活动、在国家档案馆营地学习家谱制作活动、在档案馆内打棒球等趣味活动深受美国民众的欢迎[①]。

同样具有特色的是法国国家档案馆的文化创意教育服务。档案独特的文化价值使其能够成为中小学教育的重要资源。欧美国家从20世纪40年代末就开始重视档案的教育作用，法国是较早开始探索档案教育功能的国家之一。法国国家档案馆设立了教育处，组织了大量从形式到内容都适合于青少年的档案展览，配合参观文化古迹、工业遗址等活动，并先后编写出版了千余种读物。这些介绍档案的书籍、宣传手册在老师和学生中得以传阅。在法国国家档案馆官方网站首页上便有一个专门针对教育设置的栏目，包含学生开放日、教学工作坊、个人和家庭工作坊、展览支持活动、有特殊需求的公众、国际博物馆的访问、课程教师、教学资源等子栏目。法国档案馆网站教育栏目建设体现出用户分类明确、富有人道主义、深度整合档案教育资源、教育形式多样、强调机构合作的特点。比起国外的档案教育栏目，目前我国档案馆网站设置的档案文化、教育科研等栏目，在某种程度上承担了一定的教育功能，但是设置

① 任越，路璐. 美国国家档案馆档案文化活动的特色分析及启示[J]. 档案学通讯，2020(4)：96-102.

对象并不限于学校的师生，而是面向范围更广的公众，服务方式较为单一，服务内容也较为单薄，导致教育功能发挥受限。通过对法国国家档案馆网站教育栏目建设的内容和特点分析可知其有以下三个特点：一是注重档案教育功能的发挥，注重以人为本的人性化建设理念；二是深度整合档案教育资源，丰富活动内容和形式；三是开展机构合作，深化教育服务理念，扩大自身影响力[①]。

澳大利亚国家档案馆的网上商店出售带有国家档案标志的胸针、钢笔、铅笔、U盘等商品，关注点侧重于“家庭历史”。用户可以从“探索你的家庭史”“关心你的家庭档案”中查找祖先的相关信息，如是否参军、何时移民等内容[②]。这些档案文化创意产品通过对特有原住居民文化的重点研究，展现澳大利亚的民族历史以及注重家庭血脉的民族文化。

（二）国内档案馆文化创意服务的案例

国内的档案馆也在开发档案文化创意产品方面进行了有益的尝试，很多档案馆都以本馆特色馆藏为基础，编辑出版各种画册或图书，举办具有地方特色的档案展览和专题讲座，开辟中小学生教育基地，与各类媒体合作开办专栏，制作档案复制品、购物袋、笔记本、明信片、邮册、T恤等文创产品等，极大地提升了社会公众对档案馆的认可度。

青岛市档案馆近年来推出宣传工作新举措，致力于用微电影讲好中国档案故事。该馆于2014年拍摄的《寻找逝去的记忆》讲述了一位德国老人在档案馆查到其父留存的日记，从而揭开了其父在青岛长期生活之谜，随后他回到德国查找档案，并结合父亲的日记帮助修复青岛著名建筑。2021年，为庆祝中国共产党成立100周年，天津市档案馆联合天津广播电视台拍摄红色主题微电影《没有共产党就没有新中国》。该片以人

① 马双双，王文博，董秀月.法国国家档案馆网站教育栏目建设内容、特点及启示[J].四川档案，2020(6)：39-41.

② 杨太阳，张晨文.档案文化创意产品在国际交流中的作用[J].兰台世界，2017(3)：16-20.

民音乐家曹火星创作的歌曲《没有共产党就没有新中国》的真实故事为背景，通过挖掘天津市档案馆馆藏曹火星的原始歌谱手稿、回忆录、老照片等红色珍品档案，深入走访歌曲创作地，以微电影特有的叙述语言再现了歌曲创作过程和广泛传唱的历史故事。2022年11月24日，上海静安区档案馆、静安区青少年学生校外活动联席会议办公室和中兴路小学联合在区档案馆新馆举行"'走进档案 学有榜样'静安区档案德育推进会"，并向静安区"档案德育"联盟学校授牌，真正实现"档案走进学校，学生走进档案"。江苏省档案馆的工作人员自导自演了微电影《不能没有你》，大连市档案馆打造了以"大连城市发展脉络"为主题的书籍、展览、讲座和专栏等系列档案文化创意产品，形成了极具特色的城市文化品牌。近年来新媒体新技术的广泛应用使得档案文化创意产品的类型日趋多样，越来越多的档案馆开通了微信、微博等官方账号，向社会公众宣传本地区发展脉络和档案工作发展状况。浙江大学档案馆加强对馆藏珍贵档案资源的挖掘整理，发现珍贵档案蕴含的特殊意义，加强档案编研展览工作。《竺可桢日记》手稿（1936—1974）成功入选中国档案文献遗产名录，其以真实可感的档案资料宣传科学家精神，充分发挥珍贵档案存史资政育人作用。安徽师范大学档案馆在2022年的第十五个"国际档案日"发布了题为《让档案守护我们共同的文化和记忆》的视频。合肥市档案馆制作的全国首部档案动漫宣传片《档案总动员》是档案与动漫、游戏等深度融合的成功尝试。

值得注意的是，国内档案馆特别是综合档案馆在档案文化主题展览方面取得了一定的成绩，印刷品和电子出版物、影视作品等作出较大的贡献，但学术、政治色彩比较浓厚，缺乏社会和生活气息，与以实物为主的博物馆文创产品的设计开发相比还存在一定的差距，受众范围也相对狭小且单一，因此，档案部门还需要在文创产品实物开发上下功夫。苏州市档案局下属的档案管理中心利用丝绸实物样本档案资源与相关丝绸生产企业、科研单位进行合作，推出的纱罗宫扇、新宋锦交织包袋系列等档案文化创意产品，深受海内外消费者好评，值得国内其他地区的档案馆借鉴和思考。

第三节　档案文化创意产品竞争的SWOT分析

国家统计局发布的相关数据显示：2020年，全国规模以上文化及相关产业企业实现营业收入98514亿元，同比增长2.2%，其中，文化消费终端生产18808亿元，同比增长5.1%，创意设计服务15645亿元，同比增长11.1%[①]。从上述数据中我们可以直观地感受到民众对于文创产品的消费需求是与日俱增的。至于档案文化创意产品在整个文化创意行业的竞争情况，我们可以尝试用SWOT分析法来分析，即从优势、劣势、机会、威胁四个方面分析档案文化创意产品的竞争情况，以找准竞争优势，不断实现突破，达到档案文化创意产品开发利用的良性状态。

一、优势分析

（一）全国文化创意产业大环境优越

目前我国开发的创意产品及相关服务已经在市场上形成了一定规模，并掀起了一股创意浪潮。创意产业在国内一线城市的各个行业各个领域正逐步拓展开来，形成并出现了文化创意产业园区等产业聚集区，同时文创产品遍布各大展馆，街头巷尾到处可见文创工作室、文创商店、文创打印店。在国家政策的扶持和民间资本的推动下，我国文化创意产业进入快速发展阶段，各个行业和领域都竞相推出创意产品，如此也为档案馆的文化创意产品开发营造了良好的社会氛围。

（二）档案馆馆藏资源丰富

档案人员通过提取档案馆特有的档案素材进行加工和二次创作，生

① 2020年全国规模以上文化及相关产业企业营业收入增长2.2%.(2021-01-29)[2021-01-31].http://www.stats.gov.cn/tjsj/zxfb/202101/t20210129_1812934.html.

产复制件或者衍生品，才能开发出具有该馆特色的文化创意产品，所以档案馆馆藏是文化创意产品开发的灵感源泉。中华人民共和国国家档案局公布的《2021年度全国档案主管部门和档案馆基本情况摘要》显示，2021年度全国各级国家综合档案馆共接收档案13427.7万卷、件，照片档案245.1万张，录音磁带、录像磁带、影片档案6.1万盘。2021年度全国各级国家综合档案馆共征集档案119.5万卷、件，照片档案34.9万张，录音磁带、录像磁带、影片档案0.4万盘。截至2021年底，全国各级国家综合档案馆纸质馆藏资料4159.5万册。数量庞大的馆藏资源为创意产品开发提供了丰富的创意资源，拓宽了创作路径。

（三）档案信息化程度加深

随着互联网的飞速发展，档案馆顺应时代背景及用户信息利用需求，积极开展档案信息化建设工作。全国副省级以上档案局（馆）基本完成了局域网、政务网、因特网三个网络平台的建设与接入，以及远程查档利用等工作。网上交流平台的应用有利于档案信息资源的开发与宣传。有些档案部门还建立了核心数据网等专门网络平台，帮助档案人员快速筛选合适的档案元素进行开发利用，从而节省开发的时间成本，减轻工作负担。

（四）社会人文氛围加重

良好的人文环境可以使档案人员充分发挥其自身才能，创新工作思路，也可以使公众积极为档案馆建设建言献策，为档案文化创意开发提供沃土。档案馆人文环境的建设，国家对档案事业的重视，对档案工作单位和个人的奖励和表彰，档案科研经费的投入，档案资源的开发利用等措施使档案工作者有了更好的工作环境。社会公众的认可也使档案馆吸收社会力量、寻求社会支持共同完成资源开发成为可能。档案作为人类社会实践活动的原始记录，也是一种重要且独特的开发素材，档案工作者应充分发挥其多样价值，以大众喜闻乐见的方式去传播档案知识。

档案文化创意产品的开发有助于激发人们主动了解档案、查阅档案、探索档案的兴趣，增强档案意识，同时也有利于展现馆藏特色、激活档案价值。开发档案资源，将文化元素融入产品，实现寓档于乐，不仅能够将档案在公众心中的“高冷形象”转变为更加丰满的“亲民形象”，实现档案的社会价值，有时还会带来巨大的经济价值，实现档案的资产价值。

二、劣势分析

（一）档案文化创意开发政策欠缺

档案文化创意政策不仅是档案文化创意事业发展的根本保障，也是档案文化创意开发应遵循的行动准则。虽然国家在迅速推进文化建设，但是在档案领域，除了2004年《国务院关于修改〈事业单位登记管理暂行条例〉的决定》明确了档案馆的营利性，以及2016年《关于推动文化文物单位文化创意产品开发的若干意见》、2016年《全国档案事业发展“十三五”规划纲要》、2021年《“十四五”全国档案事业发展规划》指出应加大档案资源开发力度，加强档案文化创意产品开发之外，并无其他与档案文化创意开发密切相关的政策文件以及具体操作的规范、指南或法规，这是档案文创事业发展困于现状的原因之一。在文创产业遍地开花的当下，档案文化创意产品的开发发力不够，政策的支持欠缺。

（二）创意开发资金短缺

对档案馆来说，国家为档案文创事业建设划拨的资金有限，也没有创意开发激励机制。另外客观地说，档案馆作为保管档案、提供档案利用的公益性机构，其经济效益没有博物馆、图书馆、艺术馆等单位好。因此，档案文化创意产品难以快速发展起来。从当前档案文化创意产品的开发状态来看，资金来源问题是一个重要的问题。对于档案部门来说，其经费全部来源于国家的财政拨款，虽然国家鼓励文创产品的开发，对于作出贡献的人员给予一定的奖励，但由于缺少专项经费档案文化创意产品的开发往往得不到落实。而投资企业往往更看重投入与产出的分配，对于档案文创的发展状况存在一定的担忧，因此在选择投资合作时也会相当谨慎。

（三）专业人才队伍匮乏

人才是创意产业发展的核心资源。目前我国文化创意产业人才相对欠缺，创意人才的总量、结构、素质还不能够满足产业快速发展的要求。文化创意产品开发需要一支能结合工作实际提炼创意主体、组合创意元素的专业研发队伍。现有的档案人员没有文创开发的经验，思维不够发散，营销经验不足，且人员队伍结构单一，而简单的培训难以改善现状。

三、机会分析

（一）国家文化建设水平提高

近年来，我国文化产业建设势头良好。2021年12月16日，湖北大学与社会科学文献出版社共同发布《文化建设蓝皮书：中国文化发展报告（2021）》，指出我国的文化发展现状，从文化事业、文化生产、公共文化服务、文化传播与影响力等方面对2020年我国文化建设取得的新发展、新成就，以及存在的问题进行了全面描述和客观分析。2020年，我国文化产业处于蓬勃发展阶段，市场活力凸显，成为当时经济增长的重要动力，对国民经济的贡献度也平稳增长。近几年，我国文化产业增加值占GDP比重逐年上升。2019年，我国文化及相关产业增加值再创新高，为44363亿元，比2018年的41171亿元增加3192亿元，增长7.75%（未扣除价格因素）；相较于2015年增加17128亿元，增长62.89%。2015年至2019年，我国文化及相关产业增加值占GDP的比重逐年上升，由2015年的3.97%上升到2019年的4.5%，增加0.53%。由此可见，我国文化产业呈现生机勃勃的发展势头，文化产业增加值占GDP的比重持续增加，带动了相关产业的发展。档案部门应借助文化事业的强劲势头，紧跟时代潮流创新发展。

（二）新媒体平台快速发展

随着新媒体平台的快速发展，人与人之间的交流变得更为广泛和迅速。文化创意产品有更多的机会和方式通过新媒体平台传播出去，从而使档案馆获得更多的经济效益，良好的经济效益反过来又可以促进档案文化创意产品的深度开发，由此一来，便形成了良性循环。

（三）国内外丰富的文创开发经验

国外有许多国家的档案馆开展了具有本国特色的档案文化创意服务。如美国、英国、澳大利亚等国家档案馆开通了线上商城，出售与档案相关的文化创意产品；法国国家档案馆设立了专门针对档案教育的教育服务处组织档案展览；荷兰档案馆与其他机构联合组成“未来形象联盟”，将视频、音频和照片等馆藏资源数字化，并用于教育、创意产业和对广大民众的服务中等。这些经验为我国档案文化创意开发工作提供借鉴和参考，有利于我国档案文化创意服务与国际接轨。我国博物馆、档案馆文创产品的开发也取得了一定的进展，特别是故宫博物院等场馆的文创产品的成功经验也为档案文化创意产品的开发提供了借鉴。

四、威胁分析

（一）大众消费需求标准更高

随着我国经济改革的不断深入、人们收入水平的提高，人们的消费理念和消费方式逐渐向个性化、时尚化转变，人们对品牌的要求越来越突出。因此，档案文化创意产品自身固有的一些特征决定了产品要满足人们的这些消费心理，就必须不断地调整设计目标，不断对文化创意产品的趣味性和实用性、文化创意产品的获取条件等提出更高的要求。

（二）知识产权保护力度不足

我国在知识产权保护方面出台了《中华人民共和国专利法》《中华人民共和国反不正当竞争法》等法律法规文件，产权法律法规体系日趋完善。但由于侵权打击力度不足，且我国公众知识产权保护意识较为淡薄，知识产权保护并未取得很好的效果。文创产品比如文创雪糕等有较好创意的产品一经面世，很快被大量复制，导致产品同质化严重。对于档案文化创意的未来发展来说，这不利于提高开发团队研发的积极性，也不利于档案文化创意产品的开发与更新。

（三）不同种类文创产品的竞争激烈

随着文创产品种类的不断增加，博物馆、图书馆、纪念馆、美术馆等不断推出符合自身特点的文创产品，文创企业甚至普通企业也追赶时尚潮流，竞相推出各类文创产品。这些产品类型、色彩、造型异彩纷呈，给人们呈现了一场场文创产品盛宴，也为人们提供更多的选择。面对激烈的竞争，档案文化创意产品要想进入人们的视线并获得人们的喜爱，一定要有自己的优势和亮点，否则只能沉入产品海洋里，甚至没有抛头露面的机会。潮玩领跑者泡泡玛特产品之所以具有强大的竞争力，是因为它在文创领域有自己的独到之处。其产品持续推出，从设计到推广都有自己的优势，并且不只是满足于国内市场，还积极打造国际竞争优势。泡泡玛特通过展会的形式让更多国外潮玩品牌关注国内市场，也为更多中国优秀设计师拓宽了展示原创艺术的渠道，进而为中国潮流玩具文化的蓬勃发展增添动力。

第四节　档案文化创意产品服务理念创新

一、树立档案文化服务的竞争意识

内部矛盾是事物变化的主要矛盾。当档案所体现的表层文化难以满足社会公众对于文化的需求时，档案文化价值的开发也被提上日程。在信息文明社会，文化价值的意蕴有了更为广泛的内容，人类对于文化的追求不仅表现为对知识的渴求，更表现为对个人素养的提升。文化意识的驱动促使人们在感知与认识客观事物时进行理性思考，进而深度开发并全面挖掘档案的文化价值，以满足自身对文化的需求，为个人的全面发展提供长期的动力。科学高速的发展要求科技竞争与科研水平不断提升，档案文化资源开发也对科研能力提出更高的要求，科研的文化增值服务需要跟上科研发展的步伐。从外部环境来看，实现档案文化的传承与发展，需充分借助档案这一客体资源不可替代的优势，让档案文化在文化竞争中脱颖而出，成为公共文化服务体系建设中最具影响力的因素。档案文化价值的开发不能局限于其自身的价值，而要将其融入社会文化的大环境中，例如实物档案、汇编资料、声像电子文件等，其文化性间接影响档案文化价值的开发与利用。因此，竞争意识是档案文化价值开发与利用的前提，也是促使档案文化价值实现的必要条件。

事实证明，档案文化活动的举办如果依托特定的背景与氛围，往往更容易引起社会的反响与共鸣，形成“文化卖点”。例如，2018年6月初，由浙江省档案局（馆）和浙江省少先队工作委员会主办、浙江在线新闻网承办的“我是档案小小讲解员”培育活动现场展示环节在省档案馆圆满落幕。这些可爱的档案文化传播小使者们，或落落大方，或声情并茂，或活泼灵动，对档案知识、档案文化进行了生动的展现与解读，充分展示了档案的魅力。再如，英国国家档案馆抓住圣诞节这一特殊节庆时机，推出“时光之旅——赶回圣诞节”活动，让参与者了解二战期间人们是如何度过圣诞节的，鼓励公众依据馆藏档案制作当时的纪念品并参与游戏。故宫博物院则在文化产品创新上走在前列，团队深度挖掘丰富的明清皇家文化元素，将故宫中涵盖了中华五千年文明的文物及其背后的故事，融合现代人喜爱的时尚表达理念，最终打造出具有故宫文化内涵和鲜明时代特征且贴近群众实际需求的故宫元素文创产品。

二、坚持档案文化服务的自觉性

档案文化的自觉性不是自在自发的结果，而是要求我们在理解传统的基础上超越传统，从而争取档案文化的进步和创新[①]。档案文化创意在提供服务的过程中，要充分认识到自身的特色和优势，进行全面分析，认真梳理档案文化元素竞争优势，吸取其他文化创意服务的经验，坚持创新发展路径和时代特色。坚持档案文化服务自觉性应把握以下两个方面的内容：一是对前代档案文化的继承和发展，这要求我们立足档案的文化价值，寻找优秀文化生成点，进而完成文化的传递。二是创造新时代赋予的档案文化，档案文化的创造与超越，实质上是人类对外部世界各种事物存在的一种价值思维肯定。各档案馆应本着“对历史负责，为现实服务，替未来着想”的自觉服务意识来提高档案的文化服务水平。

三、创新服务公众的文化形式

随着“小政府大社会”理念的深入人心，公民社会的逐渐成熟，文化服务大众成为一种必然趋势。中国档案文化资源属于全体人民，档案文化产品无论是公益福利，还是商业销售，广大人民都是显在的或潜在的主体，赢得大众的认可即获得了成功。档案馆要亲近民众，营造文化氛围，离不开档案馆自身的建设。营造馆内独特的文化意境和氛围，吸引人们亲近文化、在闲适自在的日常中了解档案、汲取文化营养，也为档案文化产品的展览和推广提供了良好的人文环境。随着我国社会制度和文化建设的不断发展，党和国家越来越重视人民群众的文化需求。人民大众的优质文

① 张芳霖，王辉. 档案文化的发展趋势：知性·自觉·主动[J]. 档案学通讯，2010(2)：22.

化生活更多地通过提高社会公共文化服务保障水平来实现。档案馆作为公共文化事业单位，面向社会公布开放的档案信息，其推出的文化产品也更多向文化休闲、文化记忆传承倾斜，档案信息开放的形式更加生动有趣，文化产品的文化品位与创意设计也更加符合民众的需求。

当然，大众文化虽然不同于精英文化，但绝不是只为博人眼球的庸俗文化。档案文化创意产品追求的大众文化是一种更接地气的、符合广大人民群众审美要求的、具有中国特色的先进文化，是正能量价值的体现，是社会主义文化大发展大繁荣的一道亮丽风景。随着新媒体、微媒体和无线网络技术的迅猛发展，微电影、微动漫等的出现让更多文化新产品“飞入寻常百姓家”逐渐成为现实。

四、建立多元文化服务理念

“应把文化视为某个社会或某个社会群体特有的精神与物质，智力与情感方面的不同特点之总和。”[①]档案文化创意服务主体具有多样性。第一，档案文化创意服务的复杂性需要档案部门与其他相关部门的联合。档案文化创意服务是满足档案馆内部机构的文化需求、传承优秀文化的重要渠道。档案机构作为档案文化创意服务的主体机构，有责任构建完整的档案文化传承体系，并使之机制化和长效化。由于档案文创服务的特殊性，只有联合文化创意机构、产品宣传机构等，才能实现多主体的有效开发服务。第二，文化的多样性决定了档案文化创意服务主体的多元化。档案文化创意服务承担着文化社会化的责任，塑造特色文化、涵养特色精神是档案的另一个重要职能。因此，在面向社会文化体系时，应采取兼容并蓄的多元理念，充分吸收具有社会时代特征的多元文化来完成档案文创的设计服务，与社会文化同行，携手社会各界共同打造具有时代特色的档案文化服务体系，以更好地服务于多元文化主体。档案文化内容丰富，涵盖了对社会具有保存和参考价值的信息资源，开发人员要尊重社会的多元文化需求，确保档案文化创意服务载体形式的多样

① 联合国教科文组织.世界文化多样性宣言[M].巴黎:联合国教科文组织,2001:32.

化。在文化元素提取、创意设计、推介销售上，档案部门要根据不同需求者的特质提供个性化服务，以满足不同群体如参观者、研究人员、受教育者以及其他社会大众的不同文化需求。

五、跨界融合文化服务需求

近些年来，一些档案馆开始尝试跨界合作开发文化创意产品。档案馆之所以需要跨界合作开发文化创意产品，是因为档案馆尚属新生力量，研究不够、经验不足，盲目开发产品可能会导致失败。因此，寻求与其他行业的合作可以避免摸索中的失败风险，少走不必要的弯路。另外，文化创意产品的开发多在行业内部进行，而档案馆属于专业机构，任何一个行业都需要两个及以上不同的专业人员参与才能正常运转。因此，文化创意产品开发仅有档案馆的参与是远远不够的。我国档案馆在跨界合作开发文化创意产品方面存在合作主体和开发方式相对单一、合作资金和专业人才较为缺乏、档案文化创意产品存在知识产权纠纷、合作各方的利益难以均衡等问题。档案馆应该拓宽合作主体和开发方式，扩展资金渠道，完善人才结构，国家层面则需要完善相关法规政策，妥善处理合作产品的知识产权问题，建立高效的组织协调机制，尽量平衡各方利益①。

档案部门需要注重与社会其他主体的合作。融合可以实现资源的高度整合与高效利用，目前看来，档案馆与博物馆、图书馆三馆融合的研究效果明显。此外，档案部门还可以与企业、高校合作进行产品研发，也可以考虑运用市场化运作模式，与出版机构、影视部门等合作，推动文创产品的商业化开发。档案部门需要积极协调文旅部门、博物馆、文物部门、文创开发部门、文创产业公共服务平台、文化产业园等机构，以协作者的身份参与影视、动漫、游戏、App等文创研发环节，借鉴和学习其开发理念、流程，探索具有档案特色的开发方式。此外，档案部门还可以积极联动本地的艺术设计院校、研究室、研发公司、文创用户，

① 肖文建，彭科东.档案馆跨界合作开发文化创意产品的问题与对策[J].北京档案，2018(10):13-17.

参与档案文化创意产品的开发过程，成立档案创意开发团队，将档案文创开发打造成本馆的精品业务。例如，广州市国家档案馆坚持将岭南文化、广州地域文化与档案文化创意产品设计开发结合，力求通过档案文创讲好广州故事，诠释广州表达。广州市国家档案馆在2021年与广州大学美术与设计学院项目团队的合作中，不仅形成了一批富有创意的档案文化创意产品设计方案，还对展览互动模式、展陈空间的交互设计等方面的问题进行了研讨。

国外跨界合作的成功案例也为我国档案馆跨越档案行业与其他行业的界限进行合作提供了借鉴。例如，美国国家档案馆与美国国家档案馆基金会合作，为档案文化创意产品的设计与开发提供资金支持。英国国家档案馆和朝圣者信托基金会开启合作计划，为档案馆提供开展工作所需的资金流。英国国家档案馆还提供场地租赁服务，曾借出场地给伦敦博物馆举办了“Fire！Fire！（伦敦大火）”展览，吸引了95000余名参观者。2015年，英国国家档案馆与英国时装协会合作，将特色馆藏资源与时装元素相结合，设计出特色服装，并在时装秀上展出。美国国家档案馆与波音公司合作设立波音学习中心，面向公众举办多种档案活动。

第五节　构建产品可持续发展的“价值链”

目前，我国地方馆藏特色档案文化创意产品的开发主要集中在以档案元素复制复原的文创开发、以档案元素分解重组的文创开发、以档案元素抽象变换的文创开发、以档案元素附加外化的文创开发和以档案元素融合衍生的文创开发等方面。档案文化创意产品开发应该针对现状，充分挖掘地域特色，讲好档案故事；凸显产品属性，激发设计创意；开展活性设计，营造生动情境；立足数字传达，构建矩阵营销；跨界合作开发，引导产业发展[①]。而构建档案产品可持续发展的“价值链”，不仅

① 刘双，余心怡.地方馆藏特色档案文化创意产品开发策略探析[J].档案天地，2022(8)：35-39.

要创新设计产业链模式，优化产业形态，而且要积极调动各环节的力量，持续投入到文创产品的开发过程中。

一、完备创新发展的产业链

创新是持续发展的保障，档案文化创意产品持续的生命力需要创新。当前我国档案文化创意产品开发的主要是形态较为低级的纪念品、旅游文化产品、粗加工的档案产品，但这类产品已经不能适应当下飞速发展的文化产业了。日本是动漫产业较为发达的国家，国家也因此着力打造动漫品牌，系列动漫剧推出了本土文化经典。例如，以奥特曼、哆啦A梦等经典形象为设计元素生产的各种创意产品，如奥特曼可动人偶是用高科技、精细化的技术制造，备受儿童喜爱。一个十几厘米的小人偶，价格在两百元人民币，却极为畅销。动漫产业为日本文化产业带来巨大的经济效益，日本文化产业与高新科技的产品生产业相得益彰、共同发展，其完备的产业链模式值得我们借鉴和思考。中国丰富灿烂的文化中并不缺乏创意元素，比如戏曲人物脸谱、《西游记》里的人物形象等，这都需要我们去开发和创新。档案文化创意产品的开发需要寻找一条稳步求新的发展道路，急于求成或缺乏创新都会阻碍产品的发展。档案部门只有与社会组织、产品开发部门通力合作，定位品牌产品，关注社会热点文化，及时发现发展契机，并以公众的文化视角、需求设计产品，持续推动高新技术与档案文化产品开发的结合，改进文创产品从外形到内容的设计，并借助现代传媒力量、现代化产品营销模式，才能使档案文化创意产品形成一条从设计生产到销售再到生产的产业价值链，走向良性循环发展的道路。

二、优化创意产业基本产业链

基本产业链包括“创意生成→资金投入→开发生产→传播推广→销售”等环节。创意源于策划者、设计者、艺术家等原创性价值的贡献，这种原创性价值是整个价值链的源头，也是控制整个价值链的关键环节，尤其强调以内容为王。在创意与文化产品的开发和制作之间往往需要强大的投资与融资平台作为保障。由于文化产品的创意很大程度上取决于创意者的灵感，而这种创意能否被消费者接受也充满了不确定性，因此，无论是文化创意还是文化创意产品市场都具有不确定性。这就需要文化创意产业建立特殊的投资与融资机制以保证产业投入的顺利进行。开发生产实际上是一个再创新的过程，并由此产生文化创意衍生品。文化创意产业的产品最终以光盘、出版物、视频、软件、服装、玩具、工艺品等具体产品形式展现，也可能以文化节、创意城市等大型活动的整体成果形式展现。文化产品中的创意离不开传统媒体与新媒体的传播，离开了传播，创意这种无形价值将难以触及消费者并引发共鸣。除了要注重传播，在将文化创意产品打造成文化产业价值链时，还必须重视品牌形象的策划、宣传与推广。文化消费是产业链的最后一个环节，也是产品实现价值的重要环节。由于文化产品消费与人们的心理体验与认知等密切相关，因此，文化产业价值链中的顾客价值链非常重要。文化企业需要以顾客为导向，将顾客服务放在能影响顾客价值感知的重要活动上。

相比之下，中国档案文化创意产品的产业链发展较为艰难。以江苏省苏州市为例，目前苏州市各级综合档案馆经费预算申请中并未设立文创专项经费，各馆进行文创产品的开发往往只能依赖宣传经费的支持。有些档案馆通过项目形式申请财政经费开发了一些编研成果、文创产品，但因无法进入市场销售，只能被全部赠送出去，并不能形成资金流转。例如，苏州中国丝绸档案馆通过苏州市级市立项目形式申请了近200万元，编著出版了国内首款档案知识普及型解谜书《第七档案室》，同时在即将建成的馆内设计了同名主题密室。这种文化创意形式在全国档案部门中具有首创性。然而，印制精美的解谜书只能赠送，对公众开放的密室也只能推出免费体验服务，难以形成产业链。

三、提升文化创意产业价值链水平

（一）重视自组织与他组织的合力作用

作为一种创意产业，文化产业需要足够的自由空间。在这一空间中，策划者、设计者、艺术家可以自由地进行创作，自发进行创意设计。而创意一旦形成，就需要依赖市场的自组织力量，通过价格机制调节市场需求，从而实现资源在文化产业的有效配置。但由于文化产品具有再生产与复制边际成本低的特点，因此文化产业需要依靠政府的力量进行产权保护。此外，由于文化创意产业自身具有高风险的特点，因此需要依赖他组织与自组织合力形成一种有效的投融资机制。更为重要的是，由于文化产品具有复杂的政治与经济属性，因此需要依赖一个复杂的自组织与他组织系统来实现这种复杂的属性。档案文化创意产品的良性发展平台需要多方合作、多元发展。

（二）创设文化创意产品的链式效应

新媒体与信息技术的不断发展，拓展了文化产品载体与传播形式，并且由于不同载体与形式之间相互作用、相互影响，使得文化产品价值的效用发挥具有很强的链式效应与关联效应。例如，同一个文化创意在文字形式的表达与视听形式的表达上各有不同，取得的效果也存在差异。文创产品或作品既可以通过网络、手机等进行宣传推广，又可以通过与杂志、电视等传统媒体合作予以宣传推广。近年来，利用新媒体手段推出的公众人物参与的文化节目，成为热门的文创产品推广模式。档案文化创意产品创新发展的方向也要跟上现代技术手段和流行趋势，要用现代传媒方式传播与传递，产品的形式和内容也应符合大众需求和社会主流价值观。例如，2021 年 8 月，河南博物院进一步发掘“云”的神奇魅力，上线“豫来遇潮”直播间。该直播间一经推出，就以浓厚的“文化味儿”与沉浸式的互动体验吸引了大批观众。2022 年 1 月，河南博物院优秀讲解团队加入豫博文创“豫来遇潮”直播间，共同推出《宝物出道了》栏目，博物馆的讲解团队则以轻松活泼的风格讲解文创产品背后的文物故事。

（三）利用消费者的路径依赖效应

某种文化创意价值一旦得到产权保护与消费者认同，由此进行的再开发便会对消费者形成一种路径依赖效应，使消费者持续选择这一产品形式。而消费者在文化产品的消费过程中又可以不断获得教育、娱乐、体验等价值，这种体验具有自我强化的功能。数字记忆已经被运用于档案文化资源的开发利用，众参、众包等公众参与式开发形式正成为新时代档案文化创意产业的尝试方向。例如，2019年度“5·18国际博物馆日”，广东省博物馆（省流动博物馆）和文创联合展位的文创体验平台就是一种文创运营新方式。这是文创联重点打造的文化展示、体验平台。经过精心改造升级的“文创体验平台”，以全智能化数字展柜的形式展现极具特色的文创、文旅精品，为公众提供一个深入了解全国博物馆文化与文创产品的窗口。文创体验平台采用文化创新零售模式吸引观众前来参观体验。同时公众可以通过平台上的数字屏幕了解更多产品详情与文创文化知识，深入感受产品的文化内涵，并通过微信“扫一扫”实现下单购买。利用当下消费者对时尚的追求，满足消费者快速购买的网上体验需求，为他们提供当场提取或邮寄到家的全智能化便利服务，这从极大程度上优化了公众获取文创产品的体验过程。这是对文创运营的一种积极探索，创新了文化的展示、传播方式，促进了文创产品与文化教育的结合，让公众“把文化带回家”。通过文创体验平台的云数据分析，后台运行者还可以获取公众对文创产品的偏爱程度、优化建议等信息，促进文创产业跨界合作和交流，并加速推动文创产品市场化发展及文创文化的改革与创新。

（四）打造文化创意产品的规模经济效应

对于档案文化创意产品而言，想要在竞争激烈的文创市场中占有一席之地，除了要有过硬的自身内容之外，外部营销也是至关重要的一环。档案部门目前所树立的现代化营销意识，大多数只是在推出新产品时开展短暂的密集宣传，而这些产品的热度退却后常常无人问津。现有的营销渠道也只是局限在档案馆、展览馆，网上销售也仅限停留在微信公众号、微店、微博等相对单调的销售方式，这显然不能满足媒介融合环境下的营销需求，导致营销效果甚微，难以形成规模化销售。

文化创意产品因其设计精巧、单价不高，单个产品赢利甚微，因此需要通过规模化生产获得最大利润。文化创意产业以知识和文化为基础，而对知识和文化的需求在知识化、信息化和全球化时代具有很强的消费基础。因此，文化创意产品一旦被开发出来，只要具备较强的认同基础，就容易扩张并形成规模经济效应。文创产品只要找准社会热点，融入当下社会文化的元素，通过精心打造，便能获得品牌效应，成为畅销产品，为消费者所追捧，也能实现一定的规模化效应。例如，文创雪糕与“冰墩墩”都成功打造了规模经济效应，成为热销产品，获得了较高的社会价值和经济价值。“考古盲盒”是河南博物院打造的一款文创产品，将时下流行的“盲盒”概念和文物相结合，将青铜器、元宝、铜佛、铜鉴、银牌等“微缩文物”藏于土中，消费者需要用“微缩洛阳铲”一点一点铲开泥土，挖出“微缩文物”，享受考古的乐趣和成就感。据统计，自2020年12月以来，河南博物院“考古盲盒”屡屡脱销，半年多的时间，销售量已经超过26万，销售额达到2100万元人民币。河南博物院院长马萧林表示，这种文创产品“通过体验考古学家的乐趣，理解文物，加深人们对历史和考古的认识”。他认为，考古和文物不该待在象牙塔里，考古人应该主动与民众走近[①]。凭借新颖的玩法和深重的内涵，“考古盲盒”成为文创潮玩界的现象级网红，形成文创产业的规模效应。

① 中国日报网.河南“考古盲盒”出海加拿大[EB/OL].(2021-06-24)[2022-02-02]. https://baijiahao.baidu.com/s?id=1703428170054164237&wfr=spider&for=pc.

第八章　设计中国档案文化创意产品的经典品牌

第一节　设计具有中国特色的档案文化创意产品品牌

一、从“中国制造”到“中国设计”品牌

我国档案文化创意产品在实现从“中国制造”到“中国设计”的蜕变过程中，可以从以下三个方面来拓宽产品的品牌路径：其一，实现档案文化创意产品在文化创意产业中的品牌化。档案文化创意产品需要形成自己独特的品牌，拥有区别于其他文创产品的特色和优势。其二，提升档案文化创意产品在国内外市场的知名度。中国拥有非常丰厚的档案文化资源，可以利用这一特有优势，打造包含中国传统文化元素、体现中华民族特征的品牌化档案文化创意产品，提升品牌竞争力以及中国品牌在国际的知名度，争创国际品牌。其三，设计档案文化创意产品品牌典型。通过挖掘档案文化创意产品背后的故事，展示档案文化创意产品的未来发展路径，树立具有代表性的品牌旗帜，彰显档案文化创意产品的价值。值得一提的是，中国档案文化创意产品在推精品、创品牌的过程中已经取得一系列可喜的成果，并且优秀的产品还在不断问世。以江苏省苏州市档案馆为例，其紧紧围绕城市特色产品——丝绸，开展了一系列品牌创建活动。2017年，“近现代中国苏州丝绸档案”申遗项目成功

入选《世界记忆名录》后，苏州档案馆抓住契机，以档案中的“丝帛”元素为载体，开发出了系列文创产品。真丝书签、钱包，印有精美丝绸图案的水杯、明信片等受到来自国内外游客的青睐。中国丝绸档案馆是全国唯一一家丝绸的专门档案馆，其推出的丝罗宫灯精美别致。由此可见，档案文创品牌一旦找到发展的路径，快速发展起来，品牌效应便会非常明显。

二、注重文化创意产业的本土化，打造优势品牌

我国文化创意产业由于受经济、科技等条件的制约，竞争力相对较弱，加之我国文化创意产业发展中，来自国外的资本特别是跨国公司的投资占有重要地位，这一部分资金出现波动便会对我国本土文化创意产业构成较大威胁。因此，在发展文化创意产业的过程中，我国要着力打造具有自主知识产权的产品品牌，注重文化创意产业的本土化发展。

在我国文化“走出去”的过程中，打造本土文化企业成为提升我国文化软实力，促进中国文化对外传播的关键环节。改革开放特别是党的十六大以来，我们党在中国特色社会主义的伟大实践中进行文化创造，推动文化建设迈上新台阶。2006年，中共中央、国务院出台了《关于深化文化体制改革的若干意见》(后文简称《意见》)，《意见》强调了要将我国文化体制改革上升到提高我国综合竞争力的战略高度上来，并进一步指出在经济全球化的今天，文化与经济、政治相互交融，文化在一国综合竞争力中占据了重要的地位并具有积极的推动作用。2012年，党的十八大报告进一步指出，建设社会主义文化强国，必须深化文化体制改革，解放和发展文化生产力，增强文化整体实力和竞争力，让一切文化创造源泉充分涌流，增强全民族文化创造活力。作为文化产业链的核心环节，文化企业上承文化产品的创作者，下连衍生产品的生产、营销。因此，需要打造一批具有国际影响力的文化企业，培育我国文化市场的龙头企业，从而推动我国文化贸易发展、实施中国文化“走出去”战略。

整体上看，中国是一个文化大国，中国从来都不缺少文化元素，但

缺乏对文化元素的挖掘和投入。没有创造力就没有生命力，我们一直在用自己的方式表达着对传统文化的情感，叙述着古老而感人的故事，但我们却没能打造出属于我们自己的创意品牌，走向世界的档案文创品牌更是凤毛麟角。

品牌不仅是一种符号结构，一种意象特征，更是企业、产品、社会的文化形态的综合反映和体现。对于现代化商品而言，品牌给企业所带来的附加值已经远远超过商品本身的价值。对于文化企业而言，品牌效应更是如此。就消费方面而言，文化消费从某种意义上来看也是一种品牌的消费，它使消费者不自觉地将该品牌与文化产品或服务联系在一起，从而促成购买行为的发生。例如，迪士尼主题乐园的米老鼠、唐老鸭以及芭比娃娃等产品，它们的品牌影响力所带来的经济利益已经远远超过了产品本身的价值。鉴于上述特征，许多文化产业较为发达的地区或国家政府在打造本土优秀文化企业的过程中，都格外注重地方文化品牌的塑造。例如，美国是全球文化产业发达的国家，其文化品牌在国际上拥有很高的知名度。美国好莱坞电影占据了全球票房总额的2/3，美国控制了全世界75%的电视节目生产和制作，其电视节目品牌在世界上独占鳌头。虽然美国是典型的市场型国家，在贸易上一直主张公平贸易，但在本土文化企业的培育、本土文化品牌的塑造方面，美国政府都在背后给予了一定的支持。在本土文化品牌的海外输出进程中，美国政府充分利用其在经济、政治方面的优势，积极对本土文化品牌进行有力扶持进而帮助其占领国际文化市场，与此同时，政府还在文化立法、财政扶持、融资支持、政府采购等多个方面为本土文化企业提供了资金支持与法律保障。

三、政府有效介入、有序退出

在传承中华优秀传统文化的过程中，政府一直在积极地推进文化部门的工作。例如，《北京市文化创意产业分类标准》（2017年）、《上海市文化创意产业分类标准》（2018年）等均将档案馆列入“文化艺术”大类下的“文化保护和文化设施服务”；又如，文化和旅游部关于政协十三届全国委员会第三次会议第3442号提案答复的函（2020年）中要求积极推动“文创产品开发机构在体制机制、支持政策等方面的创新和突破”。在打造优势品牌文创的过程中，我国政府注重文化创意产业的本土化，政府的主导方向与政策方法很大程度上影响着档案文化创意产品开发的方向和进程。政府应根据市场调整角色，在“放松管制”还是“从严管制”方面把握好尺度，既要有效地介入，调整市场自身无法控制的发展状态，又要有序地退出，不能违背市场调节的规律，并将具体的文化事务分权于市场经济中的社会组织。合理的政府行为必然会推动市场的良性发展，随着中国建立起完备的、成熟的文化市场体系，政府在引导本土文创品牌发展过程中可以从以下几点着手：

首先，我国政府应该引导本土文化企业树立正确的品牌意识，结合本国的具体国情，找准我国当前具有竞争优势的相关行业，具有潜在市场实力的文化产品，特别是有高附加值、高技术含量的文化产品，研究制定既符合我国基本国情又符合世界文化市场需求的文化品牌战略。在文化品牌塑造方面，要明确一定时期内我国文化品牌发展的重心与目标，以文化市场需求为导向，有选择性地去扶持和培育本土文化品牌，塑造具有我国本土文化特色的文化品牌。

其次，在品牌塑造、企业培育方面，政府应为我国文化企业的发展创造良好的市场氛围，可为我国中小文化企业提供财政、税收、信贷、技术等多方面的支持，同时也可对那些具有市场前景、科技含量高、有社会效益的文化品牌给予政策、税收、资金等方面的优惠。此外，对于那些已经拥有知名品牌的文化企业，应鼓励它们以资本为纽带，不断扩大产业范围和规模，通过兼并、收购、合并、租赁等方式，组建文化企业集团，推动我国文化品牌向集团化、规模化的方向发展。

最后，由于政府具有较高的权威性，以政府为渠道向市场传达的信息从一定程度上可以对市场的生产者和消费者产生影响，因此，由政府主导文化品牌的宣传与推广是塑造本土知名文化品牌、培育具有国际竞争力的文化企业的重要途径。例如，政府可以组织举办国际文化产品展销会，帮助文化企业向消费者宣传和推荐文化品牌，提高本土品牌在国际文化市场的知名度，选树典型，以品牌为窗口，提升本国文化企业在国际的知名度与影响力。河南博物馆和湖北博物馆的文创之路可以让我们看到政府在关键节点上的介入所起到的引导作用。

作为国家级重点博物馆，首批中央、地方共建国家级博物馆之一，河南博物院馆藏丰富，藏品数量达17万余件，其中，史前文物、商周青铜器、历代陶瓷器、玉器及石刻最具特色，在这之中更有莲鹤方壶、骨笛、四神云气图、武曌金简、妇好鸮尊、玉柄铁剑等文物珍品。面对坐拥丰富的IP资源，却难以开发“宝山”的境况，河南博物院也开始求新、求变。2019年2月，河南博物院成立文创产品工作领导小组，下设办公室（简称文创办），由此，豫博文创开始走进大众视线。“以心相交，成其久远”是2019年豫博文创诞生之初的发展理念。时值IP经济崛起，国潮方兴未艾，无论是企业，还是博物馆，都在探索一条借势IP、打造IP的有效路径。因此，豫博文创以开放、真诚的理念走出去与企业进行联合，更充分地开发自有IP资源。2022年2月11日，河南推进博物院新院建设，为各类文物提供更广阔的陈列和展出平台。

2020年5月，在由国家文物局指导、多家国内知名博物馆参与的“博物馆在移动·518文创节”线上活动中，湖北省博物馆多种文创爆款亮相。这些深挖馆藏IP资源、跨界合作推出的明星文创产品，深受网友喜爱。自2007年起，湖北省博物馆推出越王勾践剑高仿品，十多年来畅销不衰。后根据市场需求，该馆又逐步推出满足不同观众需求的文创产品，如书签、笔记本、启瓶器、钥匙扣、首饰等。依托秦简中“为吏之道”篇的元素设计的一套便携式茶具，在推出后颇受消费者欢迎。此外，该馆重视数字创意产品开发，先后设计制作了鹿角立鹤“体感游戏”、编钟演出AR产品，创作了中国首部考古主题动画片《曾侯乙》，自主研发“掌上智慧博物馆App”付费项目等。

第二节　提升LOGO影响力，打造IP集群

一、提升文创产品LOGO的影响力

一个品牌产品核心的视觉要素就是LOGO，LOGO对企业的重要性之一就是帮助传播企业的形象，它集结了企业精神与文化，并以稳定的形式传播给消费者，保障商业形式的稳固性。LOGO作为一种标志标识，有着传达和象征事物本质的功能，它展示了视觉传达的功能性、美观性，呈现着企业的形象、信誉、文化。同时LOGO也是塑造品牌和宣传的良好媒介，是有效的传播形式。当一个品牌的LOGO具有一定影响力以后，它便成为企业的无形资产，能够为企业带来巨大的市场效应，在品牌信息传播中成为重要的载体。LOGO是一个企业品牌特有的“身份证”。当消费者一看到某个LOGO，就可以很清楚地知道是哪个品牌所提供的什么服务，这便是一个成功的LOGO，而这也体现了LOGO设计对企业的重要性。具有鲜明特征、影响力的LOGO，可以唤起消费者的熟悉感，帮助消费者识别产品，从而增强企业的二次营销能力。文创产品的LOGO从“新生”到被大众认同，是需要接受大量消费者检验的，这也是被市场认同的必经之路。当一个品牌的产品跟该品牌的LOGO挂钩起来，一件产品被市场所认可了，印上该LOGO的其余产品的销量也可以被带动起来。以豫博文创为例，为普及考古发掘知识，向考古工作者致敬，豫博文创结合当下火热的“盲盒”概念，辅以“考古”元素，开发出“失传的宝物”考古盲盒。与普通盲盒不同，考古盲盒的关键元素由博物馆专家把关，以确保对文物的微缩还原。此外，考古盲盒不仅改变了传统盲盒“拆盒即结束”的玩法，而且将产品变成“战利品”，让消费者通过动手来发掘未知，还附有按比例缩小复刻的微型洛阳铲，使消费者辨析土质、探测宝物，获得身临其境般的考古体验。此后，不仅众多KOL紧跟测评、媒体点赞发声，消费者也开始在社交媒体上分享、交流自己的“开盒”

过程，使考古盲盒热度不减、持续破圈。

对于豫博文创来说，考古盲盒的走红并不是终点，它同时可以带动河南博物院同类文创产品的销量。河南博物院文创办主任宋华介绍，河南博物院文创办要打造一个以豫博文创为主IP、系列文创产品为辅IP的品牌集群。在这个集群中，将形成IP带动IP、品牌联动品牌的循环发展模式。以“女皇的祈福”IP为例，“女皇的祈福”口红上市之初，便以“兑换券”的形式融入考古盲盒，设计开发者的具体做法是将“兑换券”与考古盲盒中的隐藏款“武则天金简”封装在一起，让开出该盲盒的消费者可凭“兑换券”兑换一支口红。通过这种联动的形式，豫博文创不仅丰富了考古盲盒的玩法，也让“女皇的祈福”IP上市伊始便得到极大的关注。这也契合了如今通过单品形成IP，继而带动销售、反哺品牌的营销模式。2019年下半年，“考古盲盒”开始出现在市场上，但并没有像现在这样成为一个时尚的文化产品。2020年，有网站统计，仅几天时间，“失传的宝物·考古盲盒”在线上销售4585个，24893人收藏了这件商品。考古盲盒的LOGO影响力不断扩大，2021年5月，三星堆博物馆官宣入驻线上，同时推出了40多款文创产品。同年6月，三星堆上新考古盲盒产品，8月，江西省博物馆也推出考古盲盒，迷你版的“文物”被藏入盲盒中，广大消费者拿到盲盒，一边发掘“宝物”，一边了解江西古文物的历史底蕴。

考古式开盲盒让消费者获得了不一样的盲盒体验，以河南博物院为代表的体验式文创产品“考古盲盒”打开了文创产品开发与销售的新思路，不仅传播了文化，还实现了商业盈利。正如河南博物院院长马萧林所认为的，用年轻人喜爱的形式将专业的“考古发掘”从被动学习变为有趣的主动探索，能让更多年轻人感受中华文化的博大精深，有助于进一步坚定我们的文化自信，也给其他类型的文创产品开发提供思路。近年来，不少档案馆也在做积极的尝试，利用国际档案日的宣传和推介，使轻巧、实用、带有档案馆LOGO的文化产品，成为档案馆亲和力的象征。

二、打造文创产品专属IP

随着移动互联网的快速发展，IP逐渐成为文化产业领域的高频词。文化与IP运营模式的交融，创造出了新的发展生态。近年来，我国文化产业发展迅速，优秀文化成果“引爆网络”的现象时有发生。档案馆在开展文化活动时要结合馆藏特色并注意审时度势，设计开展有特色且深受公众喜爱的文化创意活动，打造档案专属IP。在这一点上，故宫博物院就做得很好。早在2014年，故宫博物院结合当时正火的清宫题材的电视剧，设计了“雍正萌萌哒”系列产品，产品一经发布获得各界的高度关注；后故宫博物院又推出了“故宫口红”“故宫火锅”等，也是火遍朋友圈。截至2018年12月，故宫博物院共开发出文化创意产品1.1万余种。故宫博物院很好地发挥了创新理念，形成了故宫文化的专属IP。故宫的雪、故宫的猫、故宫文创、故宫展览，如今，故宫已不再仅仅是一座博物馆，更是利用文化创意产品走进百姓生活的一个样板。经验证明，我国档案馆在设计文化创意服务的形式上要打破“高冷”的形象，学会抓住热点和公众的喜好，这样才能逐渐树立良好的口碑，最终形成档案的专属IP。

特色IP文创产品更加强调公众的体验和与公众之间的互动，在泛娱乐的互联网时代，这类文创产品可以创造粉丝经济，在与其他娱乐比如影视、游戏、文学等的交融互动中扩大市场，以核心文化IP为竞争力传播文化经典，创造更多的经济效益和社会效益。档案馆进行IP产品授权开发时，应结合自身独特的馆藏资源优势，建立健全本馆授权内容的知识产权管理机制。在授权前，档案馆应对馆内IP进行全面盘点、核查，理清自有知识产权、权利的限制（范围、时间）、使用权、隐含的原作者权利等信息，并对不同内容、不同层次的IP资源类型、归属、状态等进行分类整理，建立馆藏IP专题数据库。授权过程中，需要根据授权期间授权标的物知识产权变化，进行动态的跟踪管理，建立档案馆授权内容的知识产权管理机制，有效避免或减少授权争议。此外，要慎重选择合适的被授权方，考虑其业务范围、品牌文化、销售渠道、形象信誉等，优先选择业务内容与具有较强关联性、一定规模和效益、品牌特色明显、形象信誉较好的被授权方合理授权。目前档案馆的文化授权还是一片蓝海，在授权实践中一定要注重保护知识产权，规范授权行为，这样才能推动档案文化产品开发工作可持续发展[①]。

三、传播赋能，打造IP集群效应

产业集群化发展是当今产业发展的趋势之一。人们对文创产品既有极高期待也有消费能力，因此，应加强文化创意产业的集群发展，构建具有规模效应的产业链和生态圈。文化创意产业作为新兴的产业，其较强的产业融合性决定了其发展过程中需要整合各种资源，集群化发展趋势非常明显。打造品牌并形成IP集群效应是文创产品走向规模化发展的必由之路。河南博物院找准了文创产品活化的关键点，在产品爆火后迅速做出反应，从设计到生产到宣传各个环节紧跟其上，让产品持续发热，这为包括档案文创在内的文创产品的发展提供了可供借鉴的经验。一场考古挖掘现场直播，让沉睡千年的三星堆成为“顶流”。此次发掘中，官方用“拆盲盒”“上新”等网络热词代替“文物出土”的常规话语，同时推出短片，让文物“说方言”，并制作文物表情包。自媒体博主自制三星堆黄金面具、权杖，在社交媒体展示制作过程，引起极大的热度。官方与大众的良性互动使得三星堆IP成为一个活的、被不断丰富的载体。从青铜面具冰淇淋到考古盲盒、祈福神官系列盲盒、摇滚盲盒等，三星堆文创产品囊括了潮流饰品、办公文具、家居好物等众多品类，融合川蜀元素，兼具时尚感，受到广泛欢迎。随着动漫电影《三星堆荣耀觉醒》，纪录片《三星堆新发现》以及三星堆文物、文创的巡展，三星堆文化成为普通大众熟知的文化，文创产品成为孩子们青睐的产品。

联动之外，豫博文创也在使用多种传播方法，二次丰富IP的文化内

① 赵亚婷，蔡文．基于IP运营视角的档案文化产品开发策略研究[J]．浙江档案，2020(7)：56-57.

涵。如今越来越多年轻人的心理从猎奇探宝逐渐转变成热衷探寻宝物背后的历史文化知识，而考古盲盒正是满足了消费者“猎奇探宝”的需求。但想要让消费者了解宝物背后的历史文化知识，还必须要有一支专业的客服团队。

河南博物院淘宝店铺上线之初，客服便全部由博物馆员工兼任。当顾客咨询产品相关问题时，他们能够悉心解答；当顾客想要了解文物背后的故事时，他们也能用专业的知识描绘出文物所承载的厚重历史。盲盒日志也是豫博文创的一大宣传阵地。考古盲盒日志采用动态文创的开发理念，每十天更新一批“宝物”，为方便消费者了解相关产品信息，还会将这些信息同步更新于微信、微博、淘宝等平台。目前，盲盒日志主要报道考古盲盒的宝物更新、活动预告、活动总结、渠道宣发等内容。消费者不仅可以从中获取盲盒中新增的“宝物”基本信息，而且能够了解到“宝物”背后的相关知识，知其然更知其所以然。盲盒日志也逐渐成为豫博文创与粉丝间心照不宣的特殊资讯平台。对于豫博文创来说，盲盒日志记录着考古盲盒的成长，也记录了平台与粉丝间的相互促成、相互影响；对于粉丝来说，阅读盲盒日志已经成为一种习惯，通过他们能够了解豫博文创的最新动态，抢购到“断货在即”的最新爆款。

为形成一定的规模效应，打造文创市集，豫博文创携手30余家优秀的文创企业，以帐篷市集的形式为消费者提供了一场别开生面的文创展。在这一文创展上，消费者不仅可以体验到木刻版画、石刻拓印、泥塑、面塑、叶贴画、皮影、宋式风筝、汴绣、印染画等传统工艺的乐趣，还能够在“时光穿越”中感受历史，体会《论语》“逝者如斯夫，不舍昼夜”之意。

除此之外，豫博文创以线上直播的形式，将珍贵的文物资源、丰富的历史研究成果与博物馆文创产业紧密结合，探索出一条文物活化的新道路。豫博文创利用各种新兴媒体积极传播文创产品的相关历史文化知识，为文物赋予了新的时代内涵。

我国文化创意产业刚刚起步，各类文化创意产业基地和聚集区建设初具规模，但特色还不明显。未来发展还需要加强对特色文化创意产业集群的培育，建设一批特色鲜明、优势突出的文化创意产业基地和园区，打造较为完整的文化创意产业链条，实现文化创意产业集群发展和产业规模效应的充分释放。

第三节 档案资源的文创转化与文化活化

用活档案资源有助于增进文化认同、增强文化自信。加强档案文化资源的保护与利用，有利于扩大对外交流，促进文化旅游产业健康发展。加大资源保护力度，推进文化资源合理适度开发利用，能使文化保护成果惠及更多人民群众。如何让档案文化资源活在当下、火在当下，如何吸引更多人民群众加入文化遗产保护中，如何用好文化资源讲好中国故事等均需要做好档案资源的文创转化与文化活化。

一、档案资源的文创转化

中国文化源远流长，在数千年的绵延发展中创造了德泽丰厚的文化遗产[①]。档案资源作为中国文化积淀的重要承载，担负着传承与发展中华优秀传统文化的重要使命。在传承发展传统文化的形式探索中，开发设计者对档案资源的开发形式进行了诸多尝试，从传统的资源整理、展厅宣传到资源的研究开发、与不同文化资源的融合，皆取得了一定的成果。然而从档案资源的利用效果上来看，资源的开发形式还不能与当前多样化的社会需求相适应，当前文化产业的飞速发展需要对档案资源的开发方向进行调整，打造文化IP，开发亲民的大众文化创意产品成为新时代档案资源开发利用必走的路径，也是文化自觉语境下中国传统文化展现东方文化魅力的必经之路。而在文创转化过程中，档案文化资源需要经历再现→再造→再生的转化历程，最终华丽转身，实现文化价值，完成

① 冯月季，李菁．打造国家文化符号：文化自觉视域下中国传统文化IP的价值建构[J]. 中国编辑，2019(9)：33-37.

档案资源的文创转化[①]。

文化价值再现。不同的档案资源有不同的文创基因，发现并最大程度地挖掘资源，再现文化价值是实现档案资源文创转化的必要条件。在文创资源开发之前，开发者选择馆藏经典资源，深度挖掘资源背后的文化背景、故事，从而发现其特别的文化价值。在这一过程中，资源开发者和资源管理者需要拥有一双善于发现的眼睛，能够从诸多文化资源中发现文化元素，并挖掘其“核心价值”，从而再现档案资源的文化价值形态。

文化价值再造。档案资源文化价值被发现后如何通过适合的表现形式再造文化资源，是档案资源文创转化的关键环节，也是文创设计的重要内容。提取经典馆藏资源的文化元素，将固化的内容创作成符合当代人审美和喜好的作品，并进一步制造出贴近人们生活、让群众喜爱的经典产品。在档案资源文创转化的过程中，设计者需要更加关注产品的创意元素、外形设计，以现代化的审美造型打造经典时尚产品，以新颖独特的面貌体现产品优势，从而实现档案资源的文化价值再造。

文化价值再生。文创转化赋予文化资源以新的生命力，而能否延续馆藏资源的生命力，再生档案的文化价值则是档案资源文创转化关注的焦点。文创产品一经问世，便让受众产生共鸣，而能否赋予产品持久的生命力，则需要关注文创产品能否生产出经典“爆款”，并且要通过持续的宣传，使文创产品在文化产业的广阔天地中寻找到适合自己的一席之地，从而实现档案资源的文化价值再生。

二、档案资源的文化活化

文化是文创的灵魂，文创是文化的载体。深藏于档案馆、博物馆等地的文化资源，虽然也在不断地以不同形式走进公众视野，但主要还是以传统的展陈方式和公众见面，档案资源的活化利用成为当前档案部门

① 吴文聪. 档案文创产品IP化探解——基于故宫《石渠宝笈》项目的思考[J]. 档案管理,2021(1):84-86.

需要关注解决的重点课题。利用档案资源开发的文创产品以其灵动有趣的形态走向公众，是资源活化利用的有效方式。档案文化创意产品的设计是将文化资源所蕴藏的传统文化基因，通过创意设计来激活，以更加亲民的形态生产出产品，真正实现档案资源的活化利用。增强全体民众的文化遗产保护意识，继承和弘扬中华优秀传统文化是档案资源文化活化的目标。档案资源涉及文化资源的诸多方面，其中非物质文化遗产作为人类历史发展积淀下来的宝贵财富，能够很好地反映档案文化的资源特征与历史使命。近年来不断涌现的将非遗活化成现代人接受的创意形式，是文化资源全新的开发形式和取得显著成果的创新尝试。

依据山东省图书馆藏珍贵画作《木兰秋狝图》设计制作的书灯、书立，总是能吸引大家的目光。选择《木兰秋狝图》中的绘画元素，设计制作一款可以用来照明的台灯，造型借鉴折扇，精美的外观“打开是创意，合上是文艺”，既可照明，又可以当作一件漂亮的装饰品摆放。另一款提取图中人物纵马骑射场景设计制作的瓷杯，透出浓浓的书卷气，在此杯中泡上清茶，品茶之余，还能沉浸于鲜活、具体的历史场景中，何等赏心悦目。山东省图书馆馆长刘显世认为，图书馆文创产品要兼具历史价值、艺术价值、人文价值和社会价值，是弘扬中华优秀传统文化的重要载体。站在新的时代节点，文创工作要围绕体现馆藏资源的文化承载，并抓住发光点，让馆藏资源里的文化真正“活”起来，让意蕴深厚的齐鲁文化符号“跳跃”起来，鲜活地被呈现在公众面前，以激活我们的文化积淀，促进文明薪火相传。

潮玩的流行给档案文化资源的开发提供了借鉴和开发思路。“国潮”正在成为时尚文化的新宠，越来越多的年轻人开始将“国潮”作为表达自我情怀和时尚态度的新形式。潮玩文创，将文化元素与潮玩很好地结合在一起。“国潮”元素的运用，引起了观众的共鸣，迎合了当下年轻人的喜好，为文化的传承发展奠定了良好的基础。这一关注传承重点人群的喜好的做法，值得档案文化创意产品开发者借鉴和学习。

三、科技创新：现代设计活化文化资源

现代科技的不断发展和新型材料的不断出现，为文创设计提供了更多现代化的技术手段和技能应用，新技术也为文创设计带来了更多的新产品。在产品的设计过程中，融入现代科技手段，比如立体空间营造效果，伴随着大数据和人工智能的飞速发展，3D技术在包装设计和现代展陈效果方面大放异彩，使新文创产品不断以独特新颖的形态呈现在人们面前。

随着我国消费水平的不断提高，文化产品蕴含的深厚文化内涵和背后动人的故事，越来越成为开发者关注的焦点，也成为文创产品竞争的关键。新模式的引入，可以有效整合社会优质资源，调动各方参与公共文化服务的积极性，促进政府，特别是欠发达地区的政府，更好地履行文化建设的责任，让人民群众享受高品质的精神产品与服务。文化事业和文化产业都具有极强的意识形态属性和公益性，这给档案文化创意产品的开发提出了挑战。党的十九届四中全会指出："鼓励社会力量参与公共文化服务体系建设。"国家科技创新体系坚持"以政府为主导、鼓励社会力量积极参与"的原则，深化文化事业单位改革，整合社会力量兴办公益性文化事业，形成高效运转、良性竞争、多元互补的公共文化生产供给体系，探索公共文化服务建设的新模式。

档案文化创意产品的开发是一个复杂的过程，往往易受到技术、资金等条件的限制。为此，美国档案机构决定积极"走出去"，不断将现代科技应用到文化作品的展览和文创产品的设计。为了用活档案资源，采用资源优势互补策略，积极与企业、学术机构和媒体机构等开展深度广泛的合作，进行文创产品的研发和销售等，实现了馆藏特色资源整合，大大提高了档案文化创意产品开发效率。例如，美国国家档案馆基金会通过与国家档案馆合作，为其档案文化创意产品开发、展览活动等提供资金支持①，取得了良好的社会影响。

① 董凤凤.美国国家档案馆服务特色及启示[J].北京档案,2019(11):42-44.

如今，越来越多的展馆采用现代化展陈技术。增强现实（AR）等技术为展览带来更多的趣味性和观赏性，成功吸引了更多的青少年前来参观。这不仅扩大了文化传承的范围，也丰富了爱国主义教育的内容。例如，良渚博物馆以其高雅大方的设计，创新的展览陈列理念，合理运用先进的展示方法，为公众打造了一座可观、可学、可触、可玩的平民化博物馆。不少青少年租借AR体验设备，饶有兴趣地了解良渚文化，吸收人类文明和文化的知识。在博物馆的最后一个展厅，采用良渚特有馆藏设计生产的文创产品尤为受到孩子们的喜爱，各种精美的学习用具，解压玩具和小玩偶，成为孩子们争相购买的热销产品。孩子们在接受完文化的熏陶后，还能愉快地将“文化”带回家。此外，“云游敦煌”小程序通过云展览和云直播，融合敦煌动画剧、敦煌诗巾和壁画填色等互动版块，联合腾讯视频、音乐，为用户带来了壁画文创视、听、感的“活态化”体验。

第四节　经典文创产品的赏鉴与启示

中国档案文化创意产品从狭义范围上看，主要指的是由档案文化资源衍生的文创产品。单从档案馆的资源视角看，目前处于早期的发展上升阶段，影响范围尚不够大。但从档案资源的广义范围来看，档案文化资源又可以扩展范围空间。文化遗产的资源表现形式各异，档案文化资源与其他资源在表现形态上也有共性特征。例如，文物从一定意义上来说也是实物档案，但我们还是习惯将档案文化创意产品与博物馆等文创产品区分开来，认为档案文化创意产品仅限于档案馆范围内开发的文创产品。与档案馆有着千丝万缕联系的博物馆等文创产品异彩纷呈，它们的开发之路是档案文化创意产品需要借鉴学习的。经典文创产品的创意设计和发展路径为档案文化创意产品的开发提供了启示。我们在欣赏赞叹经典文创产品的同时，也在思考档案文化创意产品的未来发展方向。我们相信，档案文化创意产品在不久的将来也能实现华丽转身，呈现出丰富而多姿的产品形态，在文化产业中占据不凡的地位，并越来越为人们所喜欢。本节仅选择部分有影响力的经典文创产品，分类介绍它们的创意设计和文化元素，分享其精致形态与表现魅力，同时分析它们对档案文化创意产品未来发展的启示。

一、故宫文创产品的典型示范

故宫文创产品是中国文创产品开发的典型，反映了我国文创产品开发的现状和水平，也是将我国文化遗产和档案元素开发利用最充分深入的产品形态。它的成功开发也为我国档案文化创意产品的深入发展提供了借鉴。北京故宫在大家印象中一直是气势恢宏、庄重肃穆的象征，是中国古代文化艺术巅峰的代表。近年来，随着故宫博物院和北京电视台联合制作的文化节目《上新了·故宫》的播出，以及故宫文化创意产品的热销，诸多由明星参与的文化创意宣传活动，线上线下文创产品的火爆销售，与地方文博馆等合作开展的各类创意展览等，让故宫博物院的文化创意产品逐渐被大众所关注。从纸胶带、翠玉白菜伞到朝珠耳机等，各种独具创意的设计与人们的生活紧密相连。故宫的文创产品不仅停留在创意层面上，更是沿着故宫五千年历史脉络，发掘出深藏的“故宫文化”元素，并将其作为传播载体不断推陈出新。

故宫文创产品的火爆，得益于故宫丰富的文化资源和独具匠心的文化创意。首先，故宫丰富的文物资源是故宫文创产品研发的基础，有了丰富的资源才更有可能挖掘出文化创意元素。其次，开发文创经典产品是故宫文创一直以来的目标。对于每一件文创产品，创作团队都会精心研发、打磨，在整个过程当中坚持对品质的不妥协。最后，故宫文创产品在创意设计上力求贴近人民群众生活，并与时尚相结合，这使得故宫文创产品呈现出历史性、知识性、艺术性、生活性、时尚性、趣味性等的多元化融合的特征。尘封的文物不仅“活”过来了，而且“火”了起来，这有赖于故宫博物院在传统元素的基础上不断开拓创新。以一支难求的口红为例，故宫文创产品的成功理由显而易见。故宫为六款口红打出的广告语是“这是一场历史与颜色的告白仪式”。这六款口红提取了故宫馆藏的服饰元素，每一款都与一件故宫院藏文物同色，甚至每款的外观灵感也都源自一件宫妃衣裳或装饰品。故宫博物院通过自营和品牌授权等方式，2017年仅靠文创产品的销售就实现超过10亿元的营收。而这又“反哺”了博物馆主业，吸引了更多人走进展馆，真正实现了经济效益和文化效应的双赢①。

故宫文创对档案文创的启示在于：将古老元素与现代生活结合起来，注重讲述古老元素背后的文化故事，重视文化内涵，精心设计，注意细节打磨，生成独特的创意，走精品路线，推系列产品，使文化宣传符合当代人的喜好，从而形成文创产品的良性运转，持续提升品牌价值。

二、文化资源馆文创产品的精彩呈现

我国幅员辽阔，民族众多，各区域文化丰富多彩，这造就了一些别具一格的地方特色档案资源。与国家层面的档案资源不同，这些档案的内容是这些地区特有的、能够体现其独特的地域色彩与风格，能够从更微观的视角展现地域的历史传统、人文景观和社会面貌。将地域特色与档案文化创意产品相结合，不仅可以提升文创产品设计的亮点，还对地方经济建设、文化传承和档案事业发展具有重要意义。有了故宫文创产品的成功经验，各地博物馆、纪念馆、图书馆、档案馆、美术馆等文化资源馆竞相推出自己的特色文创产品，扎实开展文化资源的文化创意工作，纷纷为活跃国内外文创产业市场作出积极的贡献。产品的形式越来越多样，产品设计的创意越来越专业化和品牌化，逐渐能够适应新媒体、数字中国的新环境。在地方文化资源馆文创开发的推动下，涌现出一批令人爱不释手的文创产品。例如，安徽博物院的“徽风皖韵”系列文创产品，苏州档案馆借助纱罗样本档案研发的一系列“苏罗”文化创意产品，如罗灯·暖良宵、凉友·罗扇、包罗万象、丝罗手写本等，皆取自

① 范荣.北京日报：从故宫口红热看文化富矿开发[EB/OL].(2018-12-14)[2021-06-24]. http://media.people.com.cn/n1/2018/1214/c40606-30466046.html.

古代文学作品中的美好意蕴，凉友·罗扇系列产品来源便来源于杜牧《秋夕》中的“银烛秋光冷画屏，轻罗小扇扑流萤……”

安徽博物馆选取了具有安徽特色的文化资源，构建了具有徽州特色的文创产品形态。其中，徽州女人首饰盒便是其中最具有特色的博物馆文创产品之一。“前世不修，生在徽州。十三四岁，往外一丢。”这一民谚真实反映了徽州人的生活状态。徽州人从小便被迫背井离乡另谋生计了。徽州人格外注重女子的贞洁道德，所以明清时期的徽商返乡总是筑高楼深院，而后又离家经商，这一走就是数十载，留下高堂和幼儿由徽州女人照顾。高高的马头墙下，幽深的大院锁住的是徽州女人短暂的青春，留下的是女人们在院内漫长的等待。徽州女人坚强而柔韧，勤劳智慧又不失典雅从容，她们的故事和精神品质需要通过特定的形式表现传递，而妆饰类文创产品（如图8.1所示）便寄寓了这一文化情感内涵。

图8.1　徽州女人首饰盒（安徽博物馆）

甘肃博物馆利用馆藏资源开发的文创产品紧跟时代特征，结合当下文化需求，真正探索出人们在特殊时期的文化需求。其在疫情期间推出的玩偶“马踏飞燕”自2022年6月中旬上架之后，月销量超过一千份，消费者在购买后甚至需要等待25天左右才能收到，俨然成为继“冰墩墩”“可达鸭”之后的又一顶流。当时的新冠疫情影响了每个人的生活，也催生了当时的疫情文化，文创产品的设计必须适应时代的变化。虽然也有网友认为这款玩偶的表情过于怪异，甚至与迪士尼动画《史莱克》中的驴子也有点“撞脸”，但这丝毫不影响网友们的购买热情。即便需要等几十天也要实现“户均一马”，而这一文创产品在特殊时期这也在一定程度上缓解了人们的心理压力。实际上，这已经不是甘肃博物馆“马踏飞燕”（如图8.2所示）第一次出圈了，之前的“马踏飞燕”头套以及“绿马出行”文创口罩都曾不同程度地出圈。以绿色为主要色彩设计出的形态放松的玩偶产品，旨在为疫情紧张状态的人们带来放松和慰藉。文创设计的“点”在于：“绿码在手，心里不愁。”人们在放松心情面对疫情的同时，也接受了文化的熏陶。

图8.2　“马踏飞燕”（甘肃博物馆）

纪念馆文创近年来也在不断创新，并且不断适应文旅融合发展的需要。新设计出来的文创产品更加方便参观者随身携带，且有一定的实用功能，能够反映纪念馆的文化精神，能够给参观者以诱导与启发，激励购买者不断实现自己的追求，培养某种奋斗精神。例如，岩寺新四军军部旧址纪念馆文创（如图8.3所示）小店里推出的文创产品主要是结合了新四军的铁军精神打造出来的，铁军应急包、戒尺等都让参观者印象深刻，也反映出了产品的精神文化追求，而使用者使用产品的过程也是接受教育的过程。

图8.3　“铁军应急包”（岩寺新四军军部旧址纪念馆）

文化资源馆文创对档案文创的启示：文化资源馆应当充分挖掘本馆的特色资源，把握参观者的文化需求，打造出具有独特亮点的文创产品，以激发潜在消费者的购买欲望。

三、新文创产品的多彩魅力

“新文创”指的是在新时代背景下，以IP构建为核心的文化生产方式。其目标是打造出更多具有广泛影响力的中国文化符号。新文创是一场面向未来的文化生产“新实验”，目前已广泛应用于影视、游戏、文学、动漫、音乐等众多领域。档案馆联动各类文化机构，综合调用云计算、人工智能、小程序等数字化工具，通过新文创的方式，能够探索数字文化时代的更多可能。新文创是时代的产物，富有时尚魅力，并深受年轻人的喜爱。

“文创雪糕”、冬奥会的“冰墩墩”、让文物活起来的考古盲盒等文创产品一时火遍文创界。同大多传统的博物馆文创产品相比，如书签、帆布包、印花T恤等，新文创产品以其独特的面貌走进人们的生活，为人们所喜爱和追捧。

如今，仿佛没有一张对着景区或天空拍摄的雪糕特写照，年轻人的旅游打卡就不够完整。在这种热潮下，各地文旅活动纷纷涌现。四川广播电视台官方微博“四川观察”联合微博媒体发起文创雪糕大赛，把这一热潮推向了高潮。2016年，北京玉渊潭公园推出樱花形状的雪糕（如图8.4所示），作为自己园区特色樱花文化的文创载体，配合每年的樱花节，迅速吸引了一批粉丝。随后，各种樱花形状的文创产品涌入市场。武汉大学一直在推广樱花文创产品，樱花书签、折扇等产品使参观樱花园的游客能够将樱花带回家。而樱花文创产品的火热带动了其他花样产品的创新，砀山酥梨产地的人们纷纷用梨花花瓣图样制作出精美的梨膏棒棒糖，精致可口的梨膏棒棒糖也热销多年。产品的实用性和文化性的结合，成为其热销的重要因素。

图8.4　玉渊潭樱花文创雪糕

近年来，年轻人对国货和国潮产品的消费意愿有了很大的提升。国货和国潮产品折射出来的内在价值，给予了年轻消费群体很强的情感归属。1950年10月，刚成立不久的中国科学院考古研究所，在河南辉县落下了新中国考古“第一铲”，拉开了新中国田野考古发掘工作的序幕。70多年来，一件件文物重见天日，一次次轰动了世界。这份真切的骄傲与喜悦，连同细致入微的挖掘方式，在今天竟然可以被完美复刻。实现这一切的，是已有百年历史的河南博物院。“老古董”成了潮流风向标，博物馆成了网红打卡地。“让文物说话，把文物带回家”，对现在的年轻人来说，花一个小时从土里挖出宝物十分解压，而考古盲盒所提供的特殊“考古体验”也圆了许多人的考古梦。

2022年，北京冬奥会顺利开展，除了精彩绝伦的体育赛事之外，最引人注目的当属冬奥会吉祥物——冰墩墩。可爱萌动的冰墩墩亮相后，受到了广大网友的喜爱与追捧，“冰墩墩”文创玩偶（如图8.5所示）供不应求，网友要求实现“一户一墩”的呼声也只增不减。

图8.5 “冰墩墩”文创玩偶

新文创的典型特点是将文物或文本“活化”，让文创产品以动人的姿态与人交流，通过激发消费者的情感共鸣，让消费者从内心接受它并爱上它。例如，“文衡山先生手植藤种子”是一款需要公众参与配合完成的文创产品，被称为“活的文物”。它的设计独特而新颖，让消费者在动手参与、体味劳动乐趣的同时，学习文化知识，提升文化品位。其来自苏州博物馆文徵明手植紫藤这一独特馆藏资源，一般在植树节前限量发行1000盒，推出首月即销售一空。紫藤为明代著名书画家文徵明所植，雅称“文藤”。“文藤”已有近500年的历史，长期与拙政园宝珠山茶共享盛名，为历代文人题咏赞颂，是名园内“活的文物”。“文藤”至今仍受到人们的精心保护与慕名观赏，被列为一级古树名木保护对象。紫藤旁还有一块石碑，上面刻有苏州巡抚端方的题词“文衡山先生手植藤”。“文藤”种子（如图8.6所示）这种“活化”了的文创产品，使文创产品焕发出新的生命力，使文化精神得以传承。

图8.6　“文藤”种子（苏州博物馆）

文创产业的蓬勃发展不断推动产品的规模化生产，丰富多样的文创产品特别是新文创产品的不断加入，使全国范围内文创市场越来越繁荣。景德镇陶溪川文创街区不仅是推广景德镇陶艺的市场，更是中国瓷都文化走向全国乃至全世界的文创打卡地。这里的每一件文创产品都是独一无二的，是设计者精心打磨出的宝物。它们的生产者往往也是产品的销售者，他们既是艺术家，也是与消费者心灵相通的朋友。当然这里的文创产品（如图8.7所示）不仅迎合了消费者的艺术品位，也注重中华优秀传统文化的传承。设计者在寻求文化契合的过程中，也在致力于打造经典文创产品。例如，象征敦煌文明的元素被印到瓷器上，文化便也随着一件件精致的文创瓷器走进人们的心里。

图8.7　景德镇陶溪川文创（街区）产品

新文创对档案文创发展的启示：新文创更关注文创产品的活化和时尚性，往往以意想不到的效果打动人们，加强了与消费者情感上的沟通。这些成功的案例正是新时代档案文创研发人员需要深入思考和追求的目标。

四、高校档案文化创意产品的多彩形象

高校档案馆作为高校馆藏资源丰富的校内资源馆，近年来也积极开展与校内外科研院系、文化企业等的合作，不断打造具有学校特色的文化创意产品。这些文创产品不仅在校内文创商店销售，还在社会销售平台销售，不少文创店获得了较可观的经济收入。这一方面是因为高校文创产品能够将学校的精神文化元素融入产品形态，另一方面则是因为设计者采用了现代化创意手法打造契合年轻学生文化品位的产品类型。

根据学校档案馆馆藏的历年学校徽章制作的不同类型的徽章文创，既反映了学校的办学历程，也可作为大学生了解学校文化的线索。在校学生或毕业校友通过收藏纪念品加深对学校历史的了解，保持与学校的心灵沟通，增强归属感。图 8.8 便是中国美术学院、安徽师范大学等学校利用馆藏校徽制作的系列校徽文创，深受师生和校友的喜爱。

图8.8　中国美术学院、安徽师范大学等学校的校徽文创

高校档案文创中较受学生欢迎的还有一些日用品，这些产品在造型设计与创意特征上更加符合大学生的喜好，色彩鲜明、外形精巧、产品实用性较强。例如，暨南大学的文创产品（如图 8.9 所示）、中国美术学

院的文创产品（如图8.10所示），既有一般文创产品的特征，又有新文创产品的特点。中国美术学院的文创产品以美术学院的设计见长，在造型、色彩、创意方面都有自己的独到之处，展现了美术院校的专业水平。

图8.9 暨南大学文创产品

图8.10 中国美术学院文创产品

高校档案文化创意产品对档案文创发展的启示：档案文化创意产品的设计者应与高校档案专业、设计专业等专业人员合作，寻求具有特色的专业设计，打造符合不同类型群体人员的审美与文化需求特点的品牌产品，在一定的群体范围内利用现代传媒宣传手段达到预期的传播效果。

五、档案馆文创产品开发实践思路

当前档案馆开发文创产品的工作人员存在技能水平不高、设计思路不开阔等问题。在我国政策的支持下，档案馆可以通过借鉴国外先进经验、把握文化产业的核心、整合全社会的资源等方式，发挥档案馆的优势，推进文化创意产品开发实践。除档案馆之外，还可以借鉴世界范围内的图书馆、博物馆等文化机构开创文创产品的经验。这些成功的经验可以为档案文化创意产品的发展提供思路。

（一）围绕馆藏特色开展设计

档案馆拥有丰富的历史文化藏品，这是档案馆进行文创产品开发的优势。档案馆可以借鉴图书馆、博物馆文创产品开发的成功经验，寻找自身文创产品开发的优势并加以利用。档案馆文创产品开发的优势是其内部丰富的藏品。产品创意可以从这些藏品的内容着手。例如，馆藏中有许多关于中国古代服饰的图书，工作人员可以根据此类图书设计出有关旗袍、汉服的卡通形象，进而推出书签、钥匙圈等日常用品，以吸引对我国传统服饰感兴趣的消费者。又如，高校档案馆馆藏有学校早期办学阶段的印章和校徽，工作人员可以将其与现在流行的鼠标垫、坐垫、帆布袋、硬盘等产品结合，使档案馆文化融入日常生活。再如，高校档案馆保存了大量往届毕业生的照片，可以利用这些资源制作相册，通过影像展示学校历史沿革。

（二）与其他文化类产品进行联动

如今，各式各样的文化产品如雨后春笋般涌现。档案馆在进行文化创意产品设计时，可以与国漫、传统文学作品、经典荧幕形象等其他文化类产品进行联动。图书馆、博物馆在这方面已经进行了大胆尝试并且取得了一定的成绩。例如，山东省图书馆推出的“木兰—秋狝”系列文创产品就是基于山东省图书馆珍贵馆藏文物《木兰秋狝图》进行开发的。工作人员对《木兰秋狝图》中的人物元素进行了提取，以原人物造型为蓝本进行重新设计，并将所设计的人物图案印制在帆布包、卫衣、马克杯上。另外，《秦时明月》等国漫的兴起也为图书馆文化创意产品开发提供了新思路。《秦时明月》中蕴含着丰富的中国传统文化元素，可以将其与馆藏内容结合，推出相关文创产品。

中国第一历史档案馆、故宫博物院等立足馆藏特色，打造了如《清宫秘档》等一批影响深远的档案文化创意产品。这些产品具有鲜明的中国特色，通过文化节目等途径进行传播推广，社会反响较大，获得了较高的社会效益。正如河南博物院马萧林院长所说：“我们要把社会效益放在第一位，把文创产品作为博物院陈列展的一种延伸。通过文创产品，将蕴含在文物中的文化元素挖掘出来、传播开来，让公众，特别是青少年，在使用产品的过程中，了解、认识、认同传统文化，坚定他们的文化自信。这是博物院义不容辞的社会责任”。因此，档案文化创意产品的未来发展不仅要关注产品的经济价值，努力推出能够火出圈的产品形式，同时更应该重视文创产品的社会价值，让产品服务社会，服务文化建设。

第九章　文化数字化战略背景下档案文化创意产品的开发路径

为贯彻落实党中央关于推动公共文化数字化建设、实施文化产业数字化战略的决策部署，积极应对互联网快速发展给文化建设带来的机遇和挑战，满足人民日益增长的精神文化需求，建设社会主义文化强国，2022年5月22日，中共中央办公厅、国务院办公厅印发了《关于推进实施国家文化数字化战略的意见》，这是当前文化创意创新发展的指导性意见，也为档案文化创意产品的开发指明了发展的路径。档案文化创意产品的发展必须紧跟信息技术的飞速发展与数字人文环境的不断更新。借助新技术手段，档案馆应力争与时俱进，在文创产业飞速发展的浪潮中找到适合的发展方向，创造属于自己的一片蓝天。

第一节　文化创意产品的“数字升级”

一、数字藏品成为文化创意新形式

数字藏品，又称数字艺术品或NFT，是指使用区块链技术，对应特定的作品、艺术品生成的唯一数字凭证。因其不可替代性，数字藏品逐渐衍生成为一种加密资产，成为虚拟、加密世界中的产品类型，在虚拟世界中占据一定地位，吸引了越来越多的人关注并体验这种数字产品。2021年9月，国内首款文博类的数字藏品在“云游敦煌”小程序推出。

敦煌研究院联合腾讯发布文博领域首个公益数字藏品，用户参与敦煌文化问答互动，就有机会获赠敦煌限量典藏版数字藏品“数字供养人”。2021年5月，蚂蚁集团上线“宝藏计划”系列活动，28家文博单位对馆藏文物进行了重新演绎，创作并发行数字文创产品。同年10月，“蚂蚁链”正式发起数字藏品“宝藏计划”，首期推出现藏于中国国家博物馆的4件国宝级文物的数字藏品。2021年10月31日，国家版权交易中心联盟、中国美术学院、浙江省杭州互联网公证处、蚂蚁集团、京东科技、腾讯云等机构在北京共同发布《数字文创行业自律公约》。数字藏品作为文化创意的新形式，在文化数字化战略背景下应运而生并将表现出不凡的魅力，档案文创在未来的发展过程中一定要重视这一新产品形式的开发利用。

二、数字创意产业的兴起和应用

建立在数字技术与创意设计基础之上的数字创意产业赋能于以创意内容业和创意设计业为上位概念的一系列周边领域，形成以影视与传媒业、动漫与游戏业、数字出版业为核心领域，以虚拟现实/增强现实产业（VR/AR产业）为新兴领域，以文化与博物业、人居环境设计业、体育与健康业、设计业、玩具业、时尚服饰业、旅游业为衍生领域的产业布局[①]。千际投行资产信息网显示，数字创意产业相关细分行业中规模占比最高的是网络新闻媒体，其次便是网络游戏。当前移动游戏市场已步入成熟阶段，用户规模保持中低速增长。2018年至2019年游戏销售陷入瓶颈期，收入增速放缓，2020年受疫情影响，游戏行业迎来短暂红利期，收入大幅增长20%。近年来，虽然游戏版号发放量减少，新增游戏减少，但并没有影响数字创意游戏的广泛应用，特别是在疫情时期，年轻消费者对手游等创意游戏的热爱更是与日俱增。例如，故宫博物院出品的一款游戏《皇帝的一天》，该游戏一经推出，便备受儿童青睐。

① 孙守迁，闵歆，汤永川．数字创意产业发展现状与前景[J]．包装工程，2019(12)：65-74.

作为一款儿童游戏类应用程序（App），其有效结合了儿童的认知心理、兴趣点和历史知识点等，让孩子们了解古代皇帝的生活起居和工作情况。孩子们通过体验游戏，学习故宫文化，接受传统文化的教育和熏陶。此外，网易游戏《猎魂觉醒》和盘龙城遗址博物院跨界联动，在“盘龙传说”版本中，以考古发掘过程为灵感来源，《猎魂觉醒》推出了探索遗迹主题玩法，让玩家沉浸式地感受古老文明的魅力，通过寓教于乐的方式了解盘龙城遗址和商朝历史文化的趣味知识。又如，重视数字文创的湖北省博物馆设计制作的鹿角立鹤“体感游戏”，也受到广大消费者的喜爱。

三、元宇宙影响下的文创发展

元宇宙是整合多种新技术产生的下一代互联网应用和社会形态，它基于扩展现实技术和数字孪生实现时空拓展性，基于AI和物联网实现虚拟人、自然人和机器人的人机融生性，基于区块链、Web3.0、数字藏品/NFT等实现经济增值性。在社交系统、生产系统、经济系统上虚实共生，每个用户可进行世界编辑、内容生产和数字资产自所有。伴随着AR、VR、5G、云计算、大数据Web3D等技术的成熟与商业前景的展现，虚拟演出这一形式无疑吸引了更多人的关注。2021年9月，清华大学新闻与传播学院新媒体研究中心发布了《2020—2021年元宇宙发展研究报告》，提出新冠疫情的暴发加速了社会虚拟化，人们的线上生活由短期的特殊状态变为常态，人们的现实生活开始大规模向虚拟世界迁移。2021年，“元宇宙”无疑是最热的名词之一，各行各业争相布局元宇宙赛道，从虚拟偶像到虚拟演出，可以看见的是，我们离元宇宙的距离似乎正在不断拉近。档案文创的未来发展方向也要跟上数字时代的变化，注重虚拟数字产品的开发，以适应不断更新的数字化产品市场需求。

第二节　数字人文背景下档案资源的开发服务

数字人文的概念从人文计算发展而来。20世纪90年代早期至21世纪初期，随着互联网的出现和计算机技术的发展，人文计算的对象从电子文本逐步扩展到超文本、图像、视频、音频、数字地图、网页、虚拟现实等多媒体。计算的领域也不再局限于语言学领域，而是扩展到历史、音乐、艺术等多个领域。数字人文的实践先驱意大利著名人文学者Roberto Busa认为，人文计算化的结果更重要的是为传统人文研究提供全新的研究方法、工具和平台，实现人文研究范式变革。数字人文是将现代信息技术融入传统的人文研究和教学过程，从而改变人文知识的获取、标注、比较、取样、阐释与表现方式，实现人文研究范式与教学的全面升级和创新发展。数字人文是对数字化档案和档案数字化成果的深度开发。数字人文的开发离不开技术手段的支持，主要包括文本挖掘、地理信息系统可视化技术（GIS可视化技术）、语义检索、数据库、历史流和空间信息流展示技术等。其中，文本挖掘将大量非结构化的信息以新的模式、规则呈现出来；地理信息系统可视化技术则将复杂的、不易懂的信息通过视觉符号的形式表达出来；语义检索可以大大提高检索效率，避免老式的电脑单一机械地检索结果；数据库是数字人文技术发展的基础设施。在当今移动互联网时代，文创产品的开发一旦打通互联网技术的分享渠道，将迎来广阔的发展空间。国外档案领域对于数字人文的运用已相对成熟，其中最具代表性的是“威尼斯时光机”（Venice Time Machine）项目。该项目致力于将威尼斯国家档案馆馆藏进行全面数字化，利用数字人文等技术还原古老的威尼斯面貌，使人们在借鉴历史档案的同时，利用时光机器“穿梭”时空，再现当时的历史场景。该项目是运用历史流展示技术的典例，使人们在享受现代环境的同时，“穿梭”到远古时代感受古老文化。相较于国外，数字人文在我国档案实践中虽也有涉及，但多数仍停留在档案数字化阶段，对于更深层次的档案信息资源的开发利用研究相对较少。

一、档案文化资源的开发聚焦数字人文

（一）数字时代对档案文化资源开发提出更高要求

全面数字记忆时代的到来，打破了传统记忆与数字技术原有的平衡。新兴的技术不断冲击着固有的载体模式，使工具性作用相较载体性作用更加突出。档案文化资源的开发利用已经不能以固有的思维，停留在基础数字的初始阶段，而应转变思路，紧跟时代的步伐，重新审视数字技术可能带来的变革，视挑战为动力，敢于面对新兴技术、前沿信息，并将其变换成档案文化资源开发的有力抓手，发挥传统信息技术无法实现的作用①。数据作为数字人文的基本客体形式，基础数字档案本身的记载已经不能满足档案文化资源深度挖掘的需求。在厘清数据类型、结构等因素的前提下，需将数据从文本、时间、空间和社会网络等多个需求维度进行组织和分析，通过数据关联技术、信息化识别融合重组，构建具有较高研究价值的文化主题数字资源库，以更高标准适应档案文化资源开发研究的信息化需求。

（二）人文服务赋予档案文化资源开发更高的使命

数字人文研究的出发点在于人文，因此关注人文、服务人文是其最终目标。随着人类社会文明的不断进步，人们对于精神文化有了更高的追求。人们对人文环境、人文服务的高要求也促进文化资源开发的高标准的设定。在传统人文环境中，档案文化资源是人文与社会科学领域学者与档案工作者研究的主体对象，文化传承和传播始终是人文知识生产的主要任务。而档案文化资源的开发更多采用传统的人文研究方法，用较为传统单一的思维方式关注档案文本本身，开发的产品多为同一类文化资源的档案文献汇编。这种初级的传统开发模式难以满足群众对于人

① 潘连根.数字人文在档案领域中应用的理性思考[J].档案与建设，2020(7)：6-10.

文服务的需求，也不能充分地实现资源和信息的价值。而数字人文时代的研究则是将人文问题与数字技术、媒介研究结合起来，档案文化资源的开发研究需要根植于更高标准的人文服务环境，打破传统的人文研究方法，运用实用先进的数字人文技术，加强对档案文化资源的识别和分析，用现代时兴的信息技术表达方式，以大众喜爱的文化艺术形式来展现文化资源的价值，从而实现更大范围的文化传播。

二、档案文化资源与数字人文的关系脉络

（一）数字人文对我国档案文化资源开发的影响

数字人文的兴起对整个人文与社会科学领域的传统思维方式带来巨大冲击。要推动传统人文与社会科学研究方法和研究工具的变化与创新，档案文化资源的研究不能避开数字人文的影响[①]。

1.数字人文是指导档案文化资源开发的理论基础

数字人文的主要范畴是改变人文知识的发现、标注、比较、引用、取样、阐释与呈现，实现人文研究与教学的升级和创新发展[②]。数字人文理论与理念以其时代性、时尚性、创新性，对新时期档案文化资源的开发具有重要的指导意义。数字人文理论主张资源开发的深度、广度，并关注其关联性，这为档案文化资源的开发提供了方向。国际档案领域开展的数字人文项目取得了重大的研究成果，数字人文理论应用的成功经验也为我国档案文化资源的开发提供了宝贵的借鉴。

2.数字人文为档案文化资源的开发提供技术支持

数字人文项目实施的跨媒体性、跨平台性、动态互动性等对档案文化资源的开发提出了新挑战，而文化资源开发的实践生成所依赖的技术

① 张斌，李子林.数字人文背景下档案馆发展的新思考[J].图书情报知识，2019(6)：68-76.

② 朱本军，聂华.跨界与融合：全球视野下的数字人文——首届北京大学“数字人文论坛”会议综述[J].大学图书馆学报，2016，34(5)：16-21.

支持则是数字人文技术层面所能提供的。从技术层面分析，数字人文中的技术可以为档案资源提供关联分析、知识发现、量化比较，既有利于深挖档案资源深层内涵，又能厘清显性和隐性的关系①。现有的数字人文技术基本能实现文化资源材料分析结果的立体多维呈现与开发成果的高端展示。基于数字语言分析的档案资源开发工具，如文本挖掘与数据并联技术，可以对大量的档案资源数据进行快速地筛选，高效检索档案文化资源的价值构成，挖掘其潜在价值。而成果展示所依赖的数字技术，如可视化和GIS技术，能够将文化资源所反映的事物空间数据和属性数据相结合，为开发利用者提供时间和空间两条线索，探寻事物发展的历史文化轨迹。虚拟现实（VR）和增强现实（AR）技术的运用则可以重塑文化资源的可动形态，为用户带来更直观的体验和更强的参与感，使受众在参与的过程中表达自己的真实感受，实现更深入的情感交流，也迎合了档案文化资源需要大众参与体验开发的强烈愿望。

（二）档案文化资源与数字人文研究的关系

1.档案文化资源是数字人文研究的重要资源

数字人文研究的对象主要是人文社会科学领域各种可数字化的资源，而档案文化资源作为丰富的档案馆藏，包括各种音视频资料、图像资料、格式化数据，都是数字人文研究的重要资源。这些数据通过现代数字人文技术对档案资源进行识别与分析、文本检索和挖掘，并通过可视化技术等进行文本展示，从而实现档案资源的深度开发与有效利用。

2.档案文化资源开发与数字人文研究可合作共赢

数字人文理念具有多学科交融、文理协作的特点，数字人文项目的开展体现了多元协作的理念，数字人文所追求的复杂人文思维、先进的现代化数字技术都对课题研究提出了较高的要求。在开发过程中，档案文化资源开发的资源要素、文化产品等作为数字人文研究服务的对象，实现了数据转化与人文价值，数字人文技术在此过程中得到提升，数字

① 韩瑞鹏.数字人文视角下舆图档案开发层次构建[J].档案管理，2020(3)：46-48.

人文项目也取得预期的成果。例如，“数字敦煌”项目作为档案文化资源开发与数字人文项目的典例，运用数字化扫描、VR技术重构等数字人文技术，对处于危险境况的石窟彩塑、壁画、档案文献资源进行数字信息化，让人们可在全球各地随时浏览敦煌莫高窟的历史文化资源，敦煌的历史文化价值、社会价值、艺术价值、科技价值得以实现。该项目在历史文化资源的开发与数字人文研究方面均取得了瞩目的成绩，实现了合作共赢。又如，故宫博物院与腾讯携手成立的“故宫博物院——腾讯集团联合创新实验室”，通过前沿数字技术推动档案中传统文化和大众文化的融合。

3.档案文化资源开发状况是检验数字人文项目的依据

档案文化资源的开发是开展数字人文项目实践的重要方向，文化资源开发的状况、开发成果能否最大化地发挥数字技术和人文研究的优势，成为检验数字人文项目开展的重要依据。首先，档案文化产品的数字化程度可以检验数字人文项目的深度和广度。档案文化资源开发的成果最终以文化产品的形式呈现。产品产生过程中的数字化程度、产品能否运用现代数字技术为更多用户服务、开放方式与开放形式是否更加符合人民大众的文化品位与接受能力，是检验数字人文项目价值的重要依据。其次，公众文化消费需求、情感归属状况也是档案文化资源开发与现代数字人文技术结合程度的重要检验标准。公众通过现代数字人文技术进行的情感体验，能否获得情感认同、文化接受，在很大程度上依赖于数字人文项目的开发内容与开发层次。

三、数字人文背景下我国档案文化资源开发的新理念

（一）借力东风：信息化发展新机遇

国际国内档案领域数字人文项目的普遍开展，揭示了一个不争的事实：数字人文技术已然成为档案资源开发与保护的“东风”，档案文化资源的开发必然要寻求借力的支点。当前，数字化、信息化发展的步伐越

来越快，为了迎合发展需要，《中华人民共和国档案法》于2020年6月20日修订，并于2021年1月1日起施行，信息化作为时代发展的成果，必然要提上档案事业发展的日程。在接下来相当长的时间内，档案部门务必将数字化、智慧化档案馆的建设列为发展的重点，并持续发力。档案文化资源的开发一定要搭上这班列车，借信息化建设的东风，在数字化、智慧化平台上，争取一席之地。然而，从笔者对省级以上二十多家数字化档案馆、智慧化档案馆的调查结果来看，只有苏州市档案馆、上海市档案馆等几家单位将档案文化资源的开发利用作为馆际交流与发展的目标任务，其余十几家档案馆并未将文化资源的开发纳入现代化档案管理的范围。

（二）优化平台：人文发展新环境

档案文化资源的开发利用最终要为人们的物质文化生活服务，特别是要为文化的传承和传播服务。档案文化资源开发的产品无论是作为公益福利，还是产品销售，普通大众必然是存在或潜在的主体消费对象，赢得大众即获得了成功。创设人文表现平台，营造文化氛围对新时代档案文化资源开发尤为重要。例如，英国国家档案馆在官方网站上开设了虚拟教室模块，创设交互式虚拟环境，公众通过网络即可免费参与。课程内容包括历史、艺术、美食等方面，参与者可以使用在线语音与教育指导员交流互动，也可以“实地”参观虚拟化场景。此外，英美国家档案馆也越来越多地将游戏融入档案文化学习中，实现寓教于乐。例如，英国国家档案馆设计开发了“建造防空洞”游戏，公众可以通过参与游戏获得建筑材料，建造避难防空洞，此举得到了公众的一致好评，提升了档案馆的影响力，并向公众普及了历史知识。

虚拟现实技术可以再现还原影像档案中所记录的故事场景。例如，“虚拟紫禁城”“数字敦煌”允许参观者360度零距离体验历史场景，为他们提供一个沉浸式的环境，让参观者在舒适的人文环境下，以主人公的姿态参与文化资源的开发利用。

文创体验平台通过结合“互联网+”新零售模式，打破了当今产业市场的固态单一渠道展现形式，通过互联网新技术与传统线下相结合的展示方式对资源进行有效整合，为用户带来线下体验、线上选购的自助式购物新体验。这既迎合了大众群体“网购”的消费习惯，也满足了其实体体验需要。以灵活组装方式实现文化景区、机场等各场景铺设，消费者如临其境，只需一部手机或电脑就可以完成消费体验。实现文创全国布局不再只是文化场馆的任务，而将是在未来文创产业市场中文旅资源与社会资源的有效整合先行先试的示范性项目。

（三）融合发展：多元合作新模态

数字人文理念具有多学科交融、文理协作的特点，其实践不断地影响着档案工作的思维方式，推动档案工作思维由单一性、有限性、独立性向多样性、可扩展性及融合化发展。数字人文理念重视数字技术转换、突破时空限制，实现档案信息资源的组配、选择、比较、协作①。在档案文化资源的开发过程中，融合发展已经成为数字人文时代资源开发的路径选择，学科交融、部门融合、技术合作、文化产业互补共生，多元合作，资源整合正成为资源开发的一大趋势。

当前，档案文化资源的开发已经不再局限于馆际之间的合作发展，而是追寻符合数字人文核心内涵的跨界合作模式。新型跨界模式是在大的人文背景下，以项目开发为依托，以多学科融合为理论基础，不局限于馆际之间的融合，调动公众参与热情，提升档案文化资源开发项目的“融合度”与资源整合能力。例如，由浙江省档案馆推出的“浙里档案”掌上应用已正式上线，在全国率先构建起省域范围内各档案馆之间、档案馆与其他部门之间的档案数据深度融合和互通共享机制。而故宫博物院文化创意产业的成功案例亦是文化资源融合发展的结果。依托丰富的历史文化遗产数据资料库，博物院与专业开发机构建立专项产品合作基

① 龙家庆，王玉珏，李子林，等.数字人文对我国档案领域的影响：挑战、机遇与对策[J].档案学研究，2020(1)：104-110.

地，利用现代数字人文技术进行资源分析与文体挖掘，在现代信息化平台开辟网上销售体验店，建立多元参与的产品评价体系。近年来，档案文化资源的开发也已经将旅游产业纳入了融合范围，文化产业与旅游产业的融合共生也助推了文化深耕和旅游经济的增长。

（四）集成服务：多元服务新模式

近年来，信息整合服务、云服务、知识服务、大数据获取等已成为数字时代不断升温的关注热点，档案文化资源的开发利用也不能忽视集成平台的建设。档案文化资源需要按照一定的主题进行整合，而整合的结果又需要通过构建一个统一的门户平台进行多元服务的集成展示与应用。国内外档案文化资源开发的成果展示也通过集成平台提升了服务利用效率。基于文化资源内容的知识服务模式，基于用户需求的个性化服务模式，基于多元需求的跨媒体服务模式，基于资源共享的集成服务模式，正是将多样化需要运用现代信息技术集成到统一的数据平台，集多元主体、社会机构、科研团队、广大民众集体智慧于一体，集中展示资源需求与实践成果。通过现代化集成展示平台，满足用户一站式获得信息资源的愿望。在这一过程中，他们不仅能够获得档案文化资源成果带来的人文知识、文化精髓，而且能真实体验文化资源带来的智能性、系统性文化追求，并真正参与档案文化资源的开发与建设。

（五）创新转向：数字记忆、众包新形式

数字记忆从本质上讲，就是运用新兴数字技术对承载记忆属性的资源进行开发利用的一种建构活动[①]。“采用不断发展进步的数字采集、数字存储、数字处理、数字呈现、数字传播等数字技术手段，将特定记忆资源转换成可保存、可关联、可再组、可共享的数字记忆形态，实现以新的视角加以解读、新的主体加以参与、新的专题加以组织、新的方式

① 牛力，曾静怡，刘丁君．数字记忆视角下档案创新开发利用“PDU”模型探析[J]．档案学通讯，2019(1)：65-72.

记忆呈现和新的需求进行利用”。数字记忆作为档案资源开发推崇的新形式，是现代数字技术与文化记忆深度融合的模式，它在依赖数字技术的同时又重视对历史真实的思考与重构。荷兰“记忆宫殿”、意大利“威尼斯时光机”等项目，均运用现代数字技术对档案进行数字化建设与呈现①，我国近年来开展的城市记忆工程建设项目也引入数字记忆的模态，并取得了重大进展。

在数字人文的现实境况下，众包也是适应数字网络的新的开发形式，且已经在档案文化资源开发中展现了它的功能和作用。公众通过网络信息获得参与管理的机会，从人文层面看，数字人文视角注重扩大公众参与式管理的范围，既重视参与者的情感体验，又鼓励公众全程参与，众包便是公众直接参与开发的新兴形式。公众通过众包平台将部分工作承担下来，不仅减轻了档案资源开发科研人员的负担，而且将公众的智慧纳入开发过程，使档案文化资源项目能够形成由数字人文研究团队、专业素养的研究人员与社会公众广泛参与的多元化合作研究团队，合力打造新时期档案文化产业的精品。

四、加强“互联网+”环境下档案数字化建设

随着互联网技术的快速发展，档案文化服务与网络的结合必将带来更好的效果。“互联网+”创新了档案管理思维，改变了档案管理的形式，推动档案管理工作向着多元化与个性化的方向发展。随着我国传统档案管理模式被逐步淘汰，有关部门须从“互联网+”角度审视档案现代化建设，全面提高档案数字化建设的工作质量。“互联网+”拓展了档案管理工作路径，创新了档案信息获取媒介，丰富了信息获取手段，有助于档案信息资源广泛共享，对于信息存储与应用都具有重要的意义。具体而言，在“互联网+”环境下，档案数字化建设要创新档案管理工作的理念。例如，“互联网+”环境下应当转变档案存储方式，运用云存储的方

① 牛力，刘慧琳，曾静怡，等.数字时代档案资源开发利用的重新审视[J].档案学研究，2019(5):67-71.

式实现档案的分布式存储；提升档案管理软硬件水平，例如，配置用于纸质档案转换的设备，及时更新软件技术，通过多重密码来提升档案可靠性；做好档案的安全防护工作，提高各部门的档案安全防控意识，重点加强档案防火墙的建设工作，在建设网络防火墙时充分地进行测试，及时寻找防火墙的漏洞；提高档案管理人员的整体素质，档案管理人员要采用创新方式对传统档案管理技术进行融合，切实发挥大数据技术、云技术和智能化管理技术的作用[①]。

第三节　新媒体背景下档案文化创意产品的宣传与推介

一、文化创意产业与数字媒体的融合

创意产业是文化产业中最具创造性和先导性的核心组成部分，它紧紧依赖数字媒体，并与文化资源紧密相连，以新的姿态迅猛发展，已成为当前经济发展中的支柱产业之一。在发达国家，创意产业在国民经济中占有重要地位，而数字媒体在创意产业发展过程中发挥着不可替代的重要作用。新兴的数字媒体代表了数字化环境中产生的信息与传播的所有形式，它作为21世纪最先进的生产力之一，已经成为创意产业发展过程中的核心部分。以信息技术（IT）和计算机图形（CG）技术为核心的数字媒体就像是创意产业的发动机，高速推动着创意产业的发展。目前，美国国家档案馆约有200名工作人员负责包括Facebook、YouTube、Twitter等14个不同平台的社交媒体运营工作，多个平台获得数十万粉丝的关注。美国国家档案馆公布的社交媒体数据显示，从2015年10月至2016年10月，档案馆5个主要社交媒体照片集和主页博客的月浏览量最高达400万次；YouTube上的视频月均观看量约40万次，其中“The True Glory，1945（restored）”这一与二战有关的热门视频约有36万人次观看。此外，美国阿波罗8号、11号影像展在展出前制作了由馆藏影像编辑而成

① 臧利．“互联网+”环境下档案数字化建设研究[J]．黑龙江档案，2021(2)：178-179.

的一分钟预告视频。这段堪比影视大片的预告片收获了美国公众超过100万次点击量，并促成了奥斯卡提名纪录片《阿波罗11号》的拍摄①。

二、档案文化创意产品的宣传与推介离不开新媒体

文化和旅游部、国家文物局印发的《关于学习贯彻落实习近平总书记在中共中央政治局第三十九次集体学习时的重要讲话精神的通知》中提到："推动文明交流互鉴，传播中华文化、讲好中国故事。要积极拓展对外交流平台，做好中华优秀传统文化的对外话语转换，多渠道提升中华文化国际传播能力。"作为中华优秀传统文化传播的重要载体，档案文化创意产品在讲述中国故事、传播中华优秀传统文化中发挥着不可替代的重要作用。而讲好中国故事，向世界展示我国优秀的文化遗产，实现中国文化的对外传播，就需要让我国档案文化创意产品"走出去"。"把继承传统优秀文化又弘扬时代精神、立足本国又面向世界的当代中国文化创新成果传播出去，向世界讲好中国故事"，这是新时代先进文化传播的需要。提高国家文化软实力，关系"两个一百年"奋斗目标和中华民族伟大复兴的中国梦的实现。践行文化自信，提高文化软实力，事关全局，刻不容缓。在文化自信背景下，档案文化资源若要开发出文化创意精品，须通过文化传播平台面向世界，才能进一步实现档案文化资源的增值并促进中外文化交流与共鉴。

随着全球文化深入交流与广泛传播，以"市场化"创新档案发展理念、拓宽档案发展道路，以"国际化"展现中华文明瑰宝，唤起世界文化共鸣，成为中华优秀传统文化和社会主义先进文化不断再生再造、凝聚升华的有效路径。而新媒体在推动文化传承，宣传推广产品方面承担着巨大的责任。国内外文创产品成功推广的案例表明，文创产品的推广离不开新媒体。2014年，故宫淘宝微信公众号发布了《雍正：感觉自己萌萌哒》一文。此文迅速成为故宫淘宝公众号第一篇阅读量为10万加的

① National Archives News. 50th Anniversary of Apollo 8[EB/OL]. (2020-03-20)[2020-04-30]. https://www.archives.gov/news/topics/nasa-anniversary-collaboration.

爆文，雍正皇帝也因此成为当时的“网红”。同一年，故宫文创相继推出“朝珠耳机”、“奉旨旅行”腰牌卡、“朕就是这样汉子”折扇等一系列产品。“朝珠耳机”还获得“2014年中国最具人气的十大文创产品”第一名，新媒体的宣传和推广助力故宫文创产品名气飙升。

三、利用新型社交媒体，加大传播力度

当前，各类社交媒体已然成为档案信息的重要传播媒介，是缩短档案与社会公众之间的距离、实现双向高效沟通的工具[①]。例如，2015年10月，美国国家航空航天局用Project Apollo Archive（“阿波罗计划档案”）账号在Flickr上公布了总计1.2万余张阿波罗登月计划的原始照片[②]。法国国家档案馆与维基百科社交媒体平台合作，向全世界提供无版权问题的馆藏共享利用[③]。我国档案馆在新型社交媒体的利用范围上还可以做进一步的拓展，如利用哔哩哔哩、快手、抖音等用户数庞大的平台，制作并发布生动活泼的档案文化创意产品或活动宣传短片。而档案文化创意产品在推广和说明上可运用图文声像等多种方式，如通过短视频、纪录片、图片、H5、表情包、小程序等多种表达形式进行叙述，最大限度地利用社交媒体的分享和推送功能，来提升产品传播的速度与扩大传播范围[④]。近几年兴起的直播为传播档案文化创意产品又提供了一种新的方式，各大档案馆可以依托直播平台传递产品背后的故事和文化内涵，让产品不仅符合大众的审美，而且深入大众的心里。例如，“趣寻宝”互动体验，让公众可以通过手机拍照识别进入线上小程序参与游戏互动，通过简单的手机操作感受中华优秀传统文化的魅力。在文化互动体验过程中，传

① 向立文，李培杰．“互联网+”时代档案利用创新的几点思考[J]．档案学通讯，2017(5)：54-57.

② 黄霄羽，郭煜晗，王丹，等．档案馆应用社交媒体创新档案服务的内容[J]．北京档案，2017(1)：15-19.

③ 丁雪琰．中法档案馆文化创意服务比较分析[J]．兰台世界，2020(11)：79-82.

④ 罗宝勇，吴一诺．基于5W传播模式的档案文创产品社交媒体推广策略研究[J]．北京档案，2020(1)：15-19.

统与现代、文化与科技的碰撞，极大地激发了用户的参与热情。用户能全方位地了解文物知识，同时，互动式的文化体验也给用户留下深刻的印象。通过对文物内涵的充分挖掘，用技术形式呈现给大众的方式，真正意义上让文物活起来，真正实现让人们把文化带回家。

借鉴国内外优秀经验，笔者认为档案馆等文化创意服务主体，应依托珍贵的档案素材，针对海内外用户偏好开发符合其需求的档案文化创意产品[①]，拓展文化创意活动的形式，从而丰富我国档案文化的内涵。在借助传统纸质媒体进行文化传播的同时，积极与各种社交媒体运营商进行产业开发合作，依托线上线下合作推广的形式，促进我国档案文化创意产品及服务向海外传播，使其真正走出国门，走向世界。

第四节 文化数字战略背景下档案文化创意产品“出圈”的实践路径

近年来，我国档案文化创意产品在研究成果与产品开发方面均取得了很大进展，学者们也从不同视角指出档案文化创意产品开发的思路和策略。可以说，档案文化创意产品已经成功“入圈”。然而，比起我国文化创意事业快速发展的步伐，档案文化创意产品的开发还没有取得大的突破，品牌推广也未曾产生规模效应和较大影响，还没能真正实现文创产品行业的“出圈”，离进一步的“扩圈”更有相当大的距离。究其原因，一方面，顶层设计高估了档案馆作为文化文物单位在开发文化创意产品方面的能力和作用，缺少对档案中文化元素的挖掘；另一方面，档案馆缺乏对文化创意产品开发的经济需求和竞争意识，制约了文化创意产品的开发。长期以来，档案文化观念意识的缺乏，为档案文化创意产品的开发带来了障碍。用户与档案部门的疏离不仅不利于文创产品的宣传推广，而且难以让用户与产品形成情感共鸣，唤醒用户文化认同，继

① 孙沁.“互联网+”时代档案利用服务工作变革的几点思考[J].北京档案，2020(2)：32–34.

而将浓厚的情感通过现代化传播途径传递下去，实现中华优秀传统文化的传承。在当前文化数字战略背景下，开发档案文化创意产品要从以下几个方面去实践：讲好产品所要叙述的故事，找到让消费者感动的元素，推出自己的经典品牌，走近大众，创新发展。研究从理论到实践实现“出圈”和“扩圈”尚有很长的路要走。

一、档案文化创意产品“出圈”的核心要素

随着档案管理实践的推动和档案应用技术的发展，档案文化创意产品在开发利用档案信息资源、实现档案价值、提高社会档案意识等方面的作用日渐突出。档案文化创意服务通过开放性、发散性、解构性、探索性的创意方式，深入挖掘档案信息、聚合档案知识、传承档案记忆[①]。一般来说，主体、客体与媒介是档案文化创意产品“出圈”的三大核心要素。

（一）档案文化创意产品“出圈”的主体

从理论上而言，各类型档案馆，尤其是综合档案馆，是档案文化创意产品“出圈”的核心主体。其主要原因在于档案文化创意产品源于档案藏品本身，档案文化创意产品开发及服务均属档案馆延伸服务范畴。如果档案馆缺乏提供文化创意产品和服务的热情，中国的档案馆馆藏文物将难以走出库房，无法实现其应用的社会价值。在此过程中，政府部门要起到一定的监督和主导作用，为社会公益性的文化活动提供经济和政策支持。此外，随着我国相关政策的不断开放，社会力量参与档案文化创意服务将大有可为。档案馆可通过购买服务的形式，吸纳社会力量参与档案文化创意产品设计、开发及营销，不断提升社会对档案的认识，并扩大档案文化创意服务的人才优势。由此可见，档案馆、政府、社会公众共同构成了档案文化创意产品“出圈”的主体，其中档案馆是不可

① 龙家庆，聂云霞.数字记忆建构视域下档案文化创意服务模式探析[J].档案学通讯，2020(5)：68-76.

或缺的主体，政府是擘画蓝图的主体，社会力量的参与则会带来更多益处。

（二）档案文化创意产品“出圈”的客体

档案文化创意服务的客体主要包括档案文化创意活动和档案文化创意产品等。我国档案馆现有的档案文化创意活动以展览、讲座、征文等为主。例如，2012年首都博物馆联合北京市档案馆共同举办了《北京的胡同四合院》展览，展览共展出首都博物馆馆藏文物84组（件），外借文物46组（件），北京市档案馆馆藏档案实体160余件、数字化档案300余件、图片100余张，通过图片、档案、文物与影片等方式综合展现了北京的胡同四合院的历史演变与居住文化。又如，2022年5月，第15个国际档案日到来之际，中国石油大学档案馆举办“兰台讲坛”系列活动第七讲，邀请华东师范大学档案馆馆长汤涛作题为“档案编研、文化重构与传播实践”的讲座。随着社会档案意识的增强和档案信息资源数字化平台的构建，积淀在我国优秀传统文化中的特色档案资源为档案文化创意服务的多元化、个性化发展提供了坚实的内容保障，实现了对档案价值科学合理的开发。

（三）档案文化创意产品“出圈”的媒介

在传播媒介方面，网络信息技术的快速发展为档案文化创意服务的发展提供了良好的机遇。“互联网+”的兴起推动了效率提升和组织变革，形成了更广泛的以互联网为基础设施和创新要素的经济社会发展新形态[①]；传统社交媒体的转型升级使移动社交平台具有传播渠道多元、受众群体广泛和强互动性的优势。在依靠传统纸质媒体的同时，以微信、微博、客户端、Web2.0、抖音等为代表的国内新型社交媒体，和以Facebook、Twitter、Instagram、YouTube为代表的国外社交媒体逐渐成为人们

① 王玉珏.我国档案文化创意服务发展策略研究[J].档案学研究，2018(6):95-100.

获取信息的主阵地①。档案文化创意服务与社交媒体的融合，一方面可以根据用户的喜好推送档案信息，提高用户黏性；另一方面也让档案信息以文字、图片、漫画、小视频等多种多样的形式融入用户的日常生活，从而促进社会公众档案意识的提高。

二、档案文化创意产品“出圈”的困境

档案文化创意服务“出圈”不仅依托于精品化、品牌化的档案文化创意产品，更有赖于多元化的主体力量及传播路径。我国档案文化创意服务仍面临如下挑战。

（一）缺乏多元力量，档案文化创意主体单一

目前，我国档案文化创意服务及产品的开发正面临主体力量单一的困境。相比于国外以政府、市场、社会等为多元主体的合作开发模式，目前我国为条块分割式的行政管理体制，档案工作不由文化部门管理，亦缺乏国家各级各类的文化创意产业政策支持②。档案文化创意产品、档案文化传播平台等建设以档案馆为单一主体，而人民群众、市场组织、政府机构等多元主体基本处于缺位状态。相比之下，西方一些国家档案文化资源市场性开发与运作模式较为成熟，如在线档案文化产品商店私人定制等人性化服务为其赢得了广阔的消费市场。

（二）缺少文化创意精品，服务形式单调

我国档案信息资源的总量虽然庞大，但面向社会公众开放的档案数量却相对较少。截至2019年底，全国各级国家综合档案馆馆藏档案82850.7万卷（件），其中开放的仅为13171.6万卷。这极大地限制了档案文化创意服务的质量与范围。传统的档案文化资源开发利用大多仅限于

① 美国国家档案馆.美国国家档案馆新媒体战略与实践述评[EB/OL].(2015-10-17)[2015-12-19].http://blog.sina.com. cn/s/blog_3e11e9af0102v1cg .html.

② 王玉珏.我国档案文化创意服务发展策略研究[J].档案学研究,2018(6):95-100.

对档案资源的单一价值进行开发，并未关注开发客体的多样性、关联性、深层次等多元价值追求[①]，这些因素造成我国档案文化创意活动缺少有代表性的“精品”。在服务形式上，我国档案文化创意服务多为线上线下展览，线上展览存在技术应用与展览内容融合较为生硬、展览内容多而不精、展览主题较单一等问题，导致档案展览开放度、知名度大幅降低；线下展览则存在方式较单调、多采用静态档案实物柜与纸质档案或照片陈列的形式、展览流动性较差、少有巡回展等问题，使得部分档案展览出现“展后再无”现象，很难引起国外媒体及用户的关注，难以满足档案文化创意产品“走出去”的需求[②]。

（三）新型媒体功能开发有限，过于依赖传统媒介

一直以来，档案馆依赖传统媒介的工作思路未得到充分改变，这种思路亦指导着档案编研和档案利用工作的开展[③]。传统媒介凭借其固有的渠道优势能够获取更多可靠、权威的信息源，而新型媒体则依靠其强大的传播优势在档案信息传播中发挥愈发重要的作用。当前，我国档案馆应用社交媒体开展及宣传档案文化创意服务的实践主要包括开通档案馆微信公众号、官方微博或设置用户论坛等。但传送的信息内容和形式相对单一，内容上以推送档案馆日常业务工作动态、馆藏介绍性信息为主，涉及文化生活的信息相对较少，形式上以文本和图片为主，缺乏视频等其他形式的信息。已有的社交媒体应用缺乏用户反馈机制，用户反馈渠道不够畅通，进而降低了创造并传播信息的机会[④]。

---

① 黄荷，杨桂凤．综合档案馆资源配置现状探究[J]．北京档案，2019（1）：41-43.

② 李颖，高慧筠．我国档案展览效果提升的问题与对策[J]．山西档案，2018（2）：56-60.

③ 徐舒柯．现代档案信息传播中的媒介运用研究[D]．福建师范大学，2013.

④ 陈旭．社交媒体在档案馆中的应用研究[D]．郑州大学，2017.

三、档案文化创意服务“出圈”的路径

（一）以开放的眼光发展档案文化事业，让档案与国际接轨

档案文化创意要想真正“走出去”，一定要抓住文化发展大繁荣大促进的热潮，找准自身发展的优势，发展好国内市场，并打通国际市场，让档案文化真正与国际接轨，促进档案文化发展理念与思维跟上世界文化发展的步伐。苏州市档案馆积极抢抓“一带一路”建设机遇，努力用档案讲述中国故事。2015年，国内首家地级市“中”字头档案馆——苏州中国丝绸档案馆获国务院办公厅批复设立，2023年6月正式开馆。2017年，苏州市档案馆下属事业单位苏州市工商档案管理中心申报的“近现代中国苏州丝绸档案”成功入选联合国教科文组织《世界记忆名录》，成为全国唯一一组由地市级档案部门申报并成功入选的档案文献。国家档案局原局长李明华表示，“近现代中国苏州丝绸档案”入选《世界记忆名录》，不仅让中国档案文献遗产中的精粹在世界文明中留下了永恒的印记，也成为档案部门服务国家“一带一路”建设、推动地区经济和文化繁荣兴盛的优秀范例。2018年，世界记忆项目苏州学术中心挂牌设立，成为世界范围内第5家学术中心，进一步推动了苏州市档案文献遗产的保护与传承。苏州市档案馆不断开发档案信息资源，弘扬档案文化，连续5年成功召开国际档案学术研讨会，提升了苏州档案的全国知名度和国际影响力。

（二）多方主体协作，实现文化共赢

多方主体协作是指多方力量共同参与某一事务的运作。将这一方式运用到档案文化创意产品中不仅可以弥补档案馆力量单一的缺陷，吸引地方政府、人民群众、市场组织等参与到文化产品的创造中，还可以扩大档案文化创意产品消费群体，提高文化产业在不同群体中的影响，实现文化共赢。例如，2015年3月，美国国家档案馆“酒文化展”，与全国

的酒行业销售商、啤酒协会等与酒相关的社会主体合作[①]，利用档案和文物揭示了美国政府不同时期对酒生产和消费政策的变化，以及美国人民对酒的不同态度，吸引了喜爱美食、爱好历史及调酒文化的公众参与，体现了主体合作的优势。再如，2018年12月，福建省档案馆与菲华商联总会联合举办的《世界记忆遗产——侨批档案图片展》在菲律宾马尼拉开展，其蕴含的家国之情使公众在获取历史知识的同时，感受到了中国历史的辉煌和中华文化的博大精深，促进了中外民众对中华文化的认同[②]。由此可见，档案馆采取积极联合合作主体共谋发展的举措是可行的，能够促进档案资源的有效利用和交流渠道的打通。档案馆应充分利用馆藏资源，发掘与发展有合作意愿的政府部门、社会企业、市场组织与民众，主动搭建合作平台，建立多方参与的体制机制。比如，档案馆可以在档案文化创意产品设计、产品市场化运营等环节，聘请外国专家参与其中，结合海外消费者的喜好和审美，开发面向海外的系列档案文化创意产品，使具有中国特色的档案文化真正走出去，走向世界舞台[③]。

（三）结合特色资源，打造档案文化创意品牌

现代社会的经济交往早已超出基本工业产品贸易的范畴，更高层次的贸易往往是建立在文化认同基础上的第三产业，而档案文化可以在经济往来过程中起到润滑作用。档案馆应深入挖掘馆藏档案资源，提炼出其中蕴藏的文化符号，根据其文化内涵打造独具创意的档案文化“品牌”。例如，北京故宫博物院推出的“福贺（鹤）佳音”系列睡衣一经上

① 黄霄羽，于海娟．档案与文化产业结合的新亮点——美国国家档案馆“探索美国餐饮文化史”引发的思考[J]．档案学通讯，2015(5)：101-104.

② 蔡振武，杨鹏．国际视野下的“一带一路”档案文化建设研究[J]．档案时空，2016(12)：13-16.

③ 刘金霞．全省国家档案馆爱国主义教育基地功能发挥与拓展的调研报告(摘要)[J]．四川档案，2018(6)：22-23.

市就声名大噪，淘宝店铺营业额超过1000万元[①]。故宫出版社出版了《故宫日历·2023年》，该日历在生肖兔主题的基础上，选取表现与兔及家庭、大婚、婴戏相关的三百余件文物，为读者呈现了一场精美典雅、生动有趣的文化盛宴。日历的封面就采用了故宫博物院的绘画藏品——清代画家冷枚所绘的《梧桐双兔图》，寓意着花好月圆。这些案例表明，档案馆通过挖掘档案中所蕴含的传统文化和先进文化，打造特色文化品牌，向社会推出档案精品力作是可行的。具体可通过开展前期市场调研，分析大众购物心理，聚焦大众兴趣，开发主题系列商品并进行定期更新；值得注意的是，在网络店铺的打造过程中需要为消费者提供齐全的消费保障，以满足大众个性化消费需求，助力商品有效传播档案文化，促成档案文化创意产品更好地“出圈”。

新文创运营的平台建设要着眼于文创产品设计开发、销售运营、活动策划执行三大板块的融合发展，从而促进档案文化创意产品“出圈”“扩圈”。在我国针对文创产业发展的政策法规支持与指导下，结合大数据分析，为文博、文旅单位解决文创产品开发、销售的痛点，帮助文旅单位链接潜在受众，推动文创产业的社会化与市场化发展，提升文化的传播性与延展性，加强文化资源的开放共享，打造文化文旅单位与社会资源整合服务平台，构建文创产业生态链，以推动中华文化的传承与创新性发展。档案馆应重新定义自身角色，不断优化自身的教育功能与社会作用，抛弃以往单方面灌输文化的模式，充分融合文化与科技，借助自身的行业资源，有效链接档案馆与潜在受众，并以公众为中心，提升文化体验。档案馆应充分发挥文化中枢的作用，结合创意互动与文化知识，为公众打造互动感强、愉悦、深刻的文化体验，为他们奉上一场声势浩大的文化盛宴，加速中华优秀传统文化的传承与传播。

软文化与硬技术的结合是数字创意产业相较于传统文化产业的特有优势。在文化数字化战略背景下，文化创意产业整体呈现的生产过程和

① 戴艳清，周子晴.档案文创产品开发及推广策略研究——基于故宫文创产品成功经验[J].北京档案，2019(5)：26-28.

管理过程数字化、消费方式体验化、传播渠道网络化等特征正与当前社会主流文化的发展相吻合。融合了现代信息技术的档案文化创意产业，为文化产品的开发带来了更多的可能性。作为档案行业满足公众文化需求的最直接产物，档案文化产品能否借助文化数字化的东风，摸索出一条档案文化产品开发的创新之路，不仅是公众对档案机构的期待，也是国家档案事业未来持续发展与扩大社会文化影响力的重要抓手。因此，档案机构不仅需要转变档案资源开放与开发的思路，更要积极拓展数字人文、数字创意与档案行业的融合点，使之成为国家、社会与个人档案文化观生成与延续的新动能。

第十章　高校档案文化创意产品的兴起与发展

高校档案文化创意产品是依托高校档案资源，通过象征性和创意设计，表现高校文化特性、内涵，传达高校理念和精神象征的创意产品，是近年来高校文化传承的重要载体。近年来，高校档案文化创意产品急速增长，不仅带来了一定的经济效益，也创造了更多的文化价值，提高了档案文化创意产品的质量和审美追求。高校档案作为高校服务师生和社会的重要资源，应充分利用高校产学研的优势，走在文化创意产品开发的前列。作为档案文化创意产品的重要组成，高校档案文化创意产品反映了校园文化的开发状况，值得关注和研究。

第一节　高校档案文化创意产品开发的价值和意义

档案文化创意产品是通过提取和转化档案中晦涩、有距离感的历史文化信息，以物质产品为载体，设计成为公众易于接受、愿意获取的文化产品，能够满足公众对文化的渴望和体验，使其更加关注文化产品背后的档案价值[①]。高校档案文化创意产品需要广泛推广以实现高校档案文化资源的社会共享。

① 王贞.档案文化创意产品的开发[J].中国档案,2015(1):70-72.

一、高校档案文化创意产品的开发是教育发展的需要

高校在教育实践的过程中积累了珍贵的记忆，形成了数量可观的高校档案。而这些高校珍藏只有通过档案资源的开发利用，才能更好地发挥档案的文化传承作用，真正地服务学校师生和社会。传承和弘扬中华优秀传统文化、参与当代校园文化和社会文化建设是高校档案文化创意产品开发的价值和意义。高校档案文化创意产品作为一种特殊的产品存在，它的开发已引起教育界的重视。建设中华优秀传统文化的传承体系已经成为社会建设的重要目标，受到党和国家的高度重视。高校档案作为重要的文化资源，在传承优秀文化和建构文化传承体系中应走在前列，最大限度地发挥档案的文化传承作用。

（一）创新高校档案文化传承的新途径

高校档案文化传承的作用日益受到重视，而档案文化创意产品以其独特的象征与创意拉近了档案和师生之间的距离，成为新时代文化传播的新形式。它以崭新的方式发挥档案的教育功能和文化传承功能，让广大师生和公众轻松愉悦地从创意产品中体味高校文化的魅力、精神内涵，体验艺术化生活。当前的文化产业化浪潮为高校档案文化资源开发带来机遇和挑战。随着学校文化的传播和校园交流的扩展，高校珍藏的档案资源亟需通过开放的市场进行文化宣传。因此，从文化传承创新视角研究档案文化创意产品的开发，对于促进高校先进文化坚守与传承，推动引领高校精神内涵的优秀文化发展具有重要的意义。

（二）高校档案馆服务功能的新拓展

从馆藏中提取创意元素，以转化文化符号的形式贴合现代人的心理和生活状态[①]，高校档案文化创意产品以高校档案馆的珍藏为创意来源，产品新颖可感，融合了文化、精神等元素，受到了师生的青睐，在宣传

① 冯湘君. 档案信息资源开发新思路[J]. 湖北档案，2007(Z1)：26-28.

档案馆馆藏、提升高校影响力方面具有重要而深远的意义。从服务内容上看，高校档案文化创意产品能够通过独特的视觉效果将档案信息标识化、创意化，以独到的方式获得师生的关注与了解，从而实现档案馆藏文化的传播。从服务范围来看，高校档案文化创意产品不仅服务于本校师生，而且通过礼品赠送、学校商店、网络销售等形式扩大与其他院校和社会各界的沟通与交流。档案文化创意产品的开发和设计创新的价值得到社会的认可，高校档案文化精神内涵与抽象创意元素为师生校友接纳，从某种程度上提升了文化教育功能，扩大了校园文化传播，增强了学校的影响力。

二、高校档案文化创意产品开发体现了高校文化在文化建设中的重要作用

高校档案资源的开发是一项服务学校师生、造福学校和社会的文化活动，对于提高学校的文化影响力和提升服务社会的水平都有着重要作用。它不仅继承和发扬了中华优秀传统文化，还促进了校园文化建设，并对社会文化的融合发展作出了重要的贡献。

（一）传承优秀传统文化

运用高校档案独特的教育示范作用，增强师生对优秀传统文化的认同感已成为高校教育的重要任务。优秀传统文化深刻地影响着我国的高等教育，其所蕴含的民族精神、爱国情怀、传统美德、丰富的人生哲理和思想道德修养、理想信念追求等，潜移默化地渗透到现代大学教育中，成为当代大学生汲取知识进行文化滋养的甘泉①。学校的发展史本身就是一部文化发展史。高校档案承载着精神传承和文化弘扬的任务，记录着高校发展史中的重大影响事件、师生关注的重要信息、名师感人故事、杰出校友事迹等，这些都是学校教育资源的重要史料。广大师生在档案

① 石书臣，杨艳．中国优秀传统文化与现代德育的契合点[J].思想政治教育研究，2012(6):22-25.

文化资源开发过程中不仅受到了教育，也接受了博大精深文化思想的洗礼。

（二）促进校园文化建设

高校档案担负着传承校园文化的责任，而高校档案的文化价值需要在对档案的整理编研中发现，这种传承需要师生的共同挖掘，并自觉地从文化传递中汲取营养，才能真正发挥档案的传承优势，使校园文化得以繁荣创新。见证着风雨历程的学校古老建筑本身就是校园文化的重要组成部分；充满文化气息的校史文化展览馆、艺术氛围浓厚的学校博物馆也是校园文化建设不可或缺的一部分。不断发现开发具有文化价值的学校珍藏资源，让学校的校训、校歌、校风、教风、学风等反映学校精神风貌的校史资源在学校发展中不断得以传播，并在历届校友的传承中发扬光大。广大师生在弘扬中不断诠释它们的精神价值，挖掘其内涵特质，使校园文化不断繁荣发展。

（三）融合发展社会文化

大学文化不再是大学围墙内的单一文本，而成为社会文化系统的一个重要的自变量与因变量：一方面，大学文化是社会文化的一个微缩景观，社会转型期大量时效性、消费性、功利性行为必然对大学造成极大的震荡；另一方面，大学文化对某些价值理念的坚守与传承，也在一定程度上能起到传承优秀文化、引领社会文化风尚的作用[①]。

高校档案开发成果记录了学校丰富的历史，不仅直接地反映和传播着校园文化，而且在连接校园文化与社会文化之间发挥重要的作用。大学是社会的重要组成部分，大学文化也是社会文化的重要组成元素。大学文化只有和社会文化有效地融合，并保证其先进性，文化才能得到有效传承发展。高校档案的开发利用，让大学文化真正走向社会、服务社

① 张应强，许士密．文化社会学转向与大学文化研究范式变革[J]．江苏高教，2009（5）：1-3.

会、融入社会。中国石油大学深入融合校史文化、石油文化、中华优秀传统文化，采取多教师多专题式讲授、学生分组命题式研究、师生结对深入式研讨、校史馆现场沉浸式参观等形式，力求使学校文化、石油文化和中华优秀传统文化入脑、入心，见行、见效，真正实现文化的传承和传播。

三、高校档案文化创意产品的开发程度反映了学校的文化水平与社会影响力

近年来，越来越多的高校利用学校的档案资源开发具有本校特色的档案文化创意产品。在校园内设置销售高校文创产品的小店，宣传校园文化，提升学校文化的影响力。还有不少高校特别是一些知名高校建立文创产品交流平台，不仅面向广大校友宣传产品，而且在全国高校、全社会范围内加大影响。档案文化创意产品甚至成为学校形象的代名词，一度出现了某些文创产品“一物难求、供不应求”的现象。当然档案文化创意产品的畅销与广泛影响，一方面与档案文化创意产品的开发有关，产品的创意创新、实用性能等均影响了产品的口碑和推广效果，另一方面，这也与学校的知名度与影响力息息相关，学校的知名度与社会影响力越高，产品被社会广泛接纳的可能性便会越大。例如，武汉大学用樱花制作的文创产品、清华大学以校园图景为背景的文创产品等，均因其独特的文化氛围和名校的社会影响力而畅销。

第二节　文化传承视域下高校档案文化创意产品开发现状

越来越多的学者主张，“文化的观点是高等教育研究应持的一个基本观点，也是一个适切的观点”[①]。大学档案文化需要借助师生对大学档案的整理和挖掘，寻求大学文化传承的有效方法，以塑造大学文化的合法性途径。

① 张应强.现代大学精神的批判与重建——为刘亚敏《大学精神探论》而作[J].高等教育研究,2006(7):11-26.

高校档案是不可替代和复制的宝贵文化财富，文化性是其重要属性。

如前所述，高校档案与文化传承是紧密相连、不可分开的。而作为满足社会需求、最大限度实现高校档案价值的档案文化产品开发在我国高校开展的状况却不尽如人意，距离高校档案真正发挥文化传承作用的要求还有一定的差距，主要体现在以下几个方面。

一、高校档案文化资源开发状况不平衡

随着开放历史档案方针的制定与实施，高校档案开发已经越来越被高校重视，但因为高校发展不平衡，各高校学术水平与研究能力不平衡，以及对档案开发重视程度不同，使得开发状况出现了较大的差异。从全国范围看，高校档案开发水平和一个学校的整体发展水平及其对于文化传承的重视程度关系重大。清华大学等不仅重视档案的基础编研，而且在深度编研开发方面成果显著，这些成果对学校办学理念、精神文化的传承发挥了重要作用。清华大学将档案馆与校史馆分开设馆，不仅开设了“清华探源”校史专门课程，而且重视师生对校史文化的研究，在校史馆官网设立“文化传统”与“专题展览”栏目，进行文化传统宣传，并及时展出开发的成果，如《话剧在清华》便是根据馆藏档案《清华周刊》（1916—1937）进行的深度编研开发成果。从笔者对全国高校的档案文化资源开发状况的调研看，大多数高校还处于基础编研状态，有的高校甚至并未启动档案编研开发，更谈不上深度编研开发。

二、高校档案文化产品开发总体水平不高

由于高校档案增值服务意识不强，受学校建校历史、学校与部门重视程度、档案馆人员编制等影响，目前我国高校的档案文化创意产品开发整体水平不高。现有的产品开发主要以基础编研为主，而编研的内容多为同类档案的资料汇编，缺乏深入的加工和精细化的编纂。这种情况必然给档案的利用带来不便，往往需要利用者进一步梳理加工，这不利于档案资源发挥最大价值。高校档案文化创意产品的开发虽然已经在部

分高校形成规模化、产业化，并创造了一定的价值和效益，比如复旦大学等学校已经联系文化企业和学校联合开发，开发的文创产品已经不局限于日常生活用品，能够体现学校文化底蕴的系列创意产品不断出现。然而从全国范围来看，高校档案文化创意产品开发整体水平不高，开发的文创产品局限在日常用品、纪念品范围，尽管产品的制作精细，但品牌效应尚不能达到理想的状况。从销售情况来看也不甚理想，产品的宣传推广仅局限在特定的范围，这就使得高校档案文化创意产品的开发与其高校文化传承的主阵地地位及高校高水平的科研能力不相称。因此，高校档案文化创意产品的开发必须抓住当前文化意识的觉醒与文创产品开发兴起的大好时机，提升文创产品开发的总体水平。

三、高校档案文化产品开发的文化自觉性不强

当前，大学教育受实用主义以及功利主义等文化观念的影响，大学文化的本质受到了严重的冲击和损害，导致大学文化方向的偏离，大学文化的发展路径与大学本应具有的文化内涵和应满足的文化要求甚至相背离。这就对档案资源的文化层面提出了更高的要求，档案需要满足档案文化增长的需求，潜在的文化价值需要深度挖掘、加工。然而，当前高校档案开发的文化自觉性不强。在历史的长河中，具备长久生命力的高校必然积淀了深厚的文化，而这些意蕴浓厚的文化思想需要通过一定的表达方式进行传承，文化创意产品便是极为合适的载体。由于受社会产品多样化和品牌效应等的影响，高校文创产品在特定范围内的推广受到一定的限制，加之创作成本高、销量有限，使得高校文创产品在文化元素的选择使用以及创意设计元素的应用上都受到一定的限制，因此，高校在设计产品的过程中必须不断地提高文化自觉性。

四、高校档案文化产品开发的合作交流相对落后

高校档案文化资源开发的合作交流主要体现在两个方面，一是校内合作交流，二是校内校外的合作交流。然而，很多学校认为档案资源开

发仅仅是档案馆的职责，很少有高校能够形成全校上下齐抓共建、通力合作的格局，而档案文化的接受仍然主要表现为被动形式，档案资源开发尚不能实现对校园文化的主动探寻与宣传。高校档案资源开发的校内外合作交流方式内容也不能满足文化传承的需求。高校之间、高校与社会机构的交流还局限在借鉴与学习阶段，虽然在合作开发档案文化创意产品方面有所尝试，但尚未形成规模，推出的档案文创精品的数量较少。高校档案馆由于缺少与第三方的合作，档案文化创意产品的研发还停留在普通纪念品的推介阶段，档案馆校史馆与校内校外的交流相对简单，档案产品的文化内涵以及学校文化底蕴不能得到有效的表达，影响了文化的有效传播，使得高校档案文化宣传力度不够，社会影响力不大。

五、现阶段开发高校档案文化创意产品的阻碍因素

（一）高校档案文化创意产品开发支持系统缺乏

长期以来，我国高校档案文化创意产品的开发并没有被当作一项建设性项目开展。高校档案馆与学校相关业务部门主要是委托生产商进行简单加工与生产，产品主要为赠送校友的非营利性消费品。这种缺乏竞争的模式使得产品生产很难形成规模化。高校档案文化创意产品的开发目前难以得到校方重视支持，档案馆的自主性又难以发挥，档案文化创意产品开发进程缓慢，有的高校甚至尚未启动相关工作。现阶段，高校档案文化创意产品的开发起步较晚，商业化理念不足，又涉及部分知识产权、隐私权以及信息安全等问题，缺少一定的安全保障，国家社会能够给予的特别支持扶持政策有限，社会保障支持系统尚未建立。这些限制使得档案部门为了规避风险而不敢大胆进行创新开发，导致档案部门在文创开发方面止步不前。

（二）高校档案文化创意产品开发设计理念落后

我国的档案文化创意产品开发起步较晚，高校档案文化创意产品开

发更是创新不足。当前我国大多数高校还停留在设计生产传统的参观纪念品的模式，产品还处于简单的模仿和加工阶段，设计也不足以反映高校办学理念和精神内涵，设计技巧较为肤浅，造型元素较为简单粗糙，消费者真正喜欢并愿意拥有的产品不多。

（三）高校档案文化创意产品研发团队欠缺

由于尚未形成合作化、专业化生产模式，高校档案文化创意产品研发经费与研发人才不能满足产品的创新需要。研发团队不仅不能集产学研于一身，甚至不能从高校中寻找到专业人员，比如艺术设计专业、市场营销专业的师生，来构建专业的研发团队。研发档案文化创意产品需要充分的市场调研，听取各方面的意见和建议，以便应对新需求，整理开发新产品。

（四）高校档案文化创意产品研发可持续模式匮乏

高校档案文化创意产品需要文化价值、美感价值和产品的档案属性相统一，以满足高校师生学习、生活、交流、纪念等不同需求为目标，这要求研发团队开发出系列具有创新性、时尚感、实用性的文化产品。文创产品的开发是一项系统的可持续工程，需要不断地推陈出新，已经开发并投放市场的系列产品也需要不断进行优化完善，产品设计、研发、生产、销售等部门需要充分合作，协力构建持续发展模式。然而，我国高校现有的单一产品生产模式无法支持文创产品的长期发展。

第三节　高校档案文化创意产品开发策略

研究高校档案文化创意产品的开发必然要先明晰其属性：一是高校档案文化创意产品需反映高校档案资源的文化表征（有形的物质文化、力量象征的制度文化和内在品质的精神文化）。作为对高校文化优选加工并融入个性特质的文化有机体，高校档案文化创意产品所体现的文化是文化力量和文化生态的统一。二是高校档案文化创意产品与一般的商品不同，它是一种蕴含文化价值的创意产品，而创意又需要产品在设计上有美学表现力和创新意境。因此，高校档案文化创意产品的开发是一项系统而又复杂的工程。

高校档案文化创意产品的开发对于文化传承意义重大，但却不是一蹴而就的，而是一个渐进发展的过程。档案文化开发的丰硕成果需要档案工作者和社会各界的通力协作，需要多方面力量的共同努力。

一、创新高校档案文化创意产品开发理念

中国石油大学（华东）档案馆馆长刘积舜认为，高校档案资源的开发要做到三点：一是有态度，即注重档案资源背后的政治站位，资源开发在资政育人、立德树人方面的价值导向。二是有温度，即在资源开发中以校园文化建设和师生需求为导向，选择师生切实需要并感兴趣的主题进行叙事化开发和精彩呈现。三是有深度，即资源的育人要紧扣国家、大学的文化育人需求，围绕高校建设发展进行资源的深入和精准挖掘，体现为从文献原始展示到知识发现的过程。正是因为资源得到有效的开发利用，中国石油大学档案馆·校史馆取得了可喜的成绩。2023年5月，短短一个月内，先是《赋能红色校史资源 铸就时代能源英才》入选第五届高校宣传工作创新案例，接着是校史馆入选全国科学家精神教育基地。任何成功的背后必然都有辛劳的付出，离不开创新发展的理念和坚持不懈的努力。

理念创新水平是决定高校档案文化资源开发成败的重要因素。而高校档案文化资源开发要想实现高校档案文化传承的价值和作用，必须从以下几个方面创新开发理念：一是创新开发思维。高校档案资源开发工作，一方面是对历史文化的积累和见证，是为了高校教育教学以及学术研究的需要；另一方面，档案开发活动又为学校今天乃至将来的文化结构积累新的文化养料。档案工作者必须具备超前“开发意识”，着眼文化传承的明天。二是创新开发内容。高校具有深厚的历史文化底蕴，应立

足本校特色，对文化资源予以开发、创新和升华，打造校本特色鲜明的文化创意品牌。突破原有的在文化衫、水杯等上印学校徽章的产品形式局限，开发更多能够体现当代主流喜好，符合流行趋势的内容。例如，在结合优秀传统文化的同时，可以将学校的标志性特征设计在当前流行的汉服等上，而不再局限于圆领文化衫的设计。还可以吸收潮玩、盲盒等创新因素，设计出带有学校文化元素的时尚娃娃。只要产品设计精美有特色，一定会吸引更多师生挑选购买。三是创新开发手段。随着信息化的发展、网络技术的不断完善，多媒体技术被广泛应用到档案文化创意产品的开发中，云设计、众参等设计方式均实现了社会力量的广泛参与。这类产品的开发也是师生们擅长的，让更多师生参与设计和讨论，产品可能更有市场和价值。产品的多样化、多层次，有利于文化传播，为产品实现社会化提供了可能。

二、研发文化创意经典产品

台湾艺术大学林荣泰教授在产品设计的背景下提出了一个研究文化对象的空间架构。他把文化分类为三个层次：第一层次是基本的文化需求，包括食物、服装、交通等；第二层次为社会或行为的文化，包括人际关系、社会组织；第三层次则是精神或理想的文化，包括艺术和信仰①。在其启发下，高校档案的品牌形象与品牌文化可以从以下三个层面进行设计：其一，外在层面实现产品品牌化。档案文化创意产品从基本标识、色彩、形态到产品的包装、造型等根据品牌的要求设计，不仅要打造具有中国特色的文化品牌，还要争取区别于国内市场品牌与其他类产品的竞争优势，发展对外市场。其二，中间层面实现产品设计品牌化。高校档案文化创意产品要想取得广大师生和社会公众的认可，实用性、生活化是关键。产品的使用功能、组合关系、操作方法等均是品牌产品

① LIN R T.Transforming Taiwan Aboriginal Cultural Features Into Modern Product Design—A Case Study of Cross Cultural Product Design Model [J]. International Journal of Design, 2007,1(2):46.

设计过程中必须要考虑的因素。打造档案文化休闲观，让人们轻松愉悦地从创意产品中体味文化的魅力、体验艺术化生活，使产品成为人们喜爱又渴望拥有的生活佳品。其三，内在层面构建产品品牌化。品牌化的产品必然有独特的故事，有丰富的情感，有不同于一般文化产品的精神气质、文化特质，高校档案文化创意产品要想走品牌化道路，除了要有学校本身的精神内涵元素外，产品设计的选题、背景因素也直接影响着品牌的发展。

（一）发挥高校科研创新的优势，研发档案文化创意产品

高校档案资源开发未来的发展方向需要更多地向研究型、发展型转变。利用高校档案珍藏开发文化创意产品是实现文化传承、发挥育人功能的新形式。高校档案文化创意产品是依托高校经典档案内容，提取标识元素而设计研发的产品，其文化育人的独特优势在于它的直观性、故事化和传递性，创意产品也因其独特的优势和价值具有广阔的发展前景。文化创意产品的开发，既能满足广大师生的精神消费需求，又能很好地承载、传播校园文化，发挥“以物化文”“以文育人”的作用。具有校本特色的档案诸如学校突出的创新研究成果、师生的发明创造成果、杰出校友的事迹、名师故事、文化活动等反映学校精神风貌的资源或其他代表性文化符号都可作为构成元素嵌于创意产品之中。以文化标识元素开发文创产品对于传承校园文化影响是巨大的。历届校友、广大师生在弘扬中不断诠释它们的精神价值，挖掘其内涵特质并促进校园文化的不断繁荣发展。利用档案资源中有价值的历史镜头或文物资料、精神象征等因素构成文化创意产品的要素，成为新时代文化传播的新形式。它不仅拉近了学校和师生之间的距离，以崭新的方式发挥了档案的文化传承功能，而且以一种大家喜爱的形式让广大师生和校友轻松愉悦地从创意产品中体味高校精神内涵，体验艺术化生活。

由于高校文化产业相关课程的授课教师大部分都是从事理论研究，只有少数教师真正参与过实践项目，因此他们培养的人才大多数更加偏

重理论而缺乏实践。在这方面，我们要吸取社会的力量，有意识地对人才进行培养培训，这样才能培养出更多创新型、实用型、复合型文化产业人才。在人才培养的过程中，高校要加强与文化企业、科研院所的合作与交流，鼓励相关专业大学生积极参加文化企业的实习实践，建立与文化产业企业机构的长期合作关系，强化学生的业务实践能力，培养更加符合社会需求、文化产业需求的复合型人才。

（二）结合大学生创新创业实践，培育文创产品创业新秀，孵化新的创业项目

当前，国家和政府正利用各项制度政策鼓励大学生创新创业，高校也在抓住有利的时机，进行创业模拟实训并利用孵化基地进行实践实训。高校职能部门可以建立文创产品的培训孵化基地，吸纳优秀的文化企业和业内专家加入进来，同时为新入行业的大学生们提供专业的知识、业务、经验指导，让他们能够快速适应职场，找到文化创意产品生产和经营的乐趣，创造价值和效益，并能够在个人的职业生涯规划中顺利找到航向，实现人生目标。

三、构建高校档案文化创意产品开发的多元化支持系统

台湾大学之所以居于国内外高校档案创意产品开发的领先地位，很大程度上取决于它建立了多元化的支持系统，而这样的系统为国内高校提供了开发思路。高校档案文化创意产品的开发起步较晚，还未能形成产业化、系统化开发模式，这其中的影响因素也是复杂而多样的。构建产品开发的多元化支持系统，是现阶段启动产品研发的必然选择。构建多元化支持系统需要首先打造多元化社会主体共同参与的产品研发团队，壮大文化创意产品开发人才队伍，建立完善的产学研创新模式。高校档案文化创意产品的开发必然要研究高校档案资源特征、产品性能，发掘高校档案文化创意产品在服务师生、传承文化等方面的价值和作用。要深入研究高校档案文化创意产品的文化属性、社会属性、经济属性、美学特

征，以使开发出来的产品综合具备各项优质特性，有广阔的发展前景。加强高校与其他领域的融合，以实现文创产品开发的可持续发展。建立可持续的支持系统，必须加强体制内外合作，整合创意资源，吸引高校档案部门以外的社会组织机构加入，优化高校多元产品开发模式。

四、创新高校档案文化创意产品开发的多元素设计理念

我国高校档案文化创意产品从简单模仿到独立设计生产的进程中，需要重点解决设计问题。林荣泰教授提出的“文化、精选、愉悦、创意”的“4C”文化创意设计观，为高校档案文化创意产品设计理念提供了有益借鉴。一是注重文化内涵的创意设计提炼。高校档案文化创意产品要在广义文化中寻找创新，诠释文化印象，将文化元素与智能产品及其附属产品相结合，挖掘优秀文化传承要素。同时，要注重校园文化的传承要素提炼，将学校精神内涵、文化底蕴嵌于创意设计理念中，打造出具有深厚文化魅力的创意产品。二是创新造型元素设计理念。高校档案文化创意产品要想得到师生和社会大众的认可，一定要有独特的理念，造型手法应写意化，设计风格应时尚化，以唤起受众发自心底的共鸣。未来，艺术化、高情感化将成为产品形式设计的主要方向。三是创新功能创意理念。高校应探索日常生活化和实用功能化的产品与文化内涵的融合。高校档案文化创意产品的形式不应限制在一种固定模式中，而是要以多样的形式让师生完成个性表现和自我个性表达。四是创新档案元素加工理念。在设计过程中要尽量将生涩、有距离感的档案元素形塑成现代人认可并易于接受的产品元素。五是增加多种象征元素。使文化产品更具抽象色彩，语义意象更加情趣化，使其真正成为人们愿意为伴的有生活情趣的文化产品。

五、注重典型成果宣传

档案资源是连接历史与现代的重要桥梁与纽带，而文化传承效果在很大程度上取决于选树典型。高校档案馆一般都有自己的“典型要目”、

“镇馆之宝”，有着浓厚文化底蕴的现代大学档案馆更应该有自己想要向社会推介的能够最好反映学校精神文化面貌的文化元素。档案文化创意产品作为集美观与实用于一身的成果形式，无疑是宣传学校形象、增加学校影响力的重要载体和抓手。文创典型成果只有通过校园网络和现代传媒技术向社会进行宣传，才能促进文化传承，突出典型，实现成果的有效利用。一代代师生不懈追求梦想的奋斗拼搏精神，博大厚重的学校精神，校园文化与优秀传统文化都在典型宣传中得以传承发扬。各大高校不仅要在学校开设一个师生经常“光顾”的小店，还要通过校友论坛、校园网、校报定期讲述“师生身边的故事”，不断更新时尚感人的文创新品推文，对典型成果进行宣传和传播，增强师生对学校精神文化的了解与认同，提升文化传承效果。例如，上海大学利用学校元素制作精美的新生录取通知书套盒作为迎接新生的亮点。随录取通知书附赠的还有《百年上大画传》、党委书记和校长勉励新生的寄语，这一档案文化创意产品拉近了学生和学校的距离，促进学生更好地融入学校教育。同时，上海大学推出了一系列推文，社区学院文创兴趣小组创作了与上海大学景物、建筑、动植物、食堂以及大学精神相关的一系列文创产品，通过发起投票和问卷调查，了解师生喜好，从而提高创作水平。“留影上大”系列明信片“四时韵”系列金属书签等文创产品的涌现，丰富了上海大学校园文化传承的内容，调动了师生参与学校文化建设的积极性，提高了学校的影响力和凝聚力。又如，华东师范大学“丽娃档案”系列丛书，将档案编研成果推向广大师生乃至社会大众，打造出学校极具影响力的文化活动，成为校园知名文化品牌。再如，安徽师范大学利用非遗档案创作的《非遗鱼灯》表演如梦如幻，受到《人民日报》等60多家主流媒体的关注，产生了广泛的社会影响。党委宣传部提前谋划话题、精心打磨内容，积极运用全媒体传播优势，聚力打造“现象级”传播产品，为广大师生、校友及网友呈现了一场集文字、图片、视频等于一体的全媒体报道盛宴，全方位、立体化展现了学校落实德智体美劳五育并举的实践和成果，传承了中华优秀传统文化，提升了学校的影响力。

六、加强校内外合作交流

高校档案文化创意产品的开发是一项系统工程，单靠某一部门是难以完成的。从学校层面来看，需要建立学校、部门、档案馆联动模式，自上而下地调动各方力量，发挥学校支持的最大作用，调动档案部门的工作主动性，吸纳文化产业专业、档案学专业研究人员加入，提高档案管理部门开发利用水平，建立长效机制，形成全校上下自觉传播文化、传承文明、爱校兴校的浓郁氛围。档案馆不仅要联系学校与各个部门的档案工作，还要在搜集征集档案资源、服务编研开发项目、传承文化上下功夫。从校内外联系层面看，高校档案的开发离不开学校与校外相关机构的交流与合作。一个有着悠久办学历史的大学，它的发展过程自然与社会历史有着千丝万缕的联系。编研开发高校档案精品需要综合各类档案资源，只有将校园文化元素放在社会历史的大环境中去全面发现，多方考察，才能开发出真正具有文化价值的成果。这就要求高校档案馆与相关档案馆加强合作，并且争取社会力量的支持与协助。比如，联动社会与高校诸多部门，共同研发广大师生、校友及社会大众喜爱的文创产品，不仅有助于增进师生们对学校文化底蕴的理解和认同，实现优秀文化的传承，还能将不断累积的开发成果在校内外广泛交流，增进各高校间的互动学习、相互借鉴与深入探讨，从而使文化传承在不同高校间进行，进一步加强学校与社会的沟通交流，实现校园文化与社会文化的融合发展。

七、建构高校档案文化创意产品可持续发展的“价值链”

根据“价值链”概念，“是从基本原材料到交给最终客户的产品的整个经营过程中各种价值创造活动的联结结合”，结合高校特点，可以归纳出高校档案文化创意产品“价值链”概念是以高校档案资源为开发元素、经过系列创造活动形成创意文化产品、满足客户需要的整个价值实现过程。高校档案文化创意产品是新时代文化传播的重要载体，是校园文化传播的新途径，是沟通学校与社会的新形式，它让师生、校友轻松愉悦地从创意产品中感受学校文化的魅力、获取知识、体验艺术化的生活。利用微市场、现代媒体网络、产品巡展等各种形式的宣传推广，可以实现销售途径的多元化。高校档案文化创意产品从选材立意到设计建构再到生产销售，如果“价值链”的每个环节都力争完美，产品必然有充足的发展空间。发挥高校档案文化创意产品各“价值链”环节的优势，首先要分析成本和价值，分析各环节中不同机构在产品开发销售过程中的优缺点，进而确定可持续的竞争策略。创新需要人才，高校档案馆、博物馆应积极利用高校人才优势，相关产业专业研究人员，并与专业设计机构建立完善的产学研创新设计模式，整合创意资源，充分发挥专业人员的才智，使高校档案文化产业在前进中寻求突破。其次要融合不同平台开发创新微市场，形成一条完备的档案文化创意产业链。以不同需求模式选择不同的价值链战略环节，建构互联网平台，逐步实现高校档案文化创意产品开发与运营管理可持续产业模式。

大学教育担负着文化传承的重要责任，而现代高校要承担起文化传承弘扬、转化创新的工作，也必然要重视学校档案资源的管理和利用。当前高校的档案开发虽已渐入发展的轨道，但距离推动文化建设的要求还有一定的距离。只有不断研发高校档案，开发出文化精品，让高校档案资源真正承担起传承文化的责任，参与文化建设，才能构建起具有中国特色和大学风格的社会主义先进文化。

第十一章　我国红色档案文化创意产品的开发

红色文化资源是中国共产党领导广大人民群众在长期的革命和建设伟大实践中所形成的内涵丰富、形式多样的文化财产，是新时代文化育人的宝贵财富。由于历史原因，许多中国共产党早期活动的红色文献散落在美国、日本、俄国等国家，各国对馆藏红色文献进行了整理与研究。美国哈佛大学对纸质文献进行了数字化加工，斯坦福大学则将缩微胶卷转换成数字化图像，为文献的高效利用提供了可能。比较有影响力的利用红色文献开展中共党史研究的国外学者有哈佛大学费正清、史华慈、布兰特等，这些学者在哈佛大学开创了系统的中共学，早在20世纪中后期就发表了《中国共产主义文献史》《伟大的中国革命》等著作。

新中国成立后国内有关红色文献的内容研究开始出现。红色资源建设的研究始于2002年，代表学者有谭东发（2002）、刘新文（2003）、彭央华、项波（2003）等。党的十八大以来，习近平总书记在地方考察调研时多次到访革命纪念地，瞻仰革命历史纪念场所，对用好红色资源、传承好红色基因作了一系列重要论述，党和国家大力弘扬中华优秀传统文化，倡导发扬优良革命传统和创新红色文化传承方式。2011年后，有关红色资源的研究成果明显增加，呈现快速递增的趋势。红色文献、红色文化越来越成为人们关注的热点问题，也成为学界研究的重要课题。2013年7月，教育部、中共中央党史研究室决定联合设立8个“中国共产党革命精神与文化资源研究中心”，《红色文化资源研究》《红色文化学刊》等学术集刊先后创办，自此，红色资源的研究进入了更深入的阶段。红色档案文化创意产品的开发在近年来取得了重大进展，在传承红色文化基因，弘扬中华优秀传统文化方面发挥了重要作用，不仅丰富了文创产品的内容，也推进了红色旅游业的发展和繁荣。红色资源值得人们进一步地关注研究，以促进其繁荣发展。

第一节　红色档案是文化创意产品开发的不竭资源

一、红色档案资源为文创产品的开发提供特别的元素

红色资源是中国共产党领导广大人民群众在长期的革命和建设伟大实践中所创造出来的各种精神及其物质载体的总和。红色资源是中国共产党领导人民伟大实践的经验总结，记录了红色政权是如何来的、新中国是怎么来的、人民群众今天的幸福生活是怎么来的等内容。宝贵的红色资源需要不断传承。党的百年建设和发展史上，留下了丰富的经验，无论是文字记载，还是影像视频，或者实物、图像，不管是纪念碑、革命遗址等物质文化资源，还是红色故事、红色歌曲等非物质文化资源，都是宝贵的红色档案资源，而这些资源具体到一件实物、一张图片，甚至一处风景、一个故事都是文化创意产品创作的素材，是文创产品可以表现的文化元素。

二、红色档案文化创意产品的市场需求

近年来，红色档案文化创意产品的市场越来越广阔。一方面是国家大力倡导的文旅融合发展的需要。红色旅游作为旅游产业的重要组成部分，对红色文创产品的开发也提出了更高更多样化的要求。随着人们对精神文化的追求越来越丰富，游客在红色旅游过程中已经不再满足于红色教育的传统展馆模式，而是追求更多能够表达红色文化思想内涵的纪念品、文创衍生品。另一方面是多元文化融合的需要。文化建设的多样

性决定了多元文化融合的趋势，红色文化资源要想真正地融入社会文化发展建设，必然要寻求健康的文化发展道路，创新红色文化传承方式，而红色档案文化创意产品便是适应多元文化融合发展的载体形式。经过红色文化元素提取，巧妙地创意设计，红色文创产品形象地将红色故事、红色文化内涵生动地表现出来，传递了红色基因，丰富了文化内容。

三、红色档案文化创意产品的育人使命

在文化的传承过程中，文化不断发挥育人属性，使接受者在文化的滋养中不断提升认识能力和实践能力，并促进其更好地生存与发展。红色文化的传承过程即是育人的过程。党的十八大以来，红色文化资源在文化传承、实践育人方面取得了良好的成效，然而由于经济、人力、经验等的限制，红色文化资源的开发利用情况并不尽如人意。面对时代的新发展、育人对象的新特点以及实践的新要求，红色文化资源育人也面临新困境，迎来新挑战。

传承红色文化不仅可以提升人们认识世界和改造世界的能力，还可以促进人全面自由地发展。传承红色文化的过程，是帮助人们认识自身的过程。人们在传承红色文化的过程中不断认识到自己的价值和作用，并且坚定自己追求的价值方向。红色文化资源更多来源于革命纪念馆、档案馆、博物馆等馆藏资源，发挥红色资源的育人作用必然要厘清其文献资源特征、党史党建内容，了解情报与文献学资源研究方法、党建方向。而红色育人实践的思想政治观点、育人主体特征则要从思政学科、教育学科吸收。吸收不同学科有关红色文化元素的进步观点和先进理论，融合学科内容，在实践探索中创新红色资源的育人方式方法。

第二节　创新红色档案资源开发服务理念——以人民为中心

以人民为中心的开发服务理念是新时代确立的，是人民群众最为支持和欢迎的。无论是档案馆，还是博物馆、纪念馆，都是在党和政府的领导下开展工作，都需要坚持以人民为中心的发展服务理念。红色档案资源记载了党的奋斗历程，也体现了中国共产党人对初心和使命的历史传承和伟大实践。红色档案资源的开发利用虽已取得了一定的成果，但距离服务党的事业、服务人民群众还有一定的距离。以人民为中心既是红色档案资源的开发理念，也是服务方向。新时代，档案馆等仍要立足现实，从红色档案资源的发掘到开发利用，充分调动人民群众参与的积极性，致力打造产品品牌，推动文化传承，发挥红色档案资源独特的作用，更好地服务社会和人民。

一、对红色档案资源所蕴含的人民性的理解

中国共产党人的初心和使命就是为中国人民谋幸福，为中华民族谋复兴。红色档案资源见证了中国共产党的初心和使命，也肩负着助力中国共产党人完成初心和使命的重要任务。以此为依据，红色档案资源所蕴含的人民性由以下三个层次构成。

（一）红色档案资源内容的人民性

红色档案资源作为历史的真实记录，见证了中国共产党领导人民不断奋斗，从黑暗走向光明的光辉历程。人民群众始终是党的力量源泉，也是推动社会发展的决定性力量。党的发展史是党为人民谋幸福的奋斗历程，人民是历史的创造者。在不同的档案载体记录中，特别是革命战争时期，凡是有人民群众印迹的档案资料往往都是感人至深的，都是精彩且能够打动人心的。例如，渡江战役纪念馆将广大群众捐粮捐物、担

任水手划船支援的实物档案和文字图片档案展览，淮海战役纪念馆将农民用来送粮的小推车、留下的半截被絮作为实物档案展出。这些都体现了以人民为中心的基本理念，而一旦偏离人民的中心地位，一味讲革命战争的艰苦，社会建设成果的来之不易，这样的档案资料即便存在也没有开发的价值。

（二）红色档案资源服务的人民性

2020年新修订的《中华人民共和国档案法》着重体现了人民性的原则，充分保障公民利用档案的权利，其第五条增加了“享有依法利用档案的权利”，第二十八条规定了“档案馆不按规定开放利用的，单位和个人可以向档案主管部门投诉，接到投诉的档案主管部门应当及时调查处理并将处理结果告知投诉人”“积极为档案的利用创造条件，简化手续，提供便利”等内容。红色档案资源服务的对象是广大的人民群众，档案部门不仅要向广大人民群众免费开放红色档案资源，而且要不断创新档案利用形式，将传统的档案查阅利用形式与现代化的展览体验方式相结合，提高红色档案服务利用的效率和效果，提高人民群众享受服务的满意度，真正达到服务人民的目的，真正做到坚持人民性服务原则。随着人们物质生活水平和幸福指数的不断提高，人民群众对精神文化的需求程度越来越高，红色档案资源的有效利用推动了人们对于幸福生活来源的探索和思考，而以人民为中心的服务则不断促进人民创造美好生活，实现发展成果由人民共享。

（三）红色档案资源开发依靠人民

《中华人民共和国档案法》鼓励公民参与档案管理，第七条规定：“国家鼓励社会力量参与和支持档案事业的发展。”革命战争年代，人们的档案意识淡薄，大量有价值的珍贵红色档案散落民间，难以收集。近年来，红色档案资源得到党和国家的重视，人民群众参与收集档案的积极性被充分调动了起来，开发利用的力度也被加大了。例如，革命后代万民江除了保存了父亲留下的红色资料外，只要发现散落在民间值得收藏的红色档案，他便视如珍宝，并用自己微薄的收入将其买回家。万民江收藏了大量珍贵的照片档案，有新中国开国上将的照片、周恩来的书法手迹等。普通民众不仅在收集红色档案资源方面作出了特别的贡献，在参与资源开发方面也发挥了主体作用。

二、红色档案资源开发利用的现状分析

随着党和国家对红色基因、红色文化的重视，近年来，红色档案资源的开发利用取得了重大进展，拥有重要红色档案资源的档案馆、博物馆、纪念馆等积极挖掘特色红色资源，以自己独特的方式开展活动，举办展览，通过各种形式开发利用红色资源。然而由于经济、人力、经验等的限制，红色档案资源的开发利用情况并不尽如人意。

（一）红色档案资源开发已引起广泛重视，但处于“孤军作战”状态

当前，红色档案资源的开发虽然主要是在政府部门的领导和支持下进行的，但开发主体档案馆、博物馆、纪念馆等处于“孤军作战”状态。加上人力、财力不足等因素的影响，红色档案资源的开发往往挖掘深度不够，开发形式也较为单一。而缺乏人民群众参与的红色档案资源开发成果往往没有生动性，也便缺少了生命力。

（二）红色档案资源利用在深入推进，但出现“信息孤岛”现象

从红色档案资源的当前利用情况来看，更多的资源是处于沉寂状态。随着信息化时代的到来，不少档案馆虽然不惜斥巨资建成了智慧档案馆，配备了齐全的信息设备，但真正参观者络绎不绝，能够为广大群众服务的档案馆却寥寥无几，这与档案馆服务方向、服务意识有关系。传统的档案管理服务使社会对红色展馆形成了刻板印象，加上社会组织和个人档案资源观念淡薄，久而久之，档案信息资源出现“孤岛”现象。红色

档案资源开发不足，特别是档案馆的传统模式使得现代化的技术手段不能有效用于资源开发，人文环境营造不够，文化氛围与情境缺失，致使偌大的展览馆鲜有人参观。

（三）红色档案资源服务范围不断拓展，但“主体失衡”问题尚未解决

当前红色档案资源服务的场所主要是红色教育基地，教育服务的对象更多是党员干部和学生群体。虽然越来越多的红色档案资源与红色旅游相结合，扩大了服务人民群众的范围，但由于档案开发形式较为单一，多以图片、文档的形式向参观者展示，因此开发力度不够，不能与周边配套资源相融合，旅游价值及观赏性也不高。红色档案资源开发服务的模式仍然以到馆参观为主，现代信息技术手段不能较好地被应用于红色档案资源的宣传，线上展览及互动缺乏，难以调动公众特别是能熟练使用网络进行交流的年轻一代参与的积极性。红色档案资源的开发，存在缺乏吸引力，服务主体力量不足且失衡现象。

三、红色文创产品满足人民的文化需求

红色文创产品是红色资源开发和利用的有效成果。随着各种传媒手段的进步，文化产品的陈列展览面临的竞争压力也越来越大。迫切需要提升陈列展览、传播推广的质量和水平，使红色文化遗产保护的成果在更大范围和更深层次上惠及人民群众，从而奠定档案馆、博物馆、纪念馆生存发展的坚实基础，树立和提高文化资源馆的社会公众形象与地位。视觉传达设计较强的表现力和传播的直接性，可以有效提升红色资源在人民心中的地位，有助于文物的展陈与文化宣传。从视觉传达设计的角度探讨馆藏红色档案资源开发利用的途径，可以提升大众接受程度，能够较好地展现革命文物档案的价值，让记忆不只是回忆，而成为一种文化积淀，使文化遗产“活”起来，“动”起来，让大众共享文物中蕴涵的精神与文明之美。对馆藏革命文物的保护与利用，不仅是对文化遗产的

保护，更是对文化脉络、文化场域、文化精神的综合性保护，也是让红色文化接地气、紧密结合时代和人们生活需要的重要措施。

第三节　红色档案文化创意产品的开发

前文分析表明，红色档案资源开发利用虽已收到成效，但还存在“孤军作战”“信息孤岛”“主体失衡”问题。要真正实现红色档案资源开发的目标，深入推进红色档案资源开发利用，关键在于坚守以人民为中心的开发理念，坚定以人民为中心的服务方向，同时构建协同发展资源开发新模式，开发让人民满意的红色经典产品，并创新贴近百姓生活的传播形式。

一、讲好红色故事，坚守以人民为中心的开发理念

习近平总书记多次强调人民的力量，并从不同方面对此问题作了深刻阐释。习近平总书记在安徽考察时指出鄂豫皖苏区能够二十八年红旗不倒，新四军能够在江淮大地同敌人奋战到底，刘邓大军千里跃进大别山能够站住脚、扎下根，淮海战役能够势如破竹，百万雄师过大江能够气吞万里如虎，根本原因是我们党同人民一条心、军民团结如一人。红色档案资源记载着党同人民齐心革命建设的故事，人民群众始终是故事的主角，开发红色资源理应坚守以人民为中心的理念。

讲好红色故事是讲好中国故事的重要组成部分，新时代红色档案资源的开发首先要选好故事内容，要以人民群众喜欢听的红色故事为线索，寻找开发路径。例如，北京市档案馆推出“不忘初心使命，传承红色基因——中共北平党组织活动”展览，深耕史料，开展专题讲座“档案中的红色记忆——浴血斗争中的北平共产党”，以生动的语言、精彩的故事打动了上千名聆听讲座的观众。他们深受教育，更加珍惜今天来之不易的幸福生活。又如，淮海战役纪念馆以普通战士、人民群众为主人公，根据珍贵、翔实的档案史料内容，编写感人至深的故事，通过声情并茂

的讲述，将淮海战役精神讲出了温度，讲出了高度，再现了历史，证实了“淮海战役的胜利，是人民群众用小车推出来的”。红色故事最忠实的听众是广大人民群众，所以我们一定要讲好红色故事。红色故事所表现的文化魅力和感人情怀要让老百姓可感知、可共鸣，红色故事有无市场要看老百姓愿不愿意听。

口述故事是红色革命故事的重要组成部分，讲好红色故事、挖掘红色基因越来越成为我们的责任担当。由于革命故事的历史跨度较长，时间相对久远，亲历革命战争的战士年龄越来越大，对于亲身经历的往事记忆慢慢变得模糊，这就要求档案工作者一定要抓紧时间对亲历者进行口述采访，并用音视频的形式保存下来，让一代代人记住历史，传承革命精神。例如，2014年，淮海战役纪念馆启动了对淮海战役亲历者的口述史料抢救性的采访征集工作，先后奔赴北京、台湾等20个省市，累计采访亲历者近700人，征集文物史料1051件，整理口述资料230余万字，形成《淮海战役亲历者图录》，为开展淮海战役历史研究和社会教育提供了宝贵资料与鲜活素材[①]。淮海战役纪念馆有专门的体验室，参观者佩戴专用耳麦通过显示屏选择自己想了解的故事，便可以倾听不同的淮海战役亲历者讲述的历史故事，接受教育。

二、立足文化传承，坚定以人民为中心的服务方向

立足文化传承，要把握好红色档案资源的文化内涵，要准确把握红色基因的深刻内涵和凝结于其中的党性民心，通过赋予红色档案以新的时代内涵和现代表达形式，激活其生命力，实现红色档案与红色基因的精准对接，充分利用红色档案的事实说服力、思想穿透力和精神感染力，实现历史与现实的共振共鸣，把思想教育变成与干部群众的情感对话[②]。

社会公共文化服务保障的增加是满足人民群众文化生活需要的前提，而拥有丰富红色文化资源的档案馆、博物馆、纪念馆有责任满足民众的

① 刘亚青，程伟．激活红色资源 打造红色名片[J]. 中国档案，2019(6)：36-37.

② 陈娜娜．开发档案资源 传承红色基因[J]. 中国档案，2020(8)：44-45.

文化需求。开发适合民众的文化资源与文化产品是满足人民红色文化需求的有效形式，产品和服务更多要向文化休闲、文化记忆传承倾斜，开放的形式要更趋生动有趣，文化品位与创意设计也应更加符合民众的需求。当然，文艺创作、文艺表演等也都是使红色档案文化资源得到传承的较好的表现形式。例如，徐州演艺集团根据淮海战役档案资源创作的梆子戏《母亲》、音乐剧《淮海儿女》在全国演出，使人们在欣赏艺术的同时可产生情感共鸣，精神文化的传承通过这样的形式也得以实现。

三、争取公众参与，构建协同发展资源开发新模式

国家档案局原副局长付华在2018年全国档案工作者年会上指出，在今天一切讲究“跨界”的时代，档案工作中的许多问题已经不是档案部门自身的问题，而是需要各个行业互相配合、互相融合，共同研究解决[①]。红色档案资源的开发不是档案馆等部门单枪匹马就可以完成的，需要探索协同发展资源开发模式。

公众是红色档案资源开发的中坚力量。首先要形成认同公众参与并支持公众参与的组织文化，鼓励公众以多种方式参与红色记忆的共建过程，并建立长效的激励机制满足公众的绩效期望，满足其拓展知识、享受乐趣和自我实现的愿望[②]。从资源的收集补充到元素挖掘、规划设计，再到成果的生成，公众可以多角度参与红色档案资源的开发。参与红色档案资源开发的可以是普通民众，也可以是有专业知识背景的科研人员、设计工作者，或者是红色档案记录的当事人或者亲属。开发红色档案资源要最大限度地调动群众参与的积极性，群策群力贡献智慧。协同发展不仅要有同类红色档案部门的协作，要有党史部门、文博单位的合作，还要联合高校历史专业、设计专业等专家学者组建专门的研究团队，打破传统的合作方式，加强与多方机构、生产企业、社会团体的合作共建，

① 中国档案资讯网.2018年全国档案工作者年会在合肥召开[EB/OL].(2018-10-26)[2020-05-31].http://www.zgdazxw. com.cn/m/news/2018-10/26/content_252343.html.

② 寇京.公众参与式档案信息资源共建模式探析[J].北京档案,2017(7):29-31.

促进与其他行业、领域的价值观念、文化观点的交流与渗透，争取资金、创意、人才等生产要素的高度集中。通过他们对红色文化资源的整合，文本挖掘，立足研究性深度编研，开发出公众喜爱的创意性红色文化产品。

四、开发经典红色文化产品，提升育人效果

人民满意是以人民为中心理念的最终归宿。红色档案资源开发的产品通过挖掘红色教育资源，更好地服务人民群众。红色档案资源开发出的产品是为人民服务的，产品利用的效果要以人民是否满意为检验标准，而开发的产品要有长久的生命力则需要不断打造人民认可的品牌。很多国家都基于战争档案建立了战争纪念馆或博物馆。我国也拥有类似的资源馆，如中国人民抗日战争纪念馆、侵华日军南京大屠杀遇难同胞纪念馆等。这些纪念馆既还原了历史，可作为世界人民了解中国抗战史的窗口，又是国人探索、分析档案信息，铭记历史，展现中华民族气节与中华儿女爱国情怀的重要途径。这些档案触动了人们铭记战争、反思战争，引导人们正视历史、尊重历史，纪念馆也因此成为爱国主义教育的重要基地。

南京市溧水区白马镇李巷村有着苏南“小延安”之称，是苏南抗战的指挥中心，苏南新四军领导机关在这里组织指挥了一系列战役战斗。2015年，溧水区档案部门充分挖掘利用100余件馆藏珍贵革命历史档案、上百张图片资料以及20世纪80年代征集进馆的反映新四军在溧水抗战的大量档案资料和粮草票、税收凭证等实物档案，牵头开发建设红色李巷。如今，李巷已成为红色血脉的传播地、红色旅游的热门地、脱贫致富的增长地，产生了显著社会效益和经济效益，形成了特色显著的江苏档案创意品牌，成为以档案服务群众的鲜活案例①。上海市档案馆进行了系列

① 中国档案报.江苏省档案馆调研红色档案开发利用情况 [EB/OL].（2020-09-04）[2021-01-12].https://www.saac.gov.cn/daj/c100202/202009/caf53ec8cec14ade863cc1ebbba52376.shtml.

红色档案展，“信仰的力量——中国共产党人的家国情怀”“中国共产党人的家风”等展览以普通大众的视角描绘中国共产党人的情感和生活，产生了极大的社会传播效应，成为红色档案资源开发的示范品牌。当前运用现代化影视技术推出的经典红色作品备受关注，《长津湖》等电影不仅因作品优秀赢得票房，也成为红色教育的经典案例。高校也应抓住优秀传统文化进校园的契机，让京剧《沙家浜》、豫剧《江姐》等经典红色剧目走进校园，让红色作品感染人、教育人。

在红色文创产品的设计中，设计元素多提取于革命遗址和革命文物。以中共一大会址纪念馆开发的文创产品为例，三大门类“党的诞生地系列”“不忘初心系列”“馆藏文物系列”，50余件文创产品，都选取了带有石库门的视觉元素，不论是插画的视觉表现方式，还是三维立体书籍的图形与结构设计方式，都是在找寻具有历史认同感的视觉元素和文化符号，从而引发人们对革命年代的追忆与纪念。上海很多石库门房子都有过街楼，但只有中共一大会址的过街楼上有传统文化中寓意吉祥的福字蝙蝠图案。“初心红”笔记本（如图11.1所示）的设计灵感便来源于此，封面是石库门造型压花，书签丝绳的末端挂着一个福字形吊坠，这与建筑本身装饰纹样中万字格贴金蝙蝠花饰的细节一致。笔记本还有一个白色书封，上面写着：“这里是中国共产党人的精神家园。”整个笔记本并未在明显处标注中共一大会址纪念馆，但每个细节都展示了中共一大会址的特征。除了提取了中共一大会址纪念馆的远景、近景和内景外，这本手绘笔记本中还有不少上海老物件的特写，比如竹壳热水瓶、带着锈迹的水龙头，让翻阅者恍惚间穿越回100年前的上海里弄。

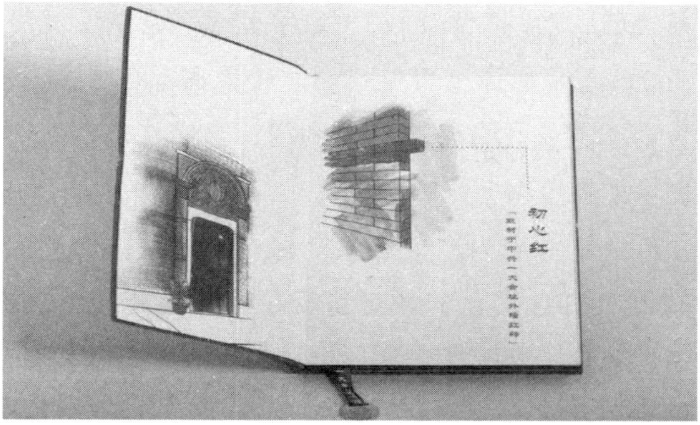

图11.1　“初心红”笔记本

文创产品与实地参观形式互为补充，能够更好地承担起文化的传播功能。尤其是用手绘的画面来替代写实的照片，打破了平时惯用文字来诉说历史的方式。运用一幅幅美丽的手绘插画，选取具有历史认同感的视觉元素和文化符号讲述中共一大会址的故事，在拉近了与观众的距离的同时，能够让参观者全面理解那个时代，这样才会有时空穿越感，才能对当代青年有教育意义。

五、优化展示平台，创新贴近“百姓生活”的传播形式

红色档案资源的开发离不开红色文化传播平台，现代传媒手段已经走入平常百姓家。开发者要倾力打造适合百姓接收与参与的信息平台，采用多种新型的百姓感兴趣的交流方式，如建立微信公众号、官方微博等，不断向用户推送新的传播内容，及时促进评论区互动。也可利用手机微网站、抖音平台等，让百姓真正参与红色档案资源的开发，让红色档案资源走进千家万户。将数字人文理念融入现代展览平台，深层人文内涵和人性关怀更容易引起档案资源利用者与参观者的情感共鸣。数字展陈已经离不开虚拟现实技术与3D效果的应用，虚拟现实和增强现实技术越来越多地运用于红色展馆的沉浸式体验，让受众真正全程参与体验红色虚拟展览，通过重塑红色文化资源的可动形态，表达自己的真实感

受，进行情感交流。“虚拟紫禁城”“数字敦煌”营造“沉浸式的环境”，允许参观者360度零距离体验历史画面，让参观者在舒适的人文环境下，以主人公的姿态参与文化资源的开发利用，这给红色档案文化创意产品的开发展览提供了借鉴。

近年来，红色资源融入“大思政”课堂，进入微课堂的育人效果非常明显。不仅高校红色文化的教育途径在不断创新，纪念馆、博物馆、档案馆的参观模式也不断地优化，这也更加有利于主题教育活动的开展，达到预定的效果。例如，安徽泾县云岭的新四军军部旧址纪念馆吸引了广大党员干部前往参观学习，其中在军部大会堂旧址开展的微课堂教学给参观者的印象最深刻。在这里，授课者声情并茂，用感人肺腑的言语给大家上了一堂堂生动的教育课程。叶挺军长的感人事迹，新四军铁军精神，让不少参观者泪流满面，并在紧接着的党员宣誓仪式上握紧了拳头，用最坦诚热烈的态度宣读自己的誓言。

想要让百姓真正融入，自愿参与，需要开展贴近百姓生活的活动，以百姓喜爱的形式展示红色档案文化资源开发成果。档案馆、纪念馆应打破传统的说教模式，开展体验式“乐学”活动，创新沉浸式情景课堂。将文艺展演活动融入展示宣传，创作歌曲、舞蹈、朗诵、情景剧，呈现亲历者采访录等均是生动的表现形式。例如，淮海战役纪念馆组织了亲子团参观活动，孩子们学习组装独轮车，淮海战役支前人物绘画、剪纸，学打快板、推独轮车体验、吃忆苦饭，分享成长收获；家长们则模拟凛冽寒风中推独轮车、抬担架送伤员、用挑子挑粮食等活动，亲身体验人民支援前线的艰辛①，感受人民的伟大力量。该活动成为学生乐学、家长青睐、社会满意的红色教育品牌。

值得一提的是，红色文化创意产品因其特别的意义与特殊的消费群体而富有强大的生命力和影响力，正成为红色资源育人实践的重要载体。我们应挖掘产品的内核要素，提取饱含红色基因的资源信息，通过创意设计来激活红色文化元素，开发红色文化创意产品，真正实现红色资源

① 刘亚青，程伟. 激活红色资源 打造红色名片[J]. 中国档案，2019(6)：36-37.

的活化利用。潮玩文创、盲盒设计启发了红色文化的传承发展的方式，红色文创产品也在尝试将文化元素与潮玩要素结合在一起。越来越多的高校有自己的文创品牌，这些经典文创产品受到师生校友的追捧，其中不乏红色文创产品，而红色文创产品也正在成为红色文化育人实践的有效载体。

主要参考文献

[1]戴艳清，周子晴.档案文创产品开发及推广策略研究——基于故宫文创产品成功经验[J].北京档案，2019（5）：26-28.

[2]郭若涵，王玉珏.我国档案馆文化创意服务的问题与对策分析[J].兰台世界，2020（5）：33-39.

[3]黄荷，杨桂凤.综合档案馆资源配置现状探究[J].北京档案，2019（1）：41-43.

[4]黄霄羽，郭煜晗，王丹，等.档案馆应用社交媒体创新档案服务的内容[J].北京档案，2017（1）：15-19.

[5]黄霄羽，于海娟.档案与文化产业结合的新亮点——美国国家档案馆“探索美国餐饮文化史”引发的思考[J].档案学通讯，2015（5）：101-104.

[6]刘杨.中国文化产品国际竞争力提升研究——基于文化企业与政府的视角[M].北京：中国社会科学出版社，2017.

[7]龙家庆，聂云霞.数字记忆建构视域下档案文化创意服务模式探析[J].档案学通讯，2020（5）：68-76.

[8]龙家庆，王玉珏，李子林，等.数字人文对我国档案领域的影响：挑战、机遇与对策[J].档案学研究，2020（1）：104-110.

[9]罗宝勇，吴一诺.基于5W传播模式的档案文创产品社交媒体推广策略研究[J].北京档案，2020（1）：15-19.

[10]牛力，刘慧琳，曾静怡，等.数字时代档案资源开发利用的重新审视[J].档案学研究，2019（5）：67–71.

[11]潘连根.数字人文在档案领域中应用的理性思考[J].档案与建设，2020（7）：6–10.

[12]任越，路璐.数字创意产业融合视域下档案文化产品开发路径研究[J]. 档案学研究，2022（1）：97–102.

[13]宋香蕾，洵异.档案馆文化创意产品开发的缺位与对策[J]. 档案学通讯，2017（3）：88–93.

[14]孙沁."互联网+"时代档案利用服务工作变革的几点思考[J].北京档案，2020（2）：32–34.

[15]王小云，谢咏含，陈闽芳，等.文化自信背景下国家档案精品走出去研究[J].档案学通讯，2019（3）：36–42.

[16]王旭东.档案文化资源开发利用研究[M]. 北京：中国社会科学出版社，2016.

[17]王玉珏，许佳欣.档案馆在中外人文交流中的认同功能及其实现[J].档案学通讯，2020（3）：53–59.

[18]王玉珏.档案文化创意服务的理论与实践[M].武汉：武汉大学出版社，2017.

[19]王玉珏.我国档案文化创意服务发展策略研究[J].档案学研究，2018（6）：95–100.

[20]王贞.档案文化创意产品的开发[J].中国档案，2015（1）：70–72.

[21]向立文，李培杰."互联网+"时代档案利用创新的几点思考[J].档案学通讯，2017（5）：54–57.

[22]肖梵，栾清照，陈鑫，等.如烟似水摇曳多姿：漫谈近现代苏州丝绸样本档案[J]. 中国档案研究，2016（00）：261–269.

[23]徐拥军.档案记忆观的理论与实践[M].北京：中国人民大学出版社，2017.

[24]杨丹.档案从业者情感因素的影响作用探赜[J].档案学研究，2019

(4)：35-39.

[25]张斌，李子林.数字人文背景下档案馆发展的新思考[J].图书情报知识，2019（6）：68-76.

后　记

这本书是我近年来热衷的研究：档案文化创意产品开发所取得的一点成果，也是在主持研究的2020年度教育部人文社会科学研究规划基金项目“档案文化创意产品开发策略研究”（20YJA870020）、2018年安徽省哲学社会科学规划项目“安徽档案文化创意产品开发策略研究”（AHSKY2018D65）等项目成果基础上拓展梳理而成。档案文化创意产品的开发是项新的有价值的研究课题。虽然档案馆文创产品的典型成果还不能与博物馆等的文创产品相媲美，但我们已经迈出了关键的一步，正在向可持续方向发展，我们需要借鉴经验，找到可行性开发策略。

党的二十大报告指出要“增强中华文明传播力影响力”“繁荣发展文化事业和文化产业”。作为教育与文化工作者，我明白本书的价值和意义，也更加体会到前所未有的使命感。我们要坚定信念，努力推动中华优秀传统文化创造性转化和创新性发展，讲好中国故事，传播好中国声音，为提升国家文化软实力和中华文化影响力作出积极贡献。

“情之所系，不遗余力”，作为热爱档案文化的工作者，我已由文化的守护者转变为文化的发现者，由馆库的默默奉献者转变为文化发展的积极贡献者，以饱满的工作热情对待平凡而又琐碎的工作，坚持“用户至上、创新服务”的服务宗旨，将业务工作与科学研究相结合，探索科学管档用档方法，致力于档案文化资源的开发利用研究，同时将工作经验与研究成果用于人才培养。这是我二十余年倾力档案工作与档案文化研究追寻的方向，为此，我付出了自己的努力，也收获了一定的成绩。

近年的研究得到了领导和师友的支持和帮助，在此我表示衷心感谢。感谢所有书中提及和未提及的档案同仁的启发和指导，感谢各个领域的前辈、专家、学者，你们的智慧与成果是本书得以写成的重要基础。

由于作者的眼界和能力限制，研究范围有限，本书必然存在诸多不足或不妥之处。真诚希望得到来自各方面的批评与指正，帮助我不断提高，不断进步。